新供给主义经济学

Neosupply Economics

滕泰 著

東方出版社

目录

前言

新供给主义经济学的来龙去脉

学术探索与理论影响

长期以来，基于“消费、投资、出口”的总需求管理一直是我国宏观经济调控的主要手段，但近年来，我们却发现仅靠刺激消费、投资、出口已经不能够推动经济快速增长了，换句话说，虽然把“油门”踩到底了，“车子”依然减速，在这种情况下，就需要看看“发动机”是否出了问题，即需要回到财富的本源找答案。

究竟是什么创造了财富？财富的本源是什么？中国经济增长的长期动力在哪里？带着这样的问题，我经过多年学习、研究后于2006年出版了拙作《新财富论》，从人口与劳动、土地与资源、金融与资本、技术创新、制度与管理等供给侧的财富源泉出发，开始了对增长模式、供给潜力、财富分配等方面的相关研究探索，十多年间，又先后出版了《财富的觉醒》

《民富论——新供给主义百年强国路》《软财富》《供给侧改革》《供给侧的觉醒》《供给侧改革下一步怎么办》等初步研究成果，完成了新供给主义经济学的基础理论准备。

2012 年 11 月，我发表了《新供给主义宣言》，指出宏观政策不能仅限于总需求干预，而应该多重视供给侧，强调了供给创造财富、新供给创造新需求，并从五大财富源泉和三大增长模式出发，呼吁推动供给侧改革，让一切创造财富的源泉充分涌流。

在《新供给主义宣言》正式发表之前，我专门去征求一位曾经长期服务于最高决策层的老前辈的意见，前辈充分肯定了文章的内容和对推动改革的价值，并指点说，第一，最好不要用“主义”，这样容易引起望文生义者的批评；第二，不要批评前期的政策，这样领导看了好批示；第三，题目前面最好加上“中国式”，表明是区别于西方而根植于中国实践。当时听到这样推心置腹的指点，我的内心充满敬佩与感激之情。但是，当我向前辈汇报了我创办独立智库的初衷后，他也表示了理解和支持。的确，如果《新供给主义宣言》只是一篇面面俱到、没有棱角的文章，即便是领导批示了又有什么意义？反之，一篇让决策者看了内心有痛感的文章，只要能产生积极的实际影响，就已经体现了独立智库的价值。至于题目上的“主义”二字主要是对应着正文内容所区别的“凯恩斯主义经济学”和“新自由主义经济学”，这里的“主义”是学术思想而不是政治意识形态主张，如果不是有意歪曲，也没啥“小辫子”给人抓。结果，一石激起千层浪，文章发表后，对于《新供给主义宣言》所呼吁的内容，社会上绝大部分反馈都是正面和积极的。

2013 年，我又陆续发表《以新供给主义推动中国深层次改革》《解除供给抑制，释放财富源泉》《中国宏观调控应从需求转向供给》《从供给侧着手重启改革》《放松供给约束、解除供给抑制》《新供给主义稳增长三大主张》《加强供给侧结构性改革，开启经济增长新周期》等二十多篇文章，初步形成了新供给主义经济学的粗浅的理论体系。

2013 年 7 月，我出版了《民富论——新供给主义百年强国路》一书，探讨了新供给主义经济学理论如何与中国的实际情况相结合，围绕五大财富源泉，在放开人口控制政策、改革户籍制度、推动土地产权改革和土地流转、金融改革、产权制度改革等方面做了具体研究和阐述。2013 年 11 月，十八届三中全会《公告》发布，开篇即旗帜鲜明地提出"让一切劳动、知识、资本、技术、管理等财富的源泉充分涌流，让改革的成果惠及全体人民"，不但与新供给主义"五大财富源泉"的经济分析框架一致，而且与此书的许多观点不谋而合。

2015 年 11 月 9 日，我参加了李克强总理召开的国务院经济形势分析会，并做了《从供给侧改革，全面降低企业运行成本，开始增长新周期》的书面和口头汇报。11 月中旬，中央明确提出"供给侧结构性改革"。12 月，我为深圳市委、市政府及各部门负责人作了题为"供给侧结构性改革——扭转经济颓势、重聚改革共识的战略性选择"的报告。2016 年，又多次应邀为多部委和地方的干部学习做了关于"新供给主义经济学"的相关学术汇报。

2016年1月，我与国务院研究室、科技部、国土资源部、国务院发展研究中心的一批专家学者共同出版了《供给侧改革》一书，成为多个省市党政干部研讨供给侧改革的参考书目。

新供给主义经济学与供给侧改革

作为一个普通经济学者，在每一次应邀给地方政府、部委领导干部或行业协会汇报新供给主义经济学对供给侧改革的理解时，我都首先声明我所讲的只是一个学者的一孔之见，是“学术浅见”而不是“政策解读”。当然，如果听者通过从新供给主义经济学原理这样一个侧面出发，更深刻全面地理解了中央供给侧结构性改革的政策取向，那是他们自己的智慧。

虽然离不开现实的土壤，但经济学术研究更偏重于从特定的哲学认知和逻辑推理出发，分析现实问题，抽象出一般性原理，解释经济现象，并不排除从理论方面提出改变现实的原理性建议；而政府的经济决策和改革行动，则是从经济现实、政治政策现状出发，在权衡长期、短期和各方面利益后所做出的政治行为选择，这其中虽然也可能吸收某个学者的学术主张或思想——但只要决策本身对客观实际情况有针对性、对经济运行有好处，经济政策和改革措施完全没必要拘泥于任何学术概念，而且必然是综合了不同经济理论，包含着各种必要诉求的政治、政策混合体。

既然经济政策本身没必要拘泥于任何学术概念，那么学术研究也必须有独立性、领先性，而且不应该为了迎合短期决策需要而打扮成与政策相似的样子，更不应该放弃了原本的学术创新方向——只有这样，越是有独立性、创新性的研究，反而对决策越有价值。当然，经济学者的独立性和创新性不能脱离现实的土壤，有价值的经济学术创新必须能够解释现实、改变现实。然而，能够在众多的学术思想中选出有价值的学术思想加以借鉴，那其实更多是决策者的智慧。

正因为如此，新供给主义经济学虽然较早呼吁“供给侧改革”这样的学术概念，但并不能把这些学术概念等同于“供给侧结构性改革”的决策概念；新供给主义经济学虽然于2012年提出了“新供给创造新需求”这样的微观理论，但是中央经济政策提出的如何“创造新供给，释放创造新需求”则更多是决策者的智慧；新供给主义经济学中虽然有新供给周期、更新供给结构、结构性改革推动供给升级等理论，但是并不能自诩为任何结构性改革的理论基础；新供给主义经济学虽然主张减少垄断、放松管制、大规模减税等“放松行政性供给约束”的理论主张，但是现实中知易行难，政府能够落实简政放权、结构性减税等现实任务也需要真正统一认识以及强大的政治执行力；新供给主义经济学围绕“五大财富源泉”“解除要素供给抑制”等理论提出的改革要素市场、全面降低企业成本的学术理论虽然很有逻辑上的完美性，但是国务院关于全面降低企业成本的具体部署显然不仅从理论深度出发而且必须从现实可操作性出发，因此需要把“降电价”这样的操作性行政命令等都算进去；而从供给侧划分的“31种增长模式组合”，以及从中国实践总结出的“三大增长模式”，能否为决策层提出的创新增长方式提供学术上的些许启发，那就要看新供给主义经济学的理论说服力；还有新供给主义经济学以“供给冲击模型”为基础的物价管理思想、从要素贡献出发的分配理论，等等，也仅停留在学术探讨层面，与产生决策影响还有距离……总之，理论是抽象的，现实是具体的；理论只负责按照理想的方向做研究，而政策则必须具有现实的可操作性并对结果负责。

新供给主义经济学与国内其他新供给学的关系

2013年以来，很多媒体文章都深度报道了我的新供给主义经济学的相关学术主张。但是也有不少媒体混淆了新供给主义经济学和其他“新供给经济学”的关系，其中混淆比较多的是与贾康先生的“中国式新供给经济学”的关系。

2012年11月，我发表了《新供给主义宣言》。之后不久，财政部财政科学研究所前所长贾康也发表了《中国式新供给经济学》，提出“八双”的政策主张，后来又改为“八双、五并重”。2013年我与贾康先生有过交流，但是经过深入了解后发现其“八双、五并重”的经济政策建议与新供给主义经济学的理论体系不是一回事，且在供给的主导作用、减税、政府规划的作用等方面的认识都大不相同。2015年以来，贾康先生的文章和演讲中，开始多次出现“放松供给约束，解除供给抑制”等内容，这完全沿用了我在2013年十几篇文章的提法；之后在其著作和演讲中，也开始多次出现了与我在2012年以来提出的“新供给创造新需求”、五大财富源泉等分析框架相类似的表述，我很高兴看到这样的“所见略同”。

还有很多学者在新供给学方面的探索值得我们学习，有的偏重于政策，有的偏重于供给管理，都各具特色、各有千秋。这么多的学者在同一个时代走到同一个方向，实际上反映了从供给侧推动结构性改革是中国经济政策的一种必然选择，而对于具体如何从供给侧推动改革，则仁者见仁、智者见智。

任何一种新思想、新理论的产生，总要经历孤独、被认可、被效仿、被质疑、一拥而上等阶段，新供给主义经济学的产生与发展也不例外。也正因为如此，新供给主义经济学才能在决策层、在学术圈、在社会上产生如此多的共鸣，获得如此多的支持。但是也有个别学者不太遵守学术规范，例如某学者2015年以来多次生硬抄袭本人新供给主义经济学的相关提法，但是既不注明引用出处，又不能正确解读其中深意。还有个别学者把我2012年来关于新供给主义经济学的相关文章未经同意就收到他们的著作中。对此我一方面非常感谢这些学者的厚爱，另一方面也期待经济学界治学之风更加严谨。此外，虽然当前学界对于供给侧改革的高度关注和热情总体上有利于学术创新和改革实践，但也出现了“新供给是个筐，什么都往里面装”的情况，需要学界关注和政界识别。“假学术、真忽悠、乱抄袭、瞎解释”的学术投机，一方面扰乱了经济学术创新，另一方面也会对中央供给侧结构性改革的战略部署产生负面影响。“供给侧改革”的经是部好经，被念歪了就可惜了。

在这样的背景下，完整地阐述新供给主义经济学的理论就变得十分迫切了。只要在经济原理上厘清现实，给改革实践者提供透视现实的理论工具，中国的决策部门和执行部门自然会创造出各种切实可行的改革方案。生在这样的伟大时代，我坚信，作为学者，只要不忘初心，不忘本心，心怀国家，本着有创新、有担当、有建设性、可操作性的原则扎扎实实地探索，中国的经济学就一定能为中国改革实践和全球经济学的发展做出贡献。

最后，我要衷心感谢关注、支持新供给主义经济学的前辈们和好友们：

首先要感谢我的博士生导师伍贻康先生，伍老师在复旦大学任教期间就以创新性思辨闻名，他曾经在 1988 年担任领队，与王沪宁先生（担任辩论队教练）共同带领复旦大学辩论社赢得第一届华人国际大专辩论赛冠军。他在 20 世纪 90 年代主持上海市高教局工作期间（伍贻康先生担任高教局常务副局长，徐匡迪市长兼任局长），也支持发现了很多“千里马”。如今他以 80 岁的高龄，仍然积极关注时事，每天都把他认为有独立创新思想的文章通过微信发送给我，支持我学习、研究，让我的思想不敢有丝毫的懒惰和停留。

我还要感谢万博研究院的顾问、中欧商学院名誉院长刘吉先生，刘老具有丰富的从政和决策经验、开放的思想和推动改革的精神。他在“十八大”召开之前在《文汇报》发表的《坚持经济建设为中心不动摇》《坚持社会主义市场经济改革不动摇》和《坚持邓小平理论不动摇》三篇整版文章，产生了非常积极的影响。在重要文章发表之前，我会飞到上海向刘老请教，他每一次高屋建瓴地提点和鼓励，都让我受益匪浅。2015年，刘老以79岁高龄居然前往南极考察并顺利归来，让我辈更是钦佩不已！

感谢中国世界经济学会副会长、《世界经济研究》的前总编张幼文先生。2013年12月，经张幼文先生推荐，《世界经济研究》刊登了我的长文《放松供给约束，解除供给抑制，更新供给结构——新供给主义经济学的理论探索》，并把该文作为当期的头篇文章，这是新供给主义经济学首次在中国经济学核心期刊上展现。

最后，要感谢万博研究院的院长助理刘哲女士。这本《新供给主义经济学》，我从2012年开始动笔，尽管当年就初步写了十万多字，但中间写写停停、停停写写，三四年还不成形，感谢刘哲女士在2016年帮我把这些思想逐渐完整地整理并展现出来。还要感谢万博研究院的院长助理张海冰先生，研究员赵静、王娇等人为本书所做的大量研究辅助工作。

本书第一章提出了新供给主义经济学的微观理论基

础——“新供给创造新需求”，论述供给在供需关系中处于主导地位，指出“供给自动创造自身等量需求”只是一种理想状态，通过分析新供给形成的五大条件，呈现了新供给是如何通过创造新需求，以及供给升级如何引领消费升级的微观脉络。第二章新供给经济周期揭示了一个经济体的供给结构所决定的“供给创造需求能力的变化”是形成经济周期波动的主要力量，并以此为基础揭示了经济周期处于新供给形成、供给扩张、供给成熟和供给老化四个不同阶段的经济特征，这也是本书第六章提出的通过结构性改革，推动供给升级政策主张的理论基础。

第三章从加入时间坐标的“三维空间”阐述了以“五大财富源泉”为基础的经济增长理论，提出了从供给侧划分的31种增长模式，并揭示了经济增长的供给扩张原理。第四章和第五章重点研究了行政性供给约束和制度性要素供给抑制如何减少有效供给的经济学原理，并基于此在第七章和第八章揭示了放松行政管制、行政垄断、高税收成本和高融资成本的行政性供给约束，所能获得的短期增长空间，以及解除人口与劳动、土地与资源、金融与资本、技术创新、制度与管理等五大要素供给抑制所能带来的长期经济增长潜力。

新供给主义经济学还建立了物价管理的供给冲击模型，揭示了全面考虑供给侧影响后的物价波动本质，并提出按照“供给要素贡献”的收入分配理论主张。这些学术探索在第九章和第十章分别进行了论述。

由于新供给主义经济学是从经济哲学、微观经济理论、经济周期理论、经济增长理论以及物价和分配领域的全新探索，中间很多理论模型都是初创并在过去四五年间一步步调整优化的结果，不成熟和错误之处欢迎学界同仁批评！

滕泰

2016年11月

第一章

新供给创造新需求

第一节　供给与需求关系中的主导地位

供给与需求的关系不仅决定了经济的均衡，而且还与经济增长的持续性有关。那么到底是供给决定需求，还是需求决定供给？

一、经济学思想史上的供给与需求关系

在经济学史上，有两个有影响力的经济学家及其代表的学派更加强调需求的主导作用，一个是奥地利经济学家卡尔·门格尔，一个是英国经济学家梅纳德·凯恩斯。前者建立了著名的效用价值论，后者建立了以总需求管理为主的宏观经济学体系。但是更多更早的经济学家，如萨伊、亚当·斯密、马克思、库兹涅茨、熊彼特等都更加强调供给和生产的主导作用。

在 19 世纪法国经济学家萨伊看来，供给和需求的关系中，无疑是供给处于主导地位，供给可以创造自身的需求。萨伊在其著作《政治经济学概论》中认为，“一种产物一经产出，从那时刻起就给价值与它相等的其他产品开辟了销路”。萨伊论述道，“一般地说，生产者在完成他的产品的最后一道

加工后，总是急于把产品卖出去。因为他害怕产品在自己手中会丧失价值。此外他同样急于把出卖产品所得的货币花掉，因为货币的价值也易于毁灭。但想要摆脱手中的货币，唯一可用的方法就是拿它买东西。所以，单单一种产品的生产，就给其他产品开辟了销路”。

萨伊认为，“市场有时充斥货物无法脱售的现象是局部的、暂时的”。“在一种货物亏本的同时，必有别的货物赚到过度的利润。由于过度的利润一定会刺激有关货物的生产……一种产品供给不足而另一种产品充斥过剩的现象，绝不会永久继续存在。”“如果对生产不加干涉，一种生产很少会超过其他生产，一种产品也很少会便宜到与其他产品价格不相称的程度。”萨伊的观点被后来的经济学家们总结为“萨伊定律”，即“供给创造自身的需求”，成为古典供给学派的基础。

马克思在《资本论》中指出，生产力与生产关系是物质资料生产方式方面的内容，是人类存在与发展的基础。生产力与生产关系的关系侧重于说明经济领域，生产力的发展水平决定生产关系，反过来生产关系对生产力具有反作用。对于周期性的经济危机，马克思把其归因于相对生产（供给）过剩。

从经济增长的动力研究看，大多数经济学理论都是从“供给”的角度解释经济增长并提出各自的政策主张。早在240年前，亚当·斯密发表的《国富论》中就从劳动的供给质量和供给数量角度分析了制度和社会分工对生产力的促进作用。熊彼特从技术创新的角度分析经济增长过程，认为生产技术的革新是驱动经济螺旋式发展的核心力量，企业通过创新获取垄断利润，进而扩张市场份额，实现新产品对于老产品的替代，认为技术和制度的破坏性创新才是经济增长的长期动力。库兹涅茨则更多地从投入产出角度分析人口增长、生产效率等提升带来的经济增长。

无论是亚当·斯密的《国富论》，萨伊的《政治经济学概论》、马克思的《资本论》、熊彼特的《经济发展理论》，还是库兹涅茨的《国民收入和资本形成》，实际上都更注重从供给侧研究财富的生产、流动、分配规律。当然，供给和需求是一只手的手心和手背，门格尔、凯恩斯也研究供给规律，亚当·斯密、萨伊、马克思、熊彼特、库兹涅兹的著作中，也有需求规律，比如亚当·斯密对利率与消费的关系就有与现代经济学教科书很不同的描述，马克思也强调生产关系对生产力的反作用，库兹涅兹在研究要素投入增加、不同要素投入的生产效率在推动经济增长的核心作用的同时，还假定了开放市场等需求侧的条件。但是在经济哲学上到底是认为供给主导，还是需求更重要，每个经济学家都有自己的哲学认识和基本假设，并不是一句“互相影响”或“供给与需求并重”所能回避的。

二、供给在与需求的关系中处于主导地位

供给最原始的含义就是财富的生产，而经济学中的需求受到现实支付能力的约束。回顾人类发展的历史，生活得更丰

裕、更方便、更舒适的需求一直存在。然而那些没有现实供给或现实购买力的需求，更准确的说是“欲望”。人们的欲望五花八门，无所不包，而且是螺旋式上升，永远不会满足。不断上升的欲望，驱使人们追求更多的财富。但这与经济学中探讨的供给与需求并不是一回事。经济学研究的是有现实产品或服务支持的供给，和有现实支付能力和支付意愿的需求。虽然对“更好的产品、更好的服务”的潜在心理欲望始终存在，但是如果没有适当的技术生产出我们所需要的产品或者服务，这种需求就只能永远是“心理”的，而不是物质的，只能是“潜在”的，无法转化为现实购买力——在这一对矛盾中，只有当新供给出现，新需求才会被创造出来。

举例来说，在汽车发明之前，人们也希望“跑得快”，但这种需求并不能创造具体的供给，但是只有当德国人发明出世界上第一辆汽车的时候，汽车才创造了自身的需求；在天空飞翔是人们千年的梦想，但是在莱特兄弟发明飞机之前，人们只能通过嫦娥奔月这样的神话来幻想飞翔。只有当技术不断发展，不断创造出某一种“新供给”时，这种“新供给”对应的对某项产品的支付意愿才是经济学意义上的“新需求”。

在一个人们都不穿鞋子的部落，应当说是存在着巨大的对鞋子的潜在心理需求，但是为什么多年都没有创造出鞋子的供给？是因为当地的技术落后，没有生产出鞋子的可能性，所以潜在的心理需求无法创造出鞋子的供给。当制鞋公司把鞋子运到这个没人穿鞋的部落时，鞋子的现实供给就会创造出对鞋子现实的需求。因此，抽象的欲望不能创造满足自身的供给，而现实的供给却能创造实实在在的需求。

又比如滴滴出行软件的产生，人们几乎可以随时随地选择快车、专车、顺风车、拼车等最适合自己的出行方式。如果没有滴滴出行这种新供给的出现，人们依旧可以乘传统的出租车、开车或者乘坐地铁、公交车等，人们的生活也不会受到影响。而当滴滴出行出现之后，人们的“精细化”出行需求被创造出来。在供给和需求的时间匹配上，滴滴出行基本可以做到乘车和等候的无缝衔接，人们不用在寒风或烈日中苦苦等候，司机也不用毫无目标地寻找客户。在供需的空间匹配上，人们可以在时间、价格、服务上面进行自由选择，对于时间和服务要求较高的顾客可以选择快车，对于价格比较敏感的顾客可以选择专车或顺风车，等等。

对很多知识产品、信息产品、文化产品、金融产品、服务产品而言，人们对这些产品或服务的需求并不像吃饭、住房那样不可或缺，甚至在某一刻，人们对这类产品的需求并不存在。但只要供给一经产生，并加以宣传，就会创造自身的需求。比如,《哈利·波特》这本小说在作者创作出来之前，这个世界对它的需求根本不存在，但是被创作并宣传之后，需求自然产生。

当然，就中短期而言，需求也会影响供给，如果没有足够的消费需求、投资需求或出口需求，厂商生产的产品不能及时卖出去，就会影响到生产者的积极性，短期的供给也会受到影响而下降。因此，对于供给和需求这一对矛盾范畴的关系，可以概括为：长期，供给创造需求；短期，需求影响供给。

三、“供给自动创造自身等量需求”只是一种理想状态

在古典经济学派代表人物萨伊看来，“供给能够创造自身的需求”。每1000单位的产品销售收入都会自动变为等量的要素所有者收入，劳动、资本、土地分别通过工资、利息、地租的方式，再消费形成1000单位的等量支出。即便在有剩余的情况下，储蓄也会通过银行等金融体系转化为等量的投资，即使有税收，也会通过政府支出转化为需求。萨伊所处的年代，正值拿破仑执政时期，生产力还欠发达，而且当时面临着严重的通货膨胀，过多的货币在追逐着稀缺的商品，产品的销售不成问题，但是货币的价值却朝不保夕。

新供给主义经济学认为，“供给自动创造自身等量需求”只是一种理想状态。在一定的条件下，供给可以创造与自身等量的需求，当这些条件不具备时，供给将不能创造与自身等量的需求，甚至完全不能创造需求。

供给创造自身等量的需求是有条件的，那么是什么导致了供给不能创造自身等量的需求呢?

（一）供给过剩造成供给不能创造等量的需求

从收入的角度研究整个经济的总量，那么劳动、土地和资本获得的收入，应当等于收入总和，即：总收入 = 工资 + 租金 + 利润；但实际上，当经济处在供给过剩阶段时，这个公式就

应当表现为：总产出 = 工资 + 租金 + 利润 + 存货。在供给过剩的情况下，经济的供给量大于需求总量，体现为产能过剩、库存积压、价格下跌等现象，过剩的供给显然不能够创造出自身的需求。

（二）供给老化降低供给创造需求的能力

即使在经济总体不过剩的情况下，当出现产品的供给老化时，也会出现滞销的现象，造成局部供给过剩，降低供给创造需求的能力。正是由于中国很多消费类产品供给老化，才会出现中国消费者在中国不肯买，到了国外就开始疯狂买的现象，老化的供给显然也不能够创造出自身的需求。

第二节　新供给创造新需求

一、新供给

新供给是能够持续创造新需求、形成新市场的一种新技术、新产品或新的商业模式或管理模式。在乔布斯创造苹果手机之前，世界对它的需求是零，而一旦苹果手机面世，新的需求就被源源不断地创造出来。正如乔布斯所言，苹果公司“重新发明了手机”。苹果手机的触屏操作方式、iOS 操作系统、App Store 功能，不仅使人们重新认识了手机，同时改变了人们的生活方式。

新供给可以是像苹果手机一样的新技术、新产品，也可以是新的商业模式或管理模式。比如 Uber 或滴滴出行，它不是通过设计出新的产品进行销售，而是通过新的商业模式将现有资源进行整合，与不同行业形成协作互补，同时运用互联网创新技术，为用户提供专车、快车、顺风车、代驾等全面的出行服务，解决了大城市多年来“打车难、打车贵”的问题。

新供给对新需求的持续创造能力形成新的市场。一种供给的产生会对上下游供给产生带动作用。一项产业的新供给不仅可以创造出对于该项产业的新需求，往往还会产生引致消费带动相关配套产业的需求，通过产业链而辐射到上下游产业，进而辐射整个经济，通过供给扩张的带动作用创造出成倍的新需求。仍以苹果手机为例，苹果不仅创造了自身的需求，还通过其操作系统和 App Store 软件付费下载系统，形成了 iOS 生态圈。苹果手机作为整个苹果生态链中移动设备的核心枢纽，通过软件升级和不断研发，不断提升用户体验，创造出持续的新需求，形成新的市场。

二、新供给形成的影响因素

新供给形成并创造新需求往往会通过自然规律的认识、新要素的发现、新技术的应用、新的制度和管理方式创新等方式产生，并受到国家的经济政策和人文环境等因素制约。

首先，人们对自然规律的认识导致对资源应用能力的提高，进而形成新的供给创造新的需求。比如人们认识了自然生物，通过采摘天然果子和捕获野生猎物来获取食物。之后通过对动植物繁殖规律的掌握，使得人们能够人工种植果树和庄稼，饲养牲畜和家禽。食物的来源被拓展，人们对于食物的新需求也随之被创造出来，不再局限于偶然的捕猎，而是更有目的性地养殖和培育。

其次，新化学元素或资源要素的发现形成新的供给，提升供给创造需求的能力。比如地质学家发现了石油，使得人类基础能源得到了拓展，新的需求产生。再比如新大陆的发现，提高了商业产品的供给能力，形成了新的市场。

第三，新技术的产生和应用，也能够形成新的供给。比如化学提取分离技术在石油方面的应用，化学家从石油中分离出汽油、煤油，合成了染料、香料和医药，供给能力得到了进一步的提升。石油化工业的快速发展，逐渐使人类衣食住行中直接、间接来自石油的比重超过了所有农产品的总和。再比如，地理大发现时，早期的帆船和指南针、工业化时期的轮船和电报机的发明，在海洋国家的国家贸易中得到广泛应用，提高了相关技术应用国家的供给能力。

第四，制度性变革也会提高资源利用能力，进而形成新的供给。比如20世纪80年代初，中国采取了“家庭联产承包责任制”改革。在土地、劳动、技术等要素短期均没有变化的情况下，通过极大地刺激要素的生产效率，形成了新的供给能力。

第五，如果说通过对自然规律的认识、新要素的发现、新技术的应用、新制度和管理方式的创新等是形成新供给的“硬件”的话，那么一个国家的经济政策和人文环境则是影响新供给形成的“软件”。比如，1821年，页岩气第一次作为资源在美国纽约州的Fredonia的浅层裂缝中被采掘出来，但由于技术限制，产气量少，直到20世纪70年代末期，年产量也只有约19.6亿立方米，没有达到工业生产的规模，新供给无法形成。但1980年，美国政府开始加大对页岩气开采的政策扶持力度。比如，通过了《能源意外获利法案》，为鼓励国内非常规能源的生产，实行税收补贴等一揽子优惠政策，个别州甚至对页岩气开发免征生产税。另外，通过设立非常规油气研究基金的方式加大研究投入，天然气研究所（GRI）开始对页岩气进行系统研究，极大推进了页岩气开采技术进步，导致新的发现不断产生并使页岩气产储量进一步提高，促进了页岩气工业的发展，新供给形成。

每一项新供给的产生方向都具有其不确定性，正如航海大发现的时间具有偶然性，矿产资源的勘探、工业革命技术创新的时点等，都很难准确预测。但新供给一定会以新产品或新商业模式的形式出现，并在之后的一段时间内，通过改变人们的生活习惯、工业生产的产出效率、供给要素比例关系等，进而创造出新的需求和新的市场。

三、新供给创造新需求

新供给创造新需求体现在经济发展的各个阶段和人们生活的很多方面。比如在狩猎时代，人们对马匹的交通运输需求为零；在汽车被发明之前，人们对该项交通工具不可能有需求；在点蜡烛读书、飞鸽传书的年代，人们对于电灯和手机的需求也不存在。而一旦交通工具、照明技术和通信产品作为一种新的技术或产品形成，新的需求就会被创造出来。

下面以苹果手机产业链为例，来看一下新供给创造新需求的实现过程。

第一，新的商业价值附加是新供给形成的基础。新的商业价值一般体现在两个方面：有一定的潜在消费群体，且成本控制在合理范围内。当苹果公司推出苹果手机前，按键类功能手机仍在持续稳健发展，智能手机星星点点开始出现，但并未主导行业的发展。苹果手机打造了一个全新的移动平台和生态系统，使得上网、聊天、视频等功能从 PC 端走入移动端，这将使人们摆脱对电脑和桌面的依赖，获得更自由、便利的信息交互体验。当这种改变的成本，比如操作软件、触摸屏创新开发的成本，控制在定位消费人群的购买力以内，那么就具有了新的商业价值。

第二，持续的研发投入和体验改进能够提高供给的创造能力。比如，在苹果公司的历史上，它数次采用新的操作系统和新的芯片构造，不断推陈出新，提高用户体验。比如将屏幕尺寸提升到 4 寸、加入土豪金和玫瑰金版本、提高硬件配置和软件开发，等等。通过持续的市场营销和产品优化，苹果手机在消费者中创造了巨大的新需求。iPhone 和 iPad 在全球受到了狂热的追捧，根据苹果公司发布的财报，2014 年度苹果公司共售出了 1.692 亿部苹果手机，其中第四季度售出 3930 万部，销售额增长了 13%，苹果公司一年的营业收入就已经超过了新西兰同期所有货物和服务的总价值。

第三，打造了上下游生态链，形成良好的协同效应，形成新市场。苹果手机通过建立一个多元化的平台，让产品之间形成了更深层次的整合。比如苹果手机上有来电或短信时，iPad 和 MacBook 也会同步提示，备忘录、通信录、照片、软件应用都可以进行云同步，等等。同时，围绕苹果手机上线的应用商城的设计和开发应用也随之形成，苹果公司 2014 年公布的数据显示，iOS 生态系统在美国创造出超过 62.7 万个职位[①]。

第四，相对开放的贸易环境和完善的配套设施有利于拓展供给创造的市场空间。比如，国际全球贸易使得苹果手机的销售市场和生产工厂的全球布局成为了可能，最大程度上拓展了企业渠道，降低了企业的生产成本。良好的网络支持也是苹果手机不断拓展市场空间的关键。比如如果第二代苹果手机不支持 3G 网络，与其他手机的比较优势在当时就很难发挥出来。

第五，加速供给创造需求效率的乘数效应是新供给形成新动力、拉动经济增长的重要方式。苹果公司的苹果手机等产品，和其他周边相关产品的销售收入，分别转化成公司利润、股东红利、员工薪酬、银行利息、房地租金等要素报酬，再次进入美国的经济循环，加速了供给创造自身需求的宏观循环，从而推动美国经济走出衰退，形成复苏。

无论是新供给的形成，还是新供给创造新需求的过程，都伴随着资本、资源、劳动等向新供给集中的过程，需要一个与之适应的制度环境，进而产生持续的需求创造能力，从微观上表现为生产效率的提升和企业盈利能力的提升，从宏观上表现为恢复“供给与需求的自动均衡状态”。

① 马丹：苹果应用商店 2014 年销售创纪录［EB/OL］. http://world.xinhua08.com/a/20150109/1436963.shtml, 2015–1–9.

四、供给升级引领消费升级

供给升级改变人们的生产、生活方式，引领消费升级螺旋式上升。

从历史上看，每一次供给升级都会带来新的消费升级。

18 世纪 60 年代蒸汽动力革命，使煤炭和铁矿等地球深层资源转化为动力和能量的新供给，于是纺织工业的生产力成倍增加，轮船、火车等以煤炭和蒸汽机为驱动力的新的运载工具相继产生，替代了人力、马车等，形成了新的消费升级。

19 世纪初期，以电子技术的应用为开端，煤炭燃烧产生的热能，风力和水力蕴含的动能和势能都以电流的形态传输，于是电灯、内燃机等新供给替代了蜡烛、蒸汽机，带来了新的消费升级。

20 世纪中叶的石油化工业革命，化学家从石油中分离出汽油、煤油，合成香料、染料和药物，于是石油、天然气等新供给代替了煤炭，引发了新的消费革命。

供给升级拓展了人们的消费标的，改变了人们的消费结构，进而引领消费升级。比如，工业革命之前，人们的消费标的主要集中在农业、建筑业、纺织业和运输业等产品，房屋建筑以土、木、竹结构为主，纺织原料全部来源于农业，运输动力以牲畜为主。而工业革命之后，农产品以及源自农产品的食品、饮料、烟草、棉纺等需求，只占总需求的 15% ~ 20%。

取而代之的是，以钢铁、有色金属等原料制造的汽车、家电，以石油等为原料的化工、医药、通信等。

供给升级对于消费升级的影响体现在衣、食、住、行各个方面。马歇尔说，人类的欲望和希望在数量上是无穷的，在种类上是多样的，但通常是有限的并能满足的。他们不仅希望惯常消费的东西有较大的数量，而且希望那些东西有较好的质量；他们还希望东西有较多的花色可供选择，并且希望有满足新欲望的东西生产出来。从更久远的历史来看，供给升级的过程也是一个从数量消费到质量消费升级的过程，是一个从基本的衣、食、住、行的“硬消费”到环保、社交、娱乐等“软消费”转变的过程。

比如，随着动植物繁殖规律被发现并逐步普及，使得人们对于食物的需求从温饱转为囤积，当食物的供给不再受季节、气候和地域的影响，人们有机会在任何时间吃到一年四季、全国各地的食物时，人们对于食物的囤积需求向休闲食品、保健食品、奢侈品等昂贵、稀缺物品过渡。当“食物数量”的供给对于需求的创造能力下降时，“食物质量”的供给成为需求创造的新动力，并带来了人们消费层次的进一步提升。比如茅台酒的价值不在于数量，也不在于两斤粮食的成本或者好喝的物理效用，而在于它本身承载的文化；抽中华香烟的人，不是看重中华香烟的稀缺性，消费的也不在于烟丝本身，而在于“中华”这个品牌；喝星巴克咖啡的中国白领们，消费的可能还有方便舒适的环境、潮流的消费体验。

再比如，供给升级使得人们对于“行”的消费也在从交通工具向环保和时尚转化。在没有机械动力的交通工具之前，牛、马、驴、骆驼等动物是主要交通工具，随着蒸汽机、内燃机的发明和应用，汽车、轮船、飞机等交通工具满足了人们对于“出行速度和承载量”的基本需求。与食物类似，当数量供给基本达到饱和时，带来了“出行质量”的消费升级。于是，当底特律的汽车制造商经营困难的时候，奔驰公司的前总设计师却说，他们卖的不是汽车，而是艺术品，只是碰巧它会跑。同样，特斯拉卖的也不是“跑得快”，而是环保和时尚。

供给升级通过改变消费方式，进而引领消费升级。比如互联网技术的发明，和其他行业的结合和应用，改变了人们的消费方式。在互联网技术出现之前，人们获取信息的渠道是电视、广播、报纸、杂志，沟通的渠道是电话、传真、信件，购物主要通过专卖店和实体门店进行面对面的商品交易，通过现金或票据进行支付，享受休闲娱乐的方式主要是通过电影、电视、户外运动，等等。在互联网技术广泛应用之后，人们开始通过搜索引擎、新闻门户来查找需求的信息，通过邮件、即时通信、论坛等实现音乐、视频、文本的信息传递，通过网络购买商品、定制个性化服务，通过电子商务、电子支付系统实现交易，通过网络游戏、宽频、在线音乐等在线娱乐获取协同贡献和参与性，等等。

总之，以新产品、新技术、新商业模式或管理模式为表现的新供给，不断创造新需求，产生新消费，供给升级引领消费升级，推动经济持续发展。

第二章

新供给经济周期

第一节　新供给经济周期理论

一、从传统经济周期理论到新供给经济周期理论

在传统经济周期理论中，凯恩斯认为由于存在边际消费倾向递减、流动性偏好、资本边际效益递减等三大心理定律，会造成消费不足和投资不足，有效需求不足将导致生产过剩和失业，而市场自动调节的机制无法纠正这种失调，就会出现经济危机，解决经济危机的方法主要是政府通过财政政策和货币政策进行积极干预和调节。凯恩斯的总需求管理主张为当时的大萧条提供了一条可行的路径。但当技术革命、社会分配制度变化、金融安排变化、产业升级时，边际消费倾向和资本边际效益不再递减，凯恩斯理论对于经济周期原因的解释能力和需求管理的政策效果会大幅降低。

马克思则从资本主义制度的弊端入手，认为经济的发展必然导致贫富差距的不断扩大，造成生产相对过剩，引发经济危机。经济衰退的根本原因在于私有制、社会分配不公造成的生产相对过剩，并提出计划经济的解决办法。二战后，苏联、中国等采用了计划经济体制迅速建立了强大的工业体系。但是，当公有制建立之后或者在西方中产阶级成为社会主体之后，经

济仍然有周期性的衰退，为什么呢？

新供给主义经济学认为，经济周期的本质原因在于供给创造需求效率的变化：当新供给创造需求的效率提高时，经济进入上升周期；当供给创造需求的效率下降时，经济进入下降周期。

当宏观经济从供给到需求的传导过程遇到阻碍时，既不应当用带有计划经济色彩的手段去彻底破坏市场机制，也不应当用传统凯恩斯主义的手段人为扩大老产业和老经济的总需求，而应通过结构性改革推动供给升级，提高供给创造需求的能力，进而创造新需求，恢复“供给与需求的均衡状态”。

二、新供给经济周期

新供给经济周期认为，一个经济体的供给结构所决定的供给创造需求能力的变化是形成经济周期波动的主要力量。

从供给端和供给结构变化出发，一个完整的经济周期可以划分为新供给形成、供给扩张、供给成熟、供给老化等四个阶段。如果一个经济体中大部分行业处于新供给形成和供给扩张阶段，这个经济体就会充满活力，其经济增长速度就会提高，整体运行趋势是向上的；反之，如果一个经济体的较多行业处于供给成熟和供给老化阶段，这个经济体的活力就会下降，其经济增长速度就会降低，整体运行趋势就会向下。

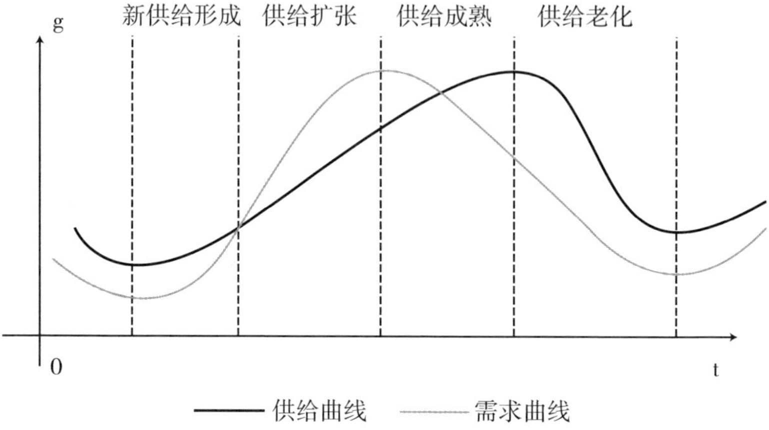

图 2-1　新供给经济周期 [①]

在新供给形成阶段，新供给以新技术、新产品、新商业模式或管理模式等形式孕育产生，供给创造需求的能力开始提升，供给与需求的增速均触底企稳；由于供给的需求创造系数依然小于 1，供给增速大于需求增速，但差额逐渐缩小，过剩产能和积压库存持续下降；物价水平低位徘徊，但通缩压力减小；新供给的厂商具有一定的定价能力，企业家信心增强，投资意愿提升；生产要素从供给老化领域向新供给形成领域转移，失业率下降，要素的利用效率提升，经济潜在增长率回升，经济出现复苏迹象。

在供给扩张阶段，随着新供给形成的新市场不断拓展，供给持续创造需求的能力进一步提高，更多的要素资源涌向新供

① 图中纵轴代表供给或需求的增速，横轴代表时间，供给曲线代表供给增速，需求曲线代表需求增速。

给领域，表现为供需结构出现明显改善。需求曲线向上穿越供给曲线，供给和需求的增速出现明显回升，需求增速超过供给增速，且需求与供给增速之间的差额不断扩大；厂商定价能力大幅提升，企业家信心提升，实体投资迅速增加；物价水平受供给缺口的影响，出现明显提高；生产要素加速涌向供给扩张领域，失业率下降，要素的利用效率提升，经济潜在增长率和实际增长率均出现明显回升，经济进入繁荣阶段。

在供给成熟阶段，新供给基本普及，供给创造需求的能力下降，但供给仍然惯性增长，供给增速继续提高，但需求增速出现明显回落，需求与供给增速之间的差额不断缩小，最终需求曲线向下穿越供给曲线；厂商受到供给扩张阶段的影响，投资仍惯性增加，议价能力持续下降；物价水平前期仍处于上行区间，当总供给大于总需求时，有回落压力；生产要素继续涌向供给扩张领域，经济增长速度虽然没有出现明显回落，但要素的产出效率开始下降，经济潜在增长率下降。

在供给老化阶段，供给创造需求的能力进一步下降，供给增速开始回落，过剩或老化供给无法创造等量的需求，表现为过剩供给短期难以消化，过剩产业资本沉淀不能退出；企业家信心大幅下降，投资降低，大量生产要素闲置，资源的配置效率降低，失业率增加，物价水平有通缩压力，经济增长速度明显下滑，经济整体进入下行甚至衰退阶段。

第二节　新供给形成

在新供给形成阶段，新供给以新技术、新产品、新商业模式或管理模式等形式孕育产生，新供给创造出新的需求，供给和需求增速均触底企稳并开始回升；供给创造需求的能力提升，供给与需求增速之间的差额缩小，过剩产能和积压库存下降，广义产销率上升；供给过剩导致物价水平低位徘徊，但有企稳迹象；新供给具有不完全竞争的垄断特征，新供给的厂商具有一定的定价能力，企业家信心增强，投资意愿提升，预期趋于稳定；生产要素从供给老化领域向新供给形成领域转移，

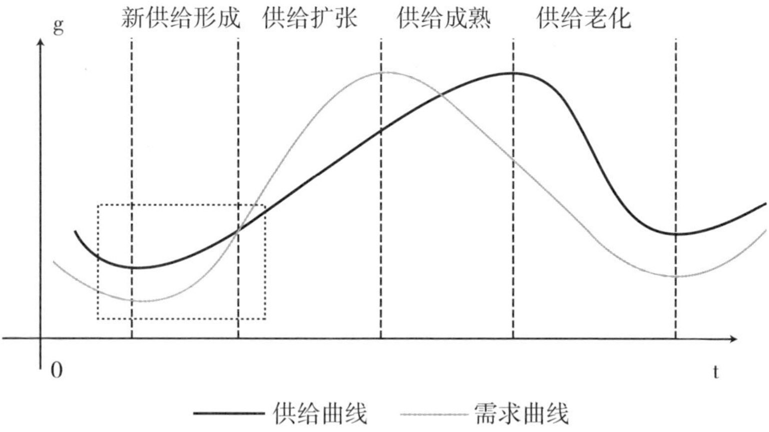

图 2–2　新供给经济周期

失业率下降，要素的产出效率提升，经济潜在增长率回升，经济出现复苏迹象。

一、供给创造需求的能力

供给创造需求能力的变化使得经济出现周期性的上下波动，新供给主义经济学用“供给的需求创造系数（N）”来描述供给创造需求能力的大小。

$$N=\frac{\Delta D}{\Delta S}\ (N \geqslant 0)$$

ΔS 表示新增供给量，ΔD 表示新增的有效需求量。

表 2-1　供给的需求创造系数与供给创造需求能力的变化关系

N 取值范围	N 变化趋势	供给创造需求的能力	供给创造需求能力的变化趋势	需求增速
N＞1	从 1 趋近于 +∞	1 单位供给能够创造出超量的有效需求	增强	提高
	从 +∞ 趋近于 1	1 单位供给能够创造出超量的有效需求	下降	下降
N=1		1 单位供给能够创造出 1 单位有效需求	不变	稳定
N＜1	从 1 趋近于 0	1 单位供给只能创造出缩量的有效需求	下降	下降
	从 0 趋近于 1	1 单位供给只能创造出缩量的有效需求	增强	提高

供给的需求创造系数 N 的取值范围不同，供给创造需求的能力也不相同，N 越大供给创造需求的能力越强；供给的需求创造的系数 N 变化趋势不同，供给创造需求能力的变化趋势也不同，N 从小到大变化，供给创造需求的能力增强，需求增速提高；反之，供给创造需求的能力下降，需求增速降低。

如果一个经济体中，大部分产业供给的需求创造系数 N，都处于一个从 0 趋近于 1 的变化过程，则认为经济进入新供给形成阶段。即在新供给形成的过程中，新供给能够创造出新的需求，供给的需求创造能力逐步提升，供给的需求创造系数 N 增大，从 0 向 1 趋近：

$$N: 0 \rightarrow 1$$

在新供给孕育产生的过程中，受到新产品或服务自身的商业价值、金融与资本、供给成本等因素的影响，供给的需求创造系数的变化会有所不同。一般而言，长期来看，新供给具有持续的供给创造需求的能力，且供给的需求创造系数 N 不断向 1 趋近，即新的产品或服务能够创造出等量的新需求，新供给形成并进入供给扩张阶段的可能性也就越大。

举例来看，假设某新产品 T 年生产 100 单位，若从长期来看，市场需求只有 80 单位，供给对需求的创造系数 N 无法趋近于 1，说明市场上的有效需求无法持续支撑新供给形成；若长期来看，市场需求能够达到 100 单位，即供给对需求的创造系数 N 趋近于 1，说明新供给能够形成新的市场，新供给形成。

表 2-2 新供给形成

	总供给	总需求
长期平衡量	100	100
缩量	0	0
合计	100	100

表 2-3 新供给无法形成

	总供给	总需求
长期平衡量	100	100
缩量		-20
合计	100	80

上面的举例是当 N=0.8 时新供给形成的一个随机个例，N 理论上可以取［0，1］任意值，将所有的新供给形成情景进行汇总，就得出了新供给能够形成的曲线特征：

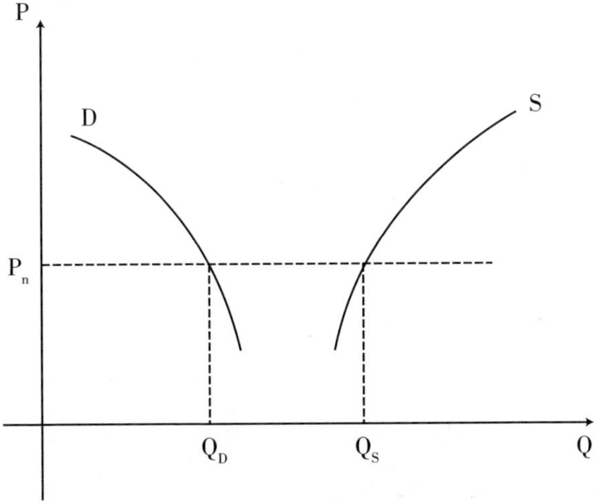

图 2-3 新供给无法形成

从长期来看，当在任何价格下，供给曲线（S）与需求曲线（D）均无法相交，且新需求始终小于新供给，即 $Q_d < Q_s$，新供给无法形成。

反之，从长期看，当新供给能够创造出等量的新需求，N 趋近于 1，供给曲线（S）与新需求函数（D）相交于（Q^*,P^*），即 $Q_d = Q_s$，新供给形成。

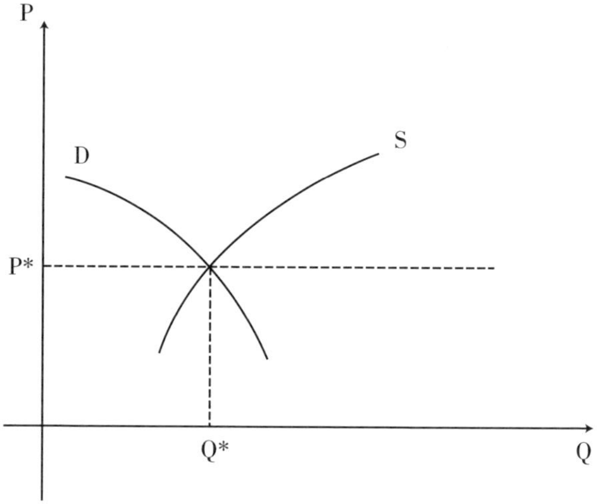

图 2–4　新供给形成

二、新供给形成的市场条件

从短期看，当新产品或服务等新供给出现并创造出新的需求，那么可以视为新供给初步形成，但从长期来看，新供给至少要创造出等量的有效需求，才是新供给形成的充分条件。

从新供给初步形成，到创造出等量的需求，要么需要金融支持，要么靠初期暴利支持。

（一）金融支持与新供给形成

金融支持型新供给是在股票、债券、风险投资等金融工具支持下，不断提升其供给创造需求的能力，直到新供给创造出自身等量的需求。

比如对于轮船、铁路、汽车、飞机等新供给，其形成阶段的特征是起始规模较大，前期需要进行重资产投入，投资回收期较长，单个产品或服务的成本较高。对于这类新供给前期需要大量的固定资产投入来生产出新的产品，因而金融支持就成为新供给形成的重要条件。在 19 世纪美国铁路建设初期，投资过大且投资回报周期较长，铁路债券所带来的巨额融资在铁路这种新供给形成中发挥了至关重要的作用。

亚马逊、京东、Uber、滴滴出行等也属于在金融支持下产生的新供给，这类新供给虽然前期不需要大量的固定资产投入，但是需要先通过补贴或低价迅速占领市场份额。在新供给形成初期，往往在较长一段时间内处于亏损状态，因此需要足够的金融支持来不断扩大市场份额。

以滴滴出行为例，为了吸引新用户、激活休眠用户并且增强客户的黏性和活跃度，在新供给形成的两年时间内花掉了风险投资和募股权投资基金的 15 亿元人民币来补贴司机和乘客，最终创造出巨大的市场需求。

（二）初期暴利支持的新供给形成

对于初期暴利支持的新供给形成，主要通过新供给形成初期较强的定价能力，先高价销售获取垄断暴利，再依靠暴利积累的资金扩张市场，最终创造出巨大的市场需求。

比如大哥大、苹果手机等新供给，在新供给初步形成阶段主要面向细分市场和特定的消费人群。其初始定价往往会高于其生产成本，通过产品或服务的稀缺性，获取超额的利润。通过前期的“暴利”获得后期扩张的资本积累，再通过促销、技术改进等生产出差异化的不同层次的产品，不断扩大目标市场，面向更多的普通消费群体。这类新供给的议价能力是新供给形成的重要基础。1984 年，摩托罗拉推出了全球第一部真正意义上的移动电话，型号为 8000x，重约 794 克，采用 LED 屏幕，可连续通话 30 分钟，在当时的售价高达 3995 美元。1987 年，摩托罗拉在中国推出了第一款机型，即后来俗称“大哥大”的移动电话摩托罗拉 3200，售价 2 万元人民币以上，入网使用还需花费上千元。初期暴利是之后降价销售、迅速创造出大规模有效需求的基础。

三、供给和需求的关系

（一）供给与需求增速触底企稳

在新供给形成阶段，供给和需求增速均触底企稳，新供给形成阶段的起点也是供给和需求增速的最低点，从图形上看，虽然供给增速依然大于需求增速，但供给曲线和需求曲线均开始上升。

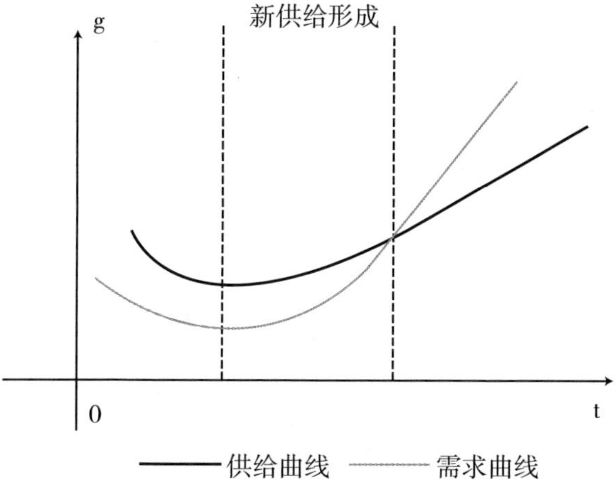

图 2-5　新供给经济周期——新供给形成阶段

随着供给和需求增速的企稳回升，总供给与总需求也开始回升。老化供给虽然还在持续退出，但已经接近尾声，新技术、新产品、新的商业模式或管理模式等新供给孕育产生，新供给领域的投资开始增加，供给老化度[①]降低，大部分产业都

① 新供给主义经济学以供给老化度（Supply Aging Ratio）来描述一个经济体的供给结构特征。一个经济体中，假设供给量为 Q，老供给量为 A，新供给量为 N，则供给老化度（SAR）

$$SAR=A/Q=1-N/Q$$

当一个经济体中 60% 的企业处于供给老化阶段，即 SAR>0.6，则称经济处于“供给老化”阶段。

处于新供给形成阶段，新供给的增加量大于老化供给的减少量，总供给止跌企稳，并出现缓慢回升。

$$\Delta\text{新供给的增加} > \Delta\text{老化供给的退出} \rightarrow \text{总供给}\uparrow$$

由于新供给能够创造出新的需求，且相比供给老化阶段，供给创造需求的能力提升，1 单位供给能够创造出更多单位的需求，新供给领域的消费回升，总需求增加。

（二）供给与需求回升的速度缓慢

在新供给形成阶段，虽然供给和需求都企稳回升，但由于供给的需求创造系数仍小于 1，供给创造需求的能力仍然较弱。新供给存在无法形成的可能。厂商对于市场还处于开发过程中，消费者虽然愿意尝试新的产品而支付一定的费用，但厂商面临的市场需求具有很强的不确定性，对于新商业价值定位也很难把控，一旦不能创造出足够的需求，厂商就面临着生存的压力，进而导致厂商供给扩张的意愿还相对较弱。

经济处于新供给形成阶段的供给曲线，其上升速度缓慢，供给曲线的斜率 K_S 较小，趋近于 0。对应的需求的回升速度也较为缓慢，斜率 K_D 较低。

$$\text{供给曲线的斜率 } K_S = \frac{\Delta S}{\Delta T} \rightarrow 0$$

$$\text{需求曲线的斜率 } K_D = \frac{\Delta D}{\Delta T} \rightarrow 0$$

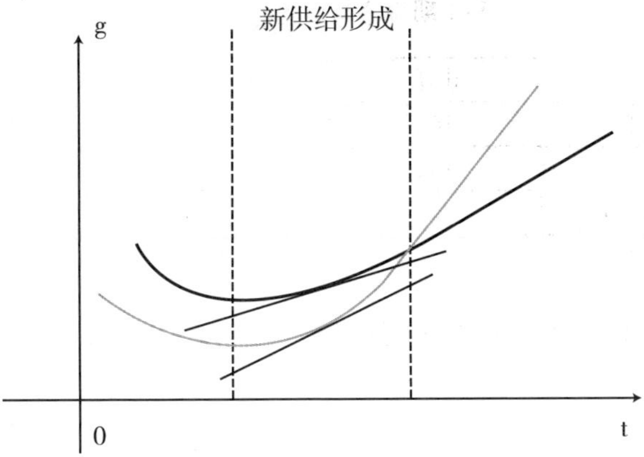

图 2–6　新供给形成阶段的供给与需求增速的斜率

（三）供给与需求曲线的差额逐步缩小

在新供给形成阶段，随着供给的需求创造系数趋近于 1，供给创造需求的能力增强，1 单位的供给创造的有效需求增加，供给与需求曲线之间的差额逐步缩小。

为了描述供给与需求差额的变化趋势，可以区分 T–1 期和 T 期分别描述。假设 T–1 期，N=0.6，供给为 100 单位，则供给创造的有效需求 60 单位，供给与需求的差额为 40 单位。根据新供给形成阶段的基本特征：新供给的增加量持续上升，且大于老供给的减少量；新供给创造需求的能力逐步提升，且 N 趋近于 1。假设 T 期，N=0.7，供给为 100 单位，则新供给创造的有效需求 70 单位，则相比供给与需求的差额为 30 单位，相比 T–1 期下降 10 单位。

表 2-4　T-1 期与 T 期供给与需求的差额变化

	供给	需求	差额
T-1 期	100	60	40
T 期	100	70	30
差额变化	—	—	10

（四）总供给大于总需求

在新供给形成阶段，由于老化供给创造需求的能力持续降低，在供给老化领域，产能过剩和库存积压的情况依然存在，总供给依然大于总需求。过剩产能的退出和新供给创造新需求需要一个要素转移的过程，在供给创造需求能力没有出现大幅提升、供给的需求创造系数 N 依然小于 1 的情况下，总供给大于总需求的局面难以在短时间内扭转。

由于新供给开始形成，物价在新供给和老化供给领域可能会表现出结构性不同。对于老化供给，由于供给创造需求的能力不断降低，在产能退出和库存消化未完成之前，依然会压制价格水平，表现为价格降低；对于定价能力较强的盈利支持型新供给领域，其价格水平有上涨趋势。

（五）新供给形成阶段的市场特征

随着老化供给的产能退出和库存消耗，以及新供给的形成，厂商前期购买的原材料逐渐转化为半成品或产成品，新供给形成阶段的原材料库存指数下降；在新供给形成阶段，前期积压的库存产品逐步出清，产成品的库存指数下降；随着新供给逐渐形成，并创造出新的需求，该阶段的新订单指数开始回升。伴随着过剩产能退出、积压库存下降和销售量的提升，新供给形成阶段的广义产销率[①]开始上升。

以中国为例，随着互联网技术的普及、结构性改革推动供给升级，中国经济2015年下半年进入新供给形成阶段。2016年3月PMI新订单指数51.4，比2月回升2.8个百分点，PMI产成品库存指数46，比2月下降0.4个百分点，PMI原材料库存指数48.2，比2月小幅上升0.2个百分点。PMI新订单指数回升、原材料指数和产成品库存指数见底，出现“两降一回升”的供给结构变化。

在新供给形成阶段，由于新产品具有一定的稀缺性和独占性，市场呈现出垄断特征，厂商具有一定的定价能力，投资回报率有上升趋势，企业盈利改善，进而使得社会预期趋

---

① 广义产销率（broad sales ratio），假设t期已经销售的现货产品数量或产值为SS_t，预售产品的数量或产值为SA_t，生产产品的数量为P_t，设可比期间i的现货产品数量或产值为SS_i，预售产品的数量或产值为SA_i，生产产品的数量为P_i，则广义产销率（BSR）

$$BSR=\frac{(SS_t+SA_t)/P_t}{(SS_i+SA_i)/P_i}$$

在计算产销率时引入滞后期i，是为了剔除偶发性、季节性因素造成的自然波动，更准确地观察供给创造需求能力的变化。广义产销率越高，说明供给创造需求的能力越强，广义产销率越小，说明供给创造需求的能力越低，产能过程情况越严重，供给老化程度越重。BSR＞1，说明与基期相比，当期产品不仅能够全部销售出去，而且将上期留存的商品或未来生产的商品也售出，1单位的供给能够创造出大于1单位的需求。BSR＜1，说明与基期相比，当期产品不能全部实现销售。

于稳定，企业家信心增强，在新供给领域的投资意愿上升，整个经济的投资企稳。

随着新供给不断创造新需求，供给升级推动消费升级，企业投资意愿的增强，资本的需求开始上升，但由于老化供给的退出会释放一定的资本，整个经济的资本供给依然相对充裕，此时利率还不会出现明显的上升。

四、对经济增长的影响

在新供给形成阶段，由于新要素的发现、新技术或新管理模式等的应用，使得可利用的资源量增加或者资源的利用效率提升，经济的潜在增长率回升。

从实际产出和增长率来看，老化供给的退出依然会对经济产生结构性下行压力，但新供给形成带来的新产出，对经济形成新的支撑，使得总产出增速止跌回升，经济进入缓慢上行区间。比如2009年底美国、欧盟、日本均出现了经济复苏迹象。虽然供给老化产业较低的广义产销率依然对经济带来下行压力，2009年10月美国制造业的设备利用率仅为67%，欧元区的设备利用率为70%，但美国制造业采购经济经理人指数中新订单出现大幅增加，欧元区、日本等也出现了积极的结构性变化。

由于在新供给形成阶段，供给的需求创造系数依然小于1，供给曲线的斜率较小，经济实际增长率仍处于较低水平。

但就业率开始缓慢回升，要素的利用率改善，生产要素开始从供给老化领域向新供给形成领域转移，伴随着要素从低效率的部门向高效率的部门转移，要素单位产出提高，经济实际增长率出现缓慢回升，经济开始有复苏迹象。

第三节　供给扩张

在供给扩张阶段，需求曲线向上穿越供给曲线，市场出现供不应求；新供给开始迅速扩张，供给和需求的增速出现明显回升；供给创造需求的能力大幅提升，需求增速超过供给增速，且需求与供给增速之间的差额不断扩大；物价水平受供给缺口的影响，出现明显提高；企业家信心提升，实体投资迅速增加；生产要素加速涌向供给扩张领域，失业率下降，生产要素的单位产出提高，经济增长率上升，经济出现繁荣景象。

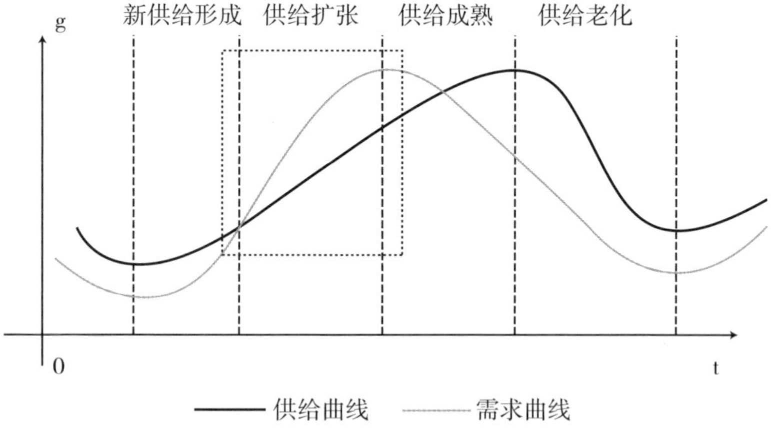

图 2-7　新供给经济周期——供给扩张阶段

一、供给创造需求的能力

在供给扩张的过程中，供给的需求创造能力逐步提升，供给的需求创造系数 N 增大，从 1 向 M（M 为大于 1 的常数）趋近：

$$N: 1 \to M$$

在供给扩张阶段，1 个单位的供给创造出 N 个单位的有效需求。新供给不但能够自动创造需求，而且所有产品销售收入最终转化为要素报酬，而资本、劳动和土地等要素报酬要么转化为消费，要么形成储蓄并转化为投资，参与到新的需求创造中去。

举例来看，假设某产品 T 年生产 100 单位，供给的需求创造系数 N=1.1，这就意味着如果能够预售，这个阶段的销售量为 110 单位，新供给创造出超量的新需求。

表 2–5　供给扩张

	总供给	总需求
平衡量	100	100
超量	0	10
合计	100	110

上面的举例是当 N=1.1 时新供给扩张的一个随机个例，N 理论上可以取［1，N］任意值。在供给扩张阶段，在任一价格

水平 P_n，供给量（Q_s）与需求量（Q_d）的一般关系为：

$$Q_d > Q_s$$

此时，需求始终大于供给，进而形成供给缺口（ABQ_sQ_d）。

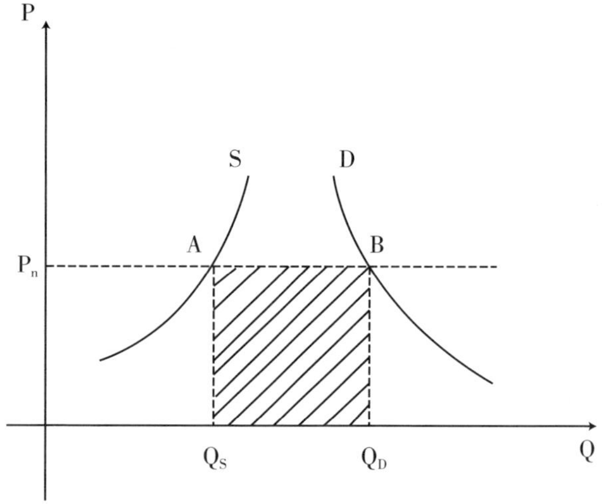

图 2–8　供给缺口

二、供给扩张的“量能”

供给扩张的“量能”主要取决于三个主要因素：供给创造需求的能力，制度的影响，地理和人口深度、跨度、梯度。其中第一项为供给扩张的内生动力，后两项是影响供给扩张能力的外部因素。

供给创造需求的能力是供给扩张的内生动力。当新供给对于人类生产和生活带来的影响越大、应用范围越广、生产效率提高越快等，即新供给的“量能”较大时，对应的新供给扩张的空间也会随之增大。

健全的要素市场、清晰的产权制度、相关金融、贸易等制度也会影响供给扩张能力。良好的经济体制就如同物理学中阻力较小的一个“场”，能够迅速将技术成果转化为实实在在的新供给。因此，清晰的产权关系制度、良好的金融制度和贸易体制安排都是影响供给扩张能力的重要决定因素。制度环境越有利于供给的扩张，新技术量能扩张能力越强。反之，如果产权制度不清晰、要素流动不充分、金融制度不完善等，就会导致新供给“量能”的扩张能力降低。

此外，地理和人口的深度、跨度、梯度也是影响供给扩张的重要原因。在地理跨度大、人口众多、人口梯度层次复杂的背景下，供给扩张的速度较慢，或扩张时间较长。对于地理和人口背景不同的国家而言，技术革命成果扩张时间会有明显的区别，新供给经济周期也有不同。同样的技术革命，在日本可能表现为短时期的新供给迅速扩张，而在中国则可能体现为长时期的新供给缓慢扩张。

三、供给扩张阶段的竞争格局和厂商决策

在供给扩张阶段，随着新产品、新技术、新商业模式或管理模式的迅速普及，企业扩充厂房设备，主动补库存，增加就业岗位，提高产品价格，生产经营逐步走向繁荣阶段。

在供给扩张阶段，少数厂商通常掌握着新供给的核心技术或商业模式，替代品还没有大量产生，但是新需求已经大量被开发出来，通常会出现供不应求的局面。由于消费者愿意支付相对较高的价格获取产品，厂商的议价能力较高。此时，厂商生产的边际成本曲线（LWC）下降，平均成本曲线（LAC）下降，利润的增长速度呈现上升趋势，部分新供给厂商开始利用技术专利转让获取超额利润。

以页岩气为例，美国1990年的《税收分配的综合协调法案》、1992年的《能源税收法案》、1997年的《纳税人减负法案》和2005年的《能源法案》均延续和扩展了非常规能源的补贴政策和补贴范围。进入20世纪90年代，特别是2000年以来，相关勘探开发技术得到广泛应用，开采成本进一步下降，年产量和技术可采储量迅速攀升，进入新供给扩张阶段。

2003年到2008年，国际油气市场出现一轮涨幅巨大的牛市，原油价格从30美元/桶上涨到最高147美元/桶，天然气价格也自然水涨船高。政策优惠和新技术的采用降低了页岩气的成本，高油价使得传统天然气价格不再具有优势，页岩气出现井喷式的发展，新供给进入迅速扩张时期。2000年，美国页岩气产量为0.32万亿立方英尺，2005年上升至0.75万亿立方英尺，2010年则接近5万亿立方英尺。2014年，美国页岩气总产量达13万亿立方英尺，是2000年的40多倍。[①]

---

① 熊爱宗．全球能源利用萌动“页岩气革命”［N］，中国经营报，2012-8-23.

四、供给和需求的关系

（一）需求增速大于供给增速

在供给扩张阶段，过剩产能已经出清，老供给基本完成退出，新供给成为市场的主导力量。1 个单位的新供给能够创造出大于 1 倍的新需求，需求的增速开始大于供给增速。

$$N>1\rightarrow g_{需求}>g_{供给}$$

其中 $g_{需求}$表示需求增速，$g_{供给}$表示供给增速。

如图 2-9 所示，供给的扩张能力迅速提高，需求曲线开始位于供给曲线上方。

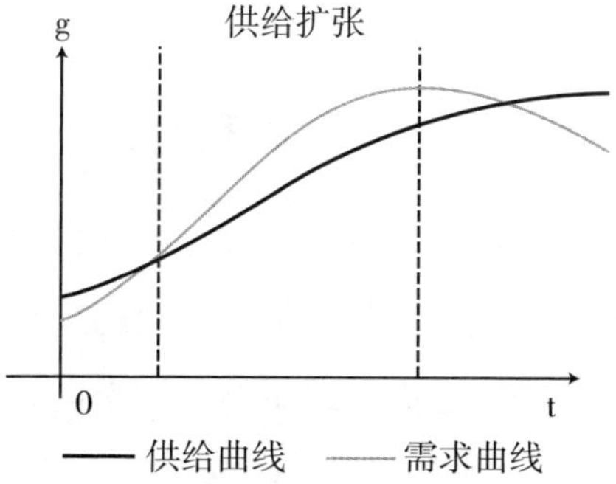

图 2-9　供给扩张阶段

（二）供给与需求增速迅速提高

在供给扩张阶段，由于 1 单位供给能够创造出大于 1 单位的需求，供给与需求的增速均大幅提升，反映在供给曲线和需求曲线上，供给曲线的斜率和需求曲线的斜率，相比新供给形成阶段都明显提高，供给和需求都在加速增长。

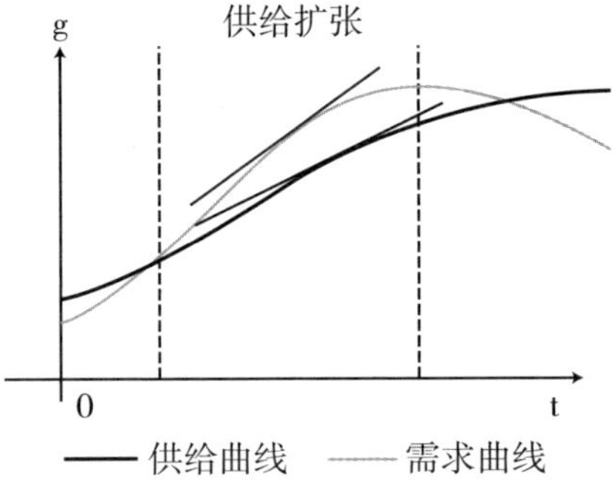

图 2-10　供给扩张阶段供给与需求增速的斜率

（三）供给与需求曲线的差额逐步扩大

在供给扩张过程中，供给增速与需求都迅速提高，但由于供给的需求系数 N，大于 1 且有逐步增大的趋势，即供给创造需求的能力逐步增强，进而导致供给与需求曲线之间的差额逐步扩大。

为了描述供给与需求差额的变化趋势，可以区分 T–1 期和 T 期分别描述。假设 T–1 期，N=1.1，供给为 100 单位，则供给创造的有效需求 110 单位，需求与供给的差额为 10 单位。

由于供给的需求创造系数 N 大于 1，且供给创造需求的能力逐步提升，则假设 T 期，N=1.2，供给为 100 单位，则新供给创造的有效需求 120 单位，则需求与供给的差额为 20 单位，相比 T–1 期扩大了 10 单位。

表 2–6　T–1 期与 T 期供给与需求的差额变化

	供给	需求	差额
T–1 期	100	110	10
T 期	100	120	20
差额变化	—	—	10

（四）总需求逐步超过总供给

随着供给创造需求的能力不断增强，且供给的需求创造系数大于 1，供需关系开始出现明显反转。由于需求增速开始大于供给增速，总需求上升且与总供给之前的差额逐渐缩小，过剩产能逐步消化，总需求逐步超过总供给。

由于新增需求加速形成，但供给扩张需要一个生产周期，已经创造出来的需求无法在短期被满足，供给缺口开始形成。在这个阶段的后期，可能会出现市场供不应求的现象，供需关系发生逆转，总需求开始大于总供给。

根据供需关系的变化，在供给扩张初期，总供给可能还大于总需求，但差额在逐步缩小。在供给扩张后期，供需关系出现反转，总供给小于总需求造成的供给短缺，推升物价水平有上涨趋势。在供给扩张阶段，产能利用率处于较高的水平，产品库存较低，在新产能未完全投放之前，价格一般会持续上升。

五、对失业率和经济增长的影响

供给扩张阶段与经济的上升周期同步，供给扩张的过程，也是总产出迅速提高，经济持续上行的过程。供给扩张带来的投资回报吸引社会资源纷纷涌向供给扩张领域，供给创造需求的能力越强，劳动、土地、资金等资源向供给扩张领域集中的速度和数量就会越快，要素利用率和要素产出效率就越高。随着劳动利用率的不断提高，失业率出现明显下降。比如从美国2010—2013年劳动供求关系的变化来看，失业率下降1.9个百分点，失业劳动减少293万人[①]。从产业分布来看，商品生产的就业规模仅扩大24万人，而服务业就业规模扩大581万人[②]。从整个新供给形成期间变化来看，首先增加劳动雇佣的是教育及健康服务、商业服务等。商业服务、运输及公共服务、休闲及旅店、信息服务业的失业率在新供给形成初期降幅最大，在新供给形成后期批零贸易的失业人数加速缩减。从整个劳动市

① 资料来源：美国劳工部劳工统计局，参见网站：http://www.bls.gov/cps/tables.htm#monthly.

② 李云林．美国经济复苏期劳动力供求：结构、动力与政策［J］，国际研究参考，2014（1）.

场来看，供给扩张一方面吸纳了老化供给产业的失业人群，另一方面也调动了闲置的劳动重新进入生产和服务环节，就业状况出现明显改善。

随着供给的迅速扩张，并创造出大量的新需求，总供给与总需求同时进入加速扩张期，经济的潜在增长率转化为实际增长率，经济开始进入加速上升阶段。

第四节 供给成熟

在供给成熟阶段，供给增速继续提高，但需求增速出现明显回落；供给创造需求的能力开始下降，需求与供给增速之间的差额不断缩小，最终需求曲线向下穿越供给曲线；厂商受到供给扩张阶段的影响，投资仍持续增加，此时，企业家容易出现盲目扩产情况，议价能力持续下降；物价水平前期仍处于上行区间，但厂商盲目地扩大产能，后期有回落压力；生产要素继续涌向供给成熟领域，失业率下降，经济增长速度没有出现明显回落，但要素的产出效率开始下降，经济潜在增长率下降。

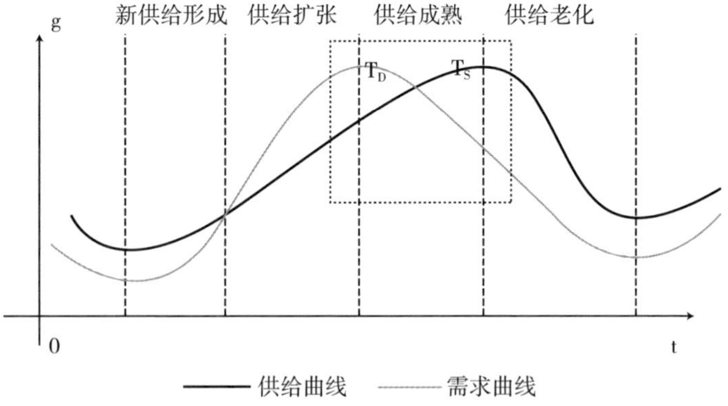

图 2-11 新供给经济周期——供给成熟阶段

一、供给创造需求的能力

如果一个经济体中，供给增速依然增加，但供给的需求创造系数N，处于从M趋近于0的变化过程（M为大于1的常数），则认为经济进入供给成熟阶段。即在供给成熟阶段，供给的需求创造能力逐步下降，供给的需求创造系数N减小：

$$N：M \rightarrow 0$$

分析供给成熟阶段供给创造需求的能力，可以分为两个阶段：

在供给成熟阶段的初期，1个单位的供给仍然能够创造出大于1个单位的需求。此时，所有产品的销售收入依然能够转化为要素报酬，最终通过消费、投资，参与到生产当中。

举例来看，假设某产品T年生产100单位，供给的需求创造系数N=1.2，这就意味着如果能够预售，这个阶段的销售量为120单位，新供给创造出超量的新需求。

表2–7　供给成熟的初期

	总供给	总需求
平衡量	100	100
超量	0	20
合计	100	120

在供给成熟阶段的后期，随着供给创造需求能力的降低，1 单位的供给只能创造出小于 1 单位的需求。举例来看，假设某产品 T 年生产 100 单位，供给的需求创造系数 N=0.8，这就意味着这个阶段只能卖出 80 单位，新供给创造出缩量的新需求。

表 2–8　供给成熟的后期

	总供给	总需求
平衡量	100	100
缩量	0	–20
合计	100	80

二、供给成熟阶段的竞争格局和市场特征

在供给成熟阶段，市场中同行业厂商生产的商品之间基本无差异，当生产要素资源可以在各行业之间完全自由流动，市场上从事交易活动的每一个人所掌握的信息相对完全时，供需关系通过价格机制的作用达到一个相对平衡状态，供给的技术壁垒基本消除，企业不再有机会获取垄断利润。

在价格机制的作用下，供给量和需求量达到平衡，表现为市场出清。当某一厂商能够通过降低供给成本，或提高供给效率，形成价格竞争优势，那么该厂商在供给成熟阶段具有相对核心的竞争力。譬如中国传统汽车行业，经过了一段突飞猛进的发展时期后，2015 年已经进入市场需求相对稳定的供给成熟

时期，此时市场的供给和需求对于价格的敏感性都大幅提高。如果某一个品牌的汽车出现大幅度降价，市场的需求量往往会出现较明显的增长。据中国汽车工业协会公布数据，2015 年 5 月东风日产轩逸在中国的销量为 2.8 万辆，位居中国轿车销售排行榜第五位，2015 年 6 月促销折扣 25%，当月销量突破 3.3 万辆，销量升至第二位。

在供给成熟阶段，总产量依然增加，要素投入带来的边际成本可能递增，边际利润下降，但平均产量在初期仍呈现上升趋势，厂商会继续增加投入来扩大产量，直到平均产量回落，边际产量为零。此时技术或管理模式基本普及，“供给老化度”有提高趋势，广义产销率开始下降。

三、供给和需求的关系

（一）供给增速继续上升，需求增速回落

需求增速达到最高点标志着供给进入成熟阶段。在 T_D 点时，需求曲线的导数 $g_d' = 0$，在供给成熟阶段，供给创造需求的能力下降，需求增速回落，如图 2–12 所示，需求曲线的导数为负。而供给增速继续上升，供给曲线的导数依然为正，即：

$$g_d' < 0$$

$$g_s' > 0$$

在供给成熟阶段的前期，供给创造需求的能力下降，导致需求增速回落。但 1 个单位的新供给依然能够创造出大于 1 倍的新需求，需求的增速仍大于供给增速，供给增速持续上升。

$$g_{T_D-A} > g_{B_S-A}$$

其中 g_{T_D-A} 表示需求增速，g_{B_S-A} 表示供给增速。

如图 2–12 所示虚线内部分，在供给曲线与需求曲线相交之前，需求曲线下降，但需求曲线仍然位于供给曲线上方，供给曲线上升。

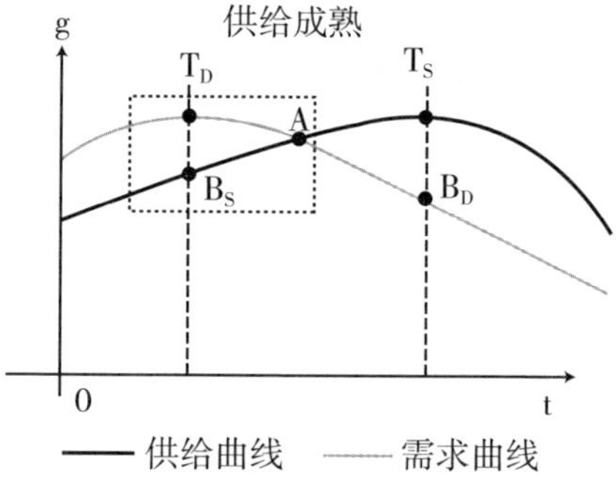

图 2–12　供给成熟阶段

在供给成熟阶段的后期，进入供给惯性上升阶段。在这个阶段，供给创造需求的能力持续下降，1 个单位的新供给只能创造出小于 1 倍的需求，需求的增速开始小于供给增速。

如图 2–13 中虚线框内部分所示，在供给曲线与需求曲线相交之后，需求曲线继续下降，但供给曲线依旧惯性上升，供给曲线位于需求曲线上方。

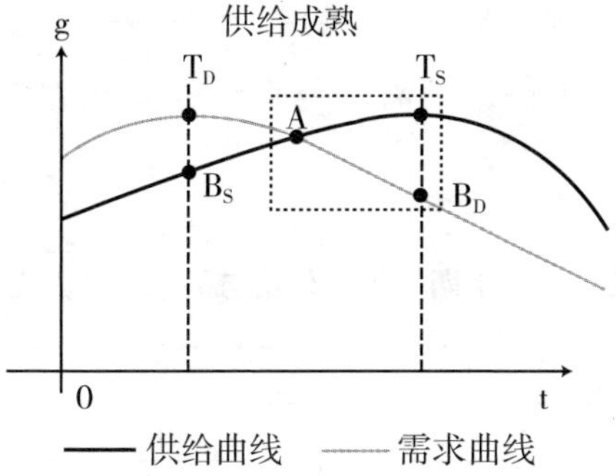

图 2-13　供给成熟阶段

在理想状态下，厂商能够理性判断供给创造能力的变化时，供给曲线的最高点是 A 点，但在实际生产中，厂商往往会经历一个惯性扩张的阶段，即 overshoot 阶段。造成厂商的惯性扩张的原因可能有很多：比如，厂商盲目乐观；扩大投资带来的滞后产能释放；认为供给创造需求能力能够在短期内恢复；试图通过迫使竞争对手的退出，而保住自己的市场份额，等等。

（二）需求曲线向下穿越供给曲线

在供给成熟阶段前期，即 A 点之前，需求增速大于供给增速，但随着供给的需求创造系数的降低，供给增速与需求增速的差额缩小。为了描述供给与需求差额的变化趋势，可以区分 T-1 期和 T 期分别描述。假设 T-1 期，N=1.3，供给为 100 单位，则供给创造的有效需求 130 单位，需求与供给的差额为 30 单位。由于供给的需求创造系数 N 大于 1，供给创造需求的能力下降，则假设 T 期，N=1.2，供给为 100 单位，则新供给创造的有效需求 120 单位，则需求与供给的差额为 20 单位，相比 T–1 期缩小了 10 单位。

表 2–9 T–1 期与 T 期供给与需求的差额变化

	供给	需求	差额
T–1 期	100	130	30
T 期	100	120	20
差额变化	—	—	10

在供给成熟阶段后期，即 A 点之后，需求增速小于供给增速，且随着供给继续惯性增长，供给增速与需求增速的差额越来越大。举例来看，假设 T–1 期，N=0.9，供给为 100 单位，则供给创造的有效需求 90 单位，需求与供给的差额为 10 单位。由于供给的需求创造系数 N 小于 1，供给创造需求的能力下降，则假设 T 期，N=0.8，供给为 100 单位，则新供给创造的有效需求 80 单位，则需求与供给的差额为 20 单位，相比 T–1 期扩大了 10 单位。

表 2–10 T–1 期与 T 期供给与需求的差额变化

	供给	需求	差额
T–1 期	100	90	10
T 期	100	80	20
差额变化	—	—	10

（三）初步出现供给过剩

由于供给增速惯性上升阶段的存在，厂商在供给的需求创造系数小于1的情况，仍然增加产能，扩大产量，导致供给成熟阶段后期，总供给上升速度大于总需求，最终使得绝对量上，总供给大于总需求，初步出现供给过剩的局面。

在供给成熟阶段的前期，由于总需求仍然大于总供给，库存仍处于低位，销售虽出现下滑，但总体来看还处于供不应求的状态，物价可能仍有上行压力；在供给成熟阶段后期，由于总供给出现惯性上涨，使得总供给大于总需求，产品库存回升，广义产销率下降，物价水平开始有回落趋势。

四、供给成熟阶段的经济增长：潜在增速下降

供给成熟阶段先于经济的下行周期。从总产出来看，总供给依然处于上升阶段，经济没有出现明显的下行趋势。但总需求增速开始回落，供给创造需求的能力降低，新供给的扩张能力达到顶峰。但从总产出角度，经济仍处于上升周期，要素投入还在不断增加，失业率没有出现明显上升；但从新供给经济周期看，供给数量虽增加，但属于供给的惯性增长和技术普及阶段，社会资源配置效率开始降低，经济潜在增长率下降。

可见，新供给经济周期理论着眼于供给结构特征决定的

供给创造需求能力的变化，具有先行性和预见性特点，更有利于对经济和产业结构中出现的周期性特征进行预判，克服产业结构对整个宏观经济影响传导的时滞性。

第五节　供给老化

在供给老化阶段，供给创造需求的能力持续下降，老化供给不能创造出等量的新需求，供给增速与需求增速均出现明显下滑；总供给大于总需求，过剩供给短期难以消化，过剩产业资本沉淀不能立即退出；厂商议价能力下降，物价水平回落，出现通货紧缩现象；企业家信心下降，投资减少，要素产出效率降低，失业率增加，经济潜在增速和实际经济增长速度均出现下降，新供给尚未形成，经济整体陷入衰退期。

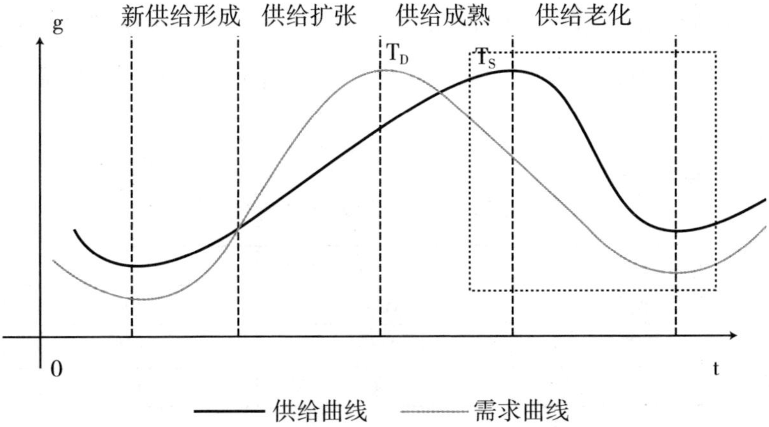

图 2-14　新供给经济周期——供给老化阶段

一、供给创造需求的能力

在供给老化阶段，供给的需求创造系数 N 小于 1，1 个单位的有效供给只能创造出缩量的需求，且供给创造需求的能力持续下降，N 趋近于 0。

在这个阶段，生产技术完全普及，达到泛滥的程度，已经投入的生产要素大量沉淀为产成品库存，大量闲置生产要素无法充分就业，供给创造需求的能力下降。老化供给创造需求的能力持续降低，供给端投入的要素无法实现其价值，也就无法转化为进一步的消费、投资等新需求。

举例来看，假设某新产品 T 年生产 100 单位，当 N=0.6 时，100 单位的产品只卖掉 60 单位，那么 40 单位为老化供给，会在经济中沉淀下来。如果不改变其供给特征，将永远无法实现销售。

表 2-11　供给老化阶段

	总供给	总需求
平衡量	100	100
缩量		–40
合计	100	60

上面的举例是当 N=0.6 时的一个随机个例，N 理论上可以取［0，1］任意值，供给老化期的总供给量曲线（Q_s）与总需

求量曲线（Q_d）在任意 P_n 均存在供给过剩，即

$$Q_{d_n} > Q_{s_n}$$

此时，供给始终大于需求，进而形成过剩供给（$Q_{d_1}Q_{s_1}Q_{d_n}Q_{s_n}$）。

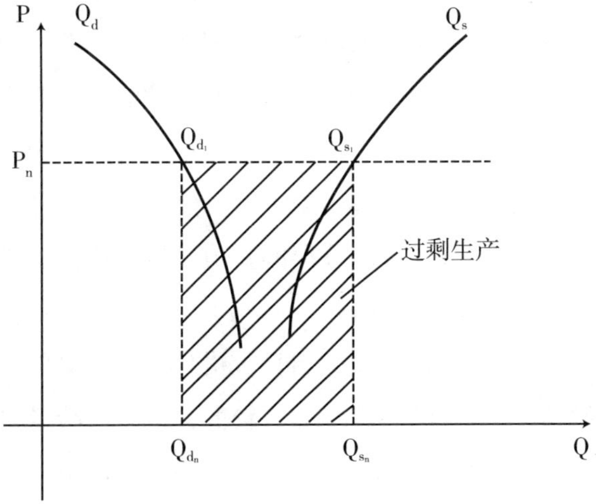

图 2–15　供给老化阶段总供给与总需求量的关系

比如，在电视机的发展历史上，CRT（阴极射线管）电视机在 2006 年以前还占据着市场的主要地位，但是已经进入供给成熟阶段；2006 年以后，随着液晶面板大幅降价，液晶电视开始成为主流，CRT 电视机迅速进入供给老化阶段，1 个单位的供给只能创造出缩量需求，投入到电视机及其主要零部件显像管的要素产出效率大幅降低，沉淀产能难以充分利用，库存开始大量积压。对于未能及时转型生产液晶电视机的厂商面临

着巨额的亏损，供给创造需求的能力下降。

二、供给老化阶段的竞争格局和厂商决策

在供给老化阶段，市场竞争较为激烈，产品的替代性较高，产业链对上游产业的原材料需求下降，对下游产业的供给受阻，受到成本和过剩产量的压力，对劳动的需求下降，产业链供给成本增加，供给质量降低。劳动密集型产业相对于资本密集型产业更快进入供给老化阶段，而进入供给老化的产业，失去了市场产品细分和技术分层的能力，共同切割一个正在缩小的“蛋糕”，产业活力下降。

在供给老化阶段，企业开始打价格战，纷纷降价销售，以保持市场份额。但人们的消费欲望较低，许多供给老化的产品依然卖不出去。大量的长期亏损企业开始逐渐退出市场，未退出的企业产能利用率也会大幅下降。

比如中国的钢铁行业，2007 年至 2010 年的产能利用率大概在 80% 左右，总体上处于合理水平。但 2010 年之后产能利用率明显下降。2012 年至 2014 年，中国粗钢产能分别为 10 亿吨、10.4 亿吨、超过 11 亿吨，粗钢产量分别为 7.2 亿吨、7.79 亿吨和 8.23 亿吨，产能利用率分别为 72%、74.9% 和低于 74.8%。[①]

① 苗长兴. 化解产能过剩的途径和措施［J］，新金融评论，2015（1）.

三、供给和需求的关系

（一）供给与需求增速均下降

供给增速达到最高点意味着供给进入老化阶段。在 T_s 点时，供给曲线的导数 $g_s'=0$，供给增速经历了惯性增长过程，开始见顶回落。在供给老化阶段，供给曲线的导数为负。供给创造需求的能力持续下降，需求增速继续回落，导数也为负。

$$g_d' < 0$$
$$g_s' < 0$$

如图 2–16 所示，需求曲线持续下行，供给曲线也开始回落。

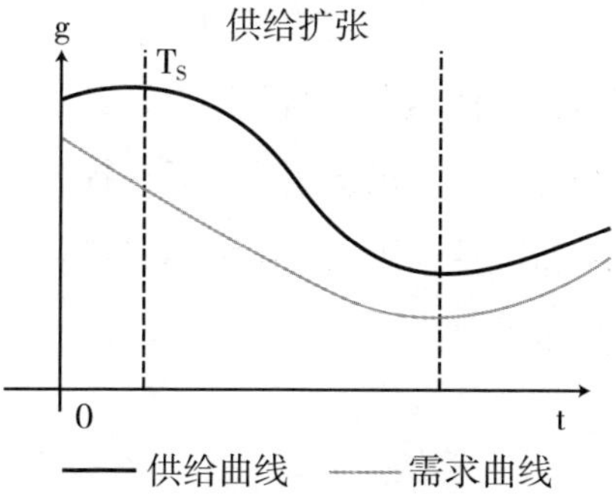

图 2–16　供给老化阶段

（二）供给增速大于需求增速

在供给老化阶段，虽然供给增速开始回落，但在供给成熟阶段供给出现惯性扩张，加之在供给老化阶段供给创造需求的能力持续下降，供给的需求创造系数 N 小于 1，使得需求的增速始终小于供给的增速，如图 2–16 所示需求曲线位于供给曲线下方。

$$N < 1 \rightarrow g_{需求} < g_{供给}$$

其中 $g_{需求}$表示需求增速，$g_{供给}$表示供给增速。

（三）总供给大于总需求

在供给老化阶段，1 个单位的供给只能创造出缩量的需求，供给的需求创造系数 N 小于 1，在供给成熟阶段的后期已经存在总供给大于总需求，在供给老化阶段供给增速仍大于需求的增速，在供给老化阶段，总供给始终大于总需求。

即使剔除季节、行业、原材料等因素，其产能和库存都处于较高水平且呈现上升趋势。供给老化度迅速提高，广义产销率出现明显下滑。由于新供给尚未形成，供给过剩导致物价水平持续下行，经济面临通缩压力。

四、供给老化阶段的经济增长

在供给老化阶段，新供给尚未大规模形成，老供给无法创造出对应的新需求，产出增速下降，经济进入下行周期。供给老化阶段与经济的下行周期同步，供给进入老化阶段，经济也出现了明显下行趋势。

在要素市场，由于经历了新供给形成、供给扩张和供给成熟阶段，要素沉淀在产业链中，要素的边际生产率不断递减，要素利用率降低，经济潜在增长率持续下降。在产品市场，老化供给不能创造新的需求，造成需求持续下降，过剩供给短期难以消化，过剩产业资本沉淀不能退出，大量存货与过剩产能，失业率上升，经济整体陷入衰退期。

第三章

经济增长动力与模式

第一节　经济增长的五大财富源泉

一、从二维的生产要素理论到三维的财富增长源泉

重农主义认为农业之外的经济活动都不是创造价值，而是改变财富的形态，转移农业的价值、参与价值分配；劳动价值论则认为不论是农业劳动还是工业劳动都能够创造价值，而资本、地租等非劳动生产要素只不过转移价值，参与价值分配，本身并不能创造价值。

要素价值论认为土地（自然资源）、资本、劳动都是价值和财富的源泉。要素价值论与重商主义相比更加注重产业方面的优势地位，与劳动价值论财富观相比更加重视资本的回报，以及土地和资源的要素生产率，但此时技术、制度与管理仍被看作一个常数项存在。

当我们从静态的二维角度来观察微观的生产时，在某一时点，技术的创新、制度与管理是固定不变的，只把土地、资本、劳动作为三个变量，把技术的创新、制度与管理作为三个变量的组织方式。

但如果我们将一个静态的二维图加上时间的坐标，从财富源泉的角度，讨论经济长期增长时，就会发现技术的创新、制

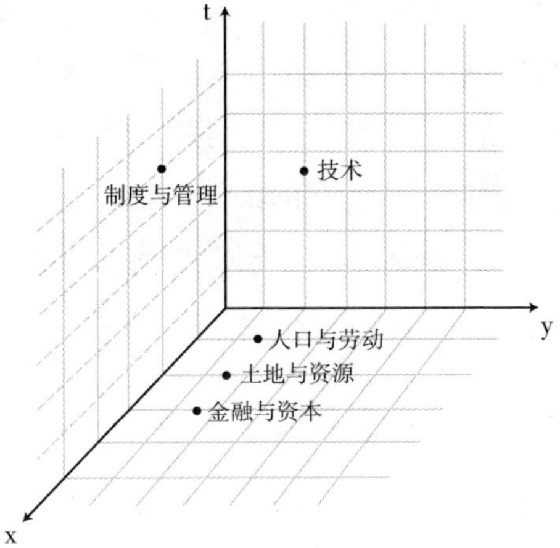

图 3–1　经济增长源泉的三维图

度与管理是经济增长过程中重要的影响因素，它们本来就是财富的源泉：假定在 10 ~ 30 年这样的时间里分析美国经济增长的动力，也许美国的土地资源并无扩张，人口总量、储蓄资本有变化，但是变化更大的是技术创新；同样的在 10 ~ 30 年这样的时间里分析中国的经济增长，也许中国经济的劳动投入、资本投入、土地与资源投入、新技术的应用都有增加，但是 1978 年以来的管理制度、社会分工的进步带来的经济增长的动力，可能远远大于前四项。所以短期静态分析，一个厂商的生产要素可变的是土地、资本、劳动，而从 10 年以上的经济增长和增长的动力源泉来看，技术和制度不但是可变要素，而且其对经济的影响更大。因此，技术、制度与管理成为同人口与劳动、金融与资本、土地与资源并列的经济增长变量。

经济学是研究财富的创造、流动、分配、消费的科学，财富和价值理论其实是经济学的本源。因此，经济增长理论也需要回归财富源泉。从财富源泉的角度分析，显然经济增长的长期动力并不是凯恩斯主义的投资、消费、出口这“三驾马车”，这三大需求只是短期价值实现的条件；而人口与劳动、土地与资源、金融与资本、技术创新、制度与管理这供给侧的五大财富源泉，才是经济增长的真正动力。

（一）人口与劳动是财富的源泉

传统的经济学认为劳动是财富的源泉，在这个基础上，进一步思考什么是劳动的源泉，那么人口就自然成为了财富的重要源泉。

从经济发展史上看，以英国和法国为例，不同的人口战略给英法两国人口数量和经济产出带来了不同的变化。公元1500年，法国人口为1600万，英国人口为400万左右；从公元1500年到公元1800年，英国人口增加了4.1倍，而法国人口只增加了1.7倍。如果算上英国的外来移民人口，近500年以来，当初400万的英国人增加了53.5倍，而1600万的法国人只增加了不到6倍。[①] 人口优势的丧失加速了法国的相对衰弱，而英国之所以成为19世纪欧洲大国的“领头羊”，与其人口增长快、年轻型人口活力足的优势是分不开的。

不仅人口的生育和教育是财富的源泉，人口的迁徙，尤其是劳动者从低效率部门向高效率部门的迁徙也是财富的源泉。

① 滕泰.民富论［M］.东方出版社，2013：第14页。

一旦一个国家或地区的劳动力出现稀缺或工资成本持续上升，往往造成经济增长放缓。当一个国家或地区的户籍制度或者移民制度影响劳动者在市场中自由流动，会造成劳动供给效率的降低，进而影响经济增长。

（二）土地与资源是财富的源泉

第二个财富源泉是土地与资源[①]。土地与资源在不同的时期其创造财富的特征也不相同。人们对于动植物繁殖规律的认识和应用，使得土地作为重要的生产要素，土壤是否肥沃成为决定农业发展的重要条件。一两亩的土地可以养活一个小家庭。在那些土壤肥沃、可种植或养殖的动植物种类繁多的地区，逐渐聚集了密集的人口，创造了巨大的农业生态财富：从波斯湾到底特里斯河、幼发拉底河，穿越黎巴嫩、以色列的“肥沃新月”地区，人们种植大麦、椰枣、油橄榄、柑橘、葡萄，等等；在中国的黄河和长江流域，人们种植小麦、稻谷；中美洲和南美洲的安第斯山脉，人们种植玉米、土豆；在撒哈拉沙漠以北尼罗河流域，人们学会了种植大麦、小麦、棉花；在南亚恒河和印度河流域，人们种植大麦、小麦、水稻、豌豆、甜瓜、棉花、芝麻和椰枣等。

① 本书提到的土地包括土地本身及其附着在上面的自然资源，对应的土地地租包括土地一切形式的产出报酬，比如耕地用途、工业用途、商业用途、矿业用途等。

18世纪60年代，随着蒸汽动力革命，人们开始以煤炭等资源为驱动力，改变生产与生活的形态；20世纪中叶的石油化工业革命又把财富的来源拓展到石油和天然气等地球资源。这时除了土地之外的其他资源，如矿石、石油、天然气等自然资源都成为生产的重要要素。生产要素跳出了土地的局限，超越了对动植物繁殖规律的利用，以地球资源为对象，以各种物理、化学方法恣意加工，更多地从矿石、石油、天然气、煤炭等资源中获取效用。随着物理学的发展和一次次的能源革命，人类对地球资源的认知和使用能力不断提高，财富的源泉还在拓宽。

（三）金融与资本是财富的源泉

第三个财富源泉是金融与资本①。资本的原始积累是财富创造不可缺少的源泉。工业革命之前，很多技术的突破都无法转化为现实的生产力，其根本原因在于缺乏资本的原始积累。英国经济崛起很大程度上受益于17世纪和18世纪贸易的飞快增长带来的原始资本积累。利用国际贸易的巨额利润完成原始资本积累，英国工业迅速发展。

资本作为财富的源泉，其发挥作用的效率取决于金融。作为决定资本的供给效率、供给成本的金融制度、金融市场和金融机构，也会对财富创造和经济增长起到直接的推动和影响作

① 这里的金融是指影响资本的成本、效率的金融制度、金融机构和金融市场；资本特指资金，不包括资金投入后购入的任何生产要素。

用。比如股票、债券等金融工具和金融市场，为早期欧洲的探险活动、航海活动，以及各国东印度公司的综合贸易活动提供了足够的资本和风险承受能力。威尼斯银行、荷兰银行、英格兰银行等金融支持，也使意大利、荷兰、英国聚集强大的资本，实现经济的快速增长。

（四）技术创新是财富的源泉

第四个财富源泉是技术创新[①]。从长期经济发展来看，技术进步对于经济增长具有重要的推动作用。比如，随着地质科学的发展，人们开始发现越来越多分布在地球不同区域的金、银、铜、铁等矿产资源，以及石油煤炭天然气等能源；而化学的发展则进一步揭示了物质的本质，而且告诉人们如何应用各种分子结构、元素反应进行物质转化；而物理学，尤其是动力学的发展使各种机械设备制造技术逐步走向成熟……于是，钢铁、有色金属、石油化工制品取代传统的动植物加工品；石油、煤炭、天然气不仅逐渐取代马匹和人力成为新的能量来源，而且成为人类服装、工业用品、医药等财富的主要来源。

技术创新始终是拉动各国经济增长的动力之源，而各种技术、方法和业务模式的创新则源自现代创新型的科教体制所培养的创新型人才。随着知识和管理技能在财富创造过程中的重要性不断提高，甚至资本在财富聚集过程中的重要性都退居次要，因为对于很多高知识和高技术含量型企业而言，资本可

① 这里的创新是指影响技术创新能力的教育大环境。

以通过风险资本市场、股权资本市场、债务资本市场取得，而资本家却很难对企业管理人员和技术人员的劳动进行监管。于是，人们才看到企业的管理者和劳动者可以在短短的几年内积累起巨额财富，令许多经营了上百年的传统企业巨头都相形见绌。在美国，人们看到微软、甲骨文、亚马逊等企业的技术精英的财富超过福特、克莱斯勒等企业的股东，当传统汽车巨头挣扎在经营困难和财务危机的时候，微软等公司已在上百个国家和地区开展业务，比尔·盖茨已经多年稳居全球首富。在中国，人们看到一批30多岁的科技和管理型富豪迅速崛起。其中，1999年创办阿里巴巴的马云其个人（家族）财产在2015年已达1450亿元人民币；1998年创办腾讯的马化腾其个人财富也超过1200亿元人民币；紧随其后的还有2010年创办小米公司的雷军、2000年创办百度的李彦宏等[①]。

（五）制度与管理是财富的源泉

制度决定了一个国家宏观的社会分工效率和微观的企业生产效率，而社会分工和管理效率的提高自然带来财富的增长。中国20世纪70年代末从农村“人民公社”到“家庭联产承包责任制”的改革，在人口、土地资源和生产技术短期没有太大变化的情况下，迅速提高了粮食产量——制度不仅是财富的源泉，而且在特定的历史阶段其对于生产和增长的影响远远大于人口、劳动、技术、资本等要素的变化。

① 胡润研究院百富榜 http://www.hurun.net/CN/HuList.aspx.

二、从新古典增长方程到“新供给剩余”

在新古典增长理论中，罗伯特·索洛认为每个国家只生产和消费相同的商品，国家与国家之间不存在贸易关系，技术是外生的，与其他变量无关，投资的边际收益率递减，并且假设产出是劳动（L）和资本（K）的函数，即 Y=F（L，W，K），进而分析了人口增长率和储蓄率对于经济增长的影响。

新古典增长模型的缺陷在于未能解释经济长期持续增长的动力，而以罗默为代表的内生经济增长理论，假设资本边际收益不变，认为技术和资本一样是内生的，技术进步或资本积累能够在经济发展过程中自我持续，生产函数为 Y=A×K，A 是常量，代表技术，K 为资本存量，得出经济增长率是内生的，不存在所谓的稳态，经济可以持续增长。但内生经济增长理论忽略了制度与管理对于经济增长的影响，其贡献在于解释了“索罗剩余”的一个方面，却未说明制度变迁对于生产技术、经济增长的影响。

基于五大财富源泉的长期增长驱动因素分析，新供给主义经济学认为生产函数的总产出受到劳动、资本、土地、技术水平和制度的影响。本节为了讨论制度对于总产出的贡献，将制度与技术均以全要素增长率的形式表示，设生产函数为：

$$Y=S\times A\times F(L,W,K) \quad (1.1)$$

其中，人口与劳动（L）、土地以及附着其上的资源（W）、金融与资本（K）、技术创新（A）、制度与管理（S）。

对于（1.1）式进行边际求导，在两边除以 $Y=S\times A\times F(L,W,K)$，化简后，得

$$\frac{\Delta Y}{Y}=\left(\frac{MP_L\times L}{Y}\right)\frac{\Delta L}{Y}+\left(\frac{MP_K\times K}{Y}\right)\frac{\Delta K}{K}+\left(\frac{MP_W\times W}{Y}\right)\frac{\Delta W}{W}+\frac{\Delta A}{A}+\frac{\Delta S}{S} \qquad (1.2)$$

$\frac{MP_L\times L}{Y}$ 为劳动收益在总产出占的份额即劳动份额，记为 α。

$\frac{MP_K\times K}{Y}$ 为资本收益在总产出占的份额即资本份额，记为 β。

$\frac{MP_W\times W}{Y}$ 为土地收益在总产出占的份额即土地份额，记为 γ。

则（1.2）式变为：

$$\frac{\Delta Y}{Y}=\alpha\frac{\Delta L}{L}+\beta\frac{\Delta K}{K}+\gamma\frac{\Delta W}{W}+\frac{\Delta A}{A}+\frac{\Delta S}{S}$$

即：

产出增长 =（劳动份额 × 劳动增长）+（资本份额 × 资本增长）+（土地份额 × 土地增长）+ 技术贡献 + 制度贡献

在增长核算方程中，经济增长的源泉来自于劳动、资本、

土地等要素的投入、技术进步和制度改善。由于技术与管理对于经济增长的影响是以全要素增长率提升体现出来的，那么，在分析技术与管理对于经济增长带动作用的时候，可以通过增长核算方程倒算出来，即如果劳动、资本和土地产出的增长已知，经济中的技术贡献和制度贡献可以作为一个余量被计算出来，$\frac{\Delta A}{A}+\frac{\Delta S}{S}$就是“新供给剩余”。

第二节　从供给侧划分的31种经济增长模式

经济学上的增长理论除了亚当·斯密、库兹涅茨、熊彼特有比较系统的研究之外，很多所谓“增长模式”都是从社会现象或经济增长现象出发的简单定义或归纳，有的概括了部分增长的特点，如进口替代模式、出口替代模式，也有的反而用现象的特点掩盖了新增长的本质，比如东亚模式、亚洲四小龙模式等。新供给主义经济学认为，各种增长模式的本质是五大财富源泉的投入量、投入方式、权重变化、投入效率等发生变化而引起的不同组合模式。

一、从供给侧划分的31种经济增长模式

从财富源泉的角度，任何一种或几种财富源泉数量投入的增加和效率的提高，都可能成为推动经济增长的动力，比如人口与劳动投入的增加、质量提升或者劳动生产效率的提高、土地与资源投入的增加或用地效率的提高、资本供给成本的降低和供给效率的提高、技术的创新与普及、制度与管理对于分工效率或生产效率的提升等。

有人将单纯人口现象带来的经济增长，称为人口拉动型经济增长；将类似于中东地区勘探出新的石油资源，带来总产出增加，称为土地与资源拉动的经济增长；有人把东亚模式从为是储蓄拉动的经济增长，定义为资本拉动型经济增长，等等。

其实，任何一种、两种、三种、四种、五种等财富源泉的组合，都可以定义为一种增长模式。从五大财富源泉排列组合来看，在不考虑顺序但剔除重复的情况下，最多有 31 种组合方式，对应着 31 种不同的经济增长模式：

$$C_5^1+C_5^2+C_5^3+C_5^4+C_5^5=31$$

我们将不同增长模式的组合进行定义，可以得出“31 种经济增长模式图”：

五种要素	a_{10}={L,W,K,A,S}	1									
一种要素	a_{20}={L}	a_{21}={W}	a_{22}={K}	a_{23}={A}	a_{24}={S}	5					
四种要素	a_{30}={L,W,K,A	a_{31}={W,K,A,S}	a_{32}={L,K,A,S}	a_{33}={L,W,K,S	a_{34}={L,W,A,S}	5					
两种要素	a_{40}={L,W	a_{41}={L,W}	a_{42}={L,A}	a_{43}={L,S}	a_{44}={W,K}	a_{45}={W,A}	a_{46}={W,S}	a_{47}={W,A}	a_{48}={K,S}	a_{49}={A,S}	10	
三种要素	a_{50}={L,W,K}	a_{51}={L,W,A}	a_{52}={L,W,S}	a_{53}={W,K,A}	a_{54}={W,K,S}	a_{55}={K,A,S}	a_{56}={L,A,S}	a_{57}={L,K,S}	a_{58}={L,K,A	a_{59}={W,A,S}	10

其中：人口与劳动（L）、土地以及附着其上的资源（W）、金融与资本（K）、技术创新（A）、制度与管理（S）

图 3–2　31 种经济增长模式示意图

从经济史上看，20 世纪 90 年代美国发生所谓“新经济”现象，主要受益于技术创新的拉动，属于 a_{23} 增长模式。首先是信息技术革命、新材料技术、基因技术等三方面的突破几乎同时到来，其次是在这些技术尚未完全走向产业化的阶段，就得到金融市场的支持，财富效应对于刺激实体经济持续增长起到了推动作用。新兴产业本身的增长、新兴产业对传统产业的改造、新兴产业通过股市财富效应对传统产业的刺激，土地与资源的投入，导致传统产业的周期性衰退部分被抵消，表现为10年的持续高增长、低通胀和低失业率的现象，被20世纪90年代的人们称为“新经济时代”，本质上也是新供给主导的经济增长。

而中国经济从1980年至2010年的30年高增长主要受益于人口与劳动的投入、技术的应用以及制度与管理的变革，属于 a_{57} 增长模式。

首先，高增长是全球工业革命技术在中国传播的反映，这个时期的中国经济既有两百多年前欧洲纺织业技术革命成果的“新供给”形成滞后传播，也有150年前钢铁、铁路技术革命的成果提高后的“新供给”扩张，还有化工业、汽车、通信等第三次、第四次工业革命“新供给”形成与扩张的影响，当然也有全球最高端的生物技术、空间技术的“新供给”形成与扩张。

其次，是人口与劳动的大量投入。1978年至1990年，中国就业总量从40152万人增加到64749万人，年均增加约2050万人。就业的高速增长很快使城镇劳动力供不应求，农村劳动力向城镇转移加快，20世纪80年代甚至出现了劳动转移的“民工潮”。劳动从效率低的农业部门向效率高的非农业部门转移，极大地推动了经济的快速增长。

第三，市场经济的制度与管理对于生产效率的影响，也是这个阶段推动经济增长的重要因素。经济体制改革和转轨，扩大了市场在资源配置中的作用，对于生产效率的提高起到了积极的推动作用。

二、经济学说史上比较有代表性的三种增长理论和增长模式

经济学说史上对经济增长有深入研究且有历史影响力的三个伟大学者是亚当·斯密、西蒙·史密斯·库兹涅茨、约瑟夫·阿罗斯·熊彼特，他们的学说博大精深，涵盖经济周期、国民收入核算、经济增长、国际贸易等多个领域，但各有侧重。新供给主义经济学总结了比较有代表性的三种财富源泉组合增长模式，分别以三位经济学家的名字命名为三种经济增长模式[①]：斯密增长、库兹涅茨增长和熊彼特增长。

（一）斯密增长

亚当·斯密认为，劳动生产率的提升是分工的结果，他关于社会分工和管理制度对生产促进作用的研究奠定了早期经济

① 多年前，北京大学经济学家陈平先生也曾提到过类似的概念，但未加阐述，我们认同陈平先生对上述3位经济学家在经济增长理论的贡献评价以及用其姓名定义增长方式，并从供给要素的组合方式和增长贡献角度来阐述上述增长模式的具体特征和内涵。

增长理论的基础。斯密认为，分工主要有三个优点，1）技巧因业专而日进，即熟能生巧；2）有了分工，免除了一种工作转向另一种的时间损失；3）简化劳动和缩减劳动的机械发明，使一个人能做多人的工作。

斯密在强调分工促进专业化而提升效率的同时，也非常重视分工与技术创新进步在促进增长过程中的关系：发展促进分工，随着分工从简单到复杂，生产率得以提高，分工的细化会促进新产品、新技术的创新，而生产率的提高反过来又促进分工的进一步细化，经济才得以增长。

为了纪念亚当·斯密对社会分工的重视以及对开创现代经济学理论的地位，新供给主义经济学把制度与管理带来的宏观上社会分工细化和微观上管理效率提高而推动经济增长为特征的模式，定义为“斯密增长”。以中国为例，从1978年以后的几年内，中国实施的农村家庭联产承包责任制，城市企业实行承包制、租赁制、股份制等制度改革，短期在原有的人力、技术和资源没有本质变化的背景下，由于社会分工、生产组织方式的变化带来生产效率的提高而带来经济的迅速增长，即增长组合 a_{24}，是比较典型的“斯密增长”模式。

（二）库兹涅茨增长

库兹涅茨在其著作《各国的经济增长》中，研究了现代各国经济增长的数量特征，对各国国民产值及其组成部分进行量化分析和研究后提出，内生的劳动力增长、资本条件“不花成本”的改进、知识存量、技术革新、繁荣的社会和意识形态的制度，都是增长必不可少的组成部分。

1971年12月，库兹涅茨在斯德哥尔摩作为诺贝尔奖获得者所作的演讲中，提出了现代经济增长的六个相互关联的方面：1）人均产出和人口的快速增加；2）生产效率的增长；3）结构的快速转型，如经济结构从农业生产为主导向制造业和服务业占主导地位的改变、家庭生产向企业生产的转变；4）社会结构和思维方式的转变；5）通讯和运输技术改变引起的国家之间的相互依赖；6）世界经济中的分化迹象。[①]

库兹涅茨将经济长期增长要素归纳为人口增长、生产效率提升、经济结构升级、社会结构转变等，并认为这些要素之间的相互关联和促进是更加重要的。为了纪念库兹涅茨在经济增长理论的贡献，新供给主义经济学将现有技术的普及和制度应用下，人口和劳动的增加、土地与资源、金融与资本生产效率的提升带来的经济增长模式，即增长组合 a_{50}，定义为“库兹涅茨增长”。

（三）熊彼特增长

约瑟夫·阿罗斯·熊彼特（J.A.Schumpeter）以“创新理论”解释经济增长过程，他认为，生产技术和制度的破坏性创新，是经济本身存在的既破坏均衡而又恢复均衡的力量，而这些创新活动正是经济增长的长期动力。按着熊彼特的理

① 西蒙·史密斯·库兹涅茨．各国的经济增长［M］．商务印书馆，2005.

解，创新包括：引入一种新产品；采用一种新的生产方法；开辟一个新的市场；获得一种新的原材料或半成品的供给来源；实行一种新的企业组织形式，如建立一种垄断地位或打破一种垄断地位。

熊彼特还认为，创新的过程也是创造性毁灭（creative destruction）的过程，即企业创新一旦获得成功，就会将别的企业排挤出市场，从而独自获得垄断利润。当然，这些创新成功的企业也只获得暂时的垄断权力，未来创新成功的企业也会将它排挤出市场，依次类推；新产品会将旧产品排挤出市场。

有人把熊彼特的创新概念归纳为组织创新、管理创新、制度创新、技术创新，也有人把后来发展起来的技术创新派和制度创新派都理解为熊彼特理论的延续。然而无论是制度上的创新，还是技术方面的创新应用，都离不开“企业家精神”。企业家精神激励着企业开发新市场需求、建立新的激励机制、组织研究投入和技术创新、开发新产品、进行组织变革，并在企业内形成一种“制度创新—技术创新—分工深化—制度创新”的正反馈运行机制，推动经济结构变革，促进经济增长。

为了纪念熊彼特对经济增长理论的历史贡献，新供给主义经济学将通过采用新技术、新方法、新业态、新模式等技术创新及制度与管理创新活动推动经济发展的增长模式，即增长组合 a_{49}，称为“熊彼特增长”。

比如 2008 年，以苹果手机为代表的智能手机市场形成并进入扩张阶段，新产业的成长使得要素资源从老化产业向新供给产业转移，同时新的供给创造出新的需求，并不断扩大市场份额，使得以摩托罗拉和诺基亚为代表的传统手机迅速被排挤出市场。而在老化退出和新供给扩张的过程中，整个智能手机供给所带来的新需求和对总产出的贡献却远远超过了传统手机的供给创造需求的能力，从而带动经济步入新的上升周期。

三、如何看待 1978 年以来中国经济的增长模式及未来增长的潜力

中国从 1978 年到 2010 年经历了经济高速增长的“黄金 30 年”，是全球罕见的持续时间最长的高速增长期。这得益于巨大的劳动人口红利、土地与资源的投入、市场化经济体制的推进、金融与资本的支持以及技术后发优势的发挥等综合因素，很难用单一的增长模式来简单概括。新供给主义经济学从五大财富源泉和三十一种增长模式来看，将中国经济高速增长的 30 年大致看作“斯密增长”“库兹涅茨增长”“熊彼特增长”等三种主要经济增长模式的综合体现。

从 1978 年开始到 20 世纪 90 年代中期第一阶段的高速增长，主要得益于农村家庭联产承包责任制，城市企业实行承包制、租赁制、股份制等制度改革，在原有的人力、技术和资源没有本质变化的背景下，由于社会分工、生产组织方式的变化带来生产效率的提高而带来经济的迅速增长，是比较典型的“斯密增长”模式。

20 世纪 90 年代中期以来，中国通过高储蓄的资本积累，

大规模引进外资，自主技术创新和引进成熟技术，数亿农村劳动向城市转移并投入制造业，消耗本国生产和全球进口的大量铁矿石、煤炭、石油、电力、水泥等能源、原材料等手段，连续二十多年保持了10%左右的GDP增长率——这阶段的增长主要动力在于人口、资源、资本、技术等五大要素的大规模投入、要素生产效率的提高、经济结构从农业生产为主导地位向制造业和服务业占主导地位的改变、社会结构和思维方式的转变、深度融入全球经济等，这是比较典型的“库兹涅兹增长”模式，同时兼带着“熊彼特增长”的特征。

2010年以后，中国经济的主要矛盾是供给结构老化，处于经济结构转型的关键。从需求看，投资、消费、出口“三驾马车”增长乏力，但这只是价值实现的条件，是企业生产出产品以后能不能卖出去的影响因素；供给侧的五大生产要素——人口与劳动、土地与资源、金融与资本、技术创新、制度与管理还有很大的供给潜力可以发掘。从具体产业来看，以房地产和汽车为代表的老产业增长动力放缓了，并不意味着中国经济增长结束了，以华为、腾讯为代表的新供给正在形成。中国经济的未来不取决于那些供给老化的产业，而取决于有哪些新供给将来会创造哪些新需求，形成多大的新动能。未来中国应通过深化供给侧改革，提高劳动的供给效率、降低人工成本，提高资源的供给效率、降低地租和资源的供给成本，提高金融的供给效率、降低资金成本，释放人口与劳动、土地与资源、金融与资本的供给侧潜力，延续“库兹涅茨增长”模式；同时通过技术创新和制度创新提高经济的内生增长动力，提高创新效率、降低技术成本，提高管理效率、降低制度成本，进而产生新的“熊彼特增长”；并通过深化体制改革，重启“斯密增长”，通过结构性改革推动供给升级并引领消费升级。从人口与劳动、土地与资源、金融与资本、技术创新、制度与管理等五大财富源泉和31种增长模式来看，中国还有很大的供给潜力能够持续释放，供给侧改革的空间还很大。随着要素市场等关键领域和医疗、教育等重点行业的改革不断推进，任何一种或几种财富源泉组合构成的增长模式都能够成为经济增长的持续推动力，重启中国经济增长的新周期。

第三节　经济长期增长的供给扩张原理

人口与劳动、土地与资源、金融与资本、技术创新、制度与管理等是经济增长的源泉，而供给扩张是推动经济持续增长的动力。

一、康德拉季耶夫周期的本质：技术革命引起的新供给扩张长周期

系统地提出长周期理论开始于苏联经济学家康德拉季耶夫，其本质上是技术革命引起的新供给扩张长周期：

第一个新供给扩张长周期：1787 年至 1842 年，是产业革命发生发展时期，纺织工业、冶金技术的创新在这一新供给长周期的上升期（1787 年至 1816 年）起了主要作用。纺织品和冶金制品进入新供给形成和扩张阶段，从英国本土逐步扩展到欧洲早期工业国，再到美国、南美洲、印度、中国等殖民地和半殖民地地区。当这次新供给已经扩张到当时卷入国际分工的世界大部分地区时，其供给扩张动力逐渐开始递减。

第二个新供给扩张长周期：1842 年至 1897 年，蒸汽机、

钢铁和铁路技术的发展在这一次新供给长周期的上升期起了主要作用。这一次的新供给形成，把深藏在地球深处的铁矿石、煤炭变为人们财富和效用来源的重要构成部分。当蒸汽机、钢铁为代表的新供给扩张到海上运输工具的改造，又在美国、德国等内陆国家铺上了纵横全国的铁路之后，第二波新供给扩张长周期的财富增长效应开始递减。

第三个新供给扩张长周期：1898 年至 1946 年，电气、化学、汽车工业的发展在这一新供给形成和扩张期起了主要作用。这一历史时期的财富来源不仅仅包含了过去的自然生物繁殖成果，铁矿石和煤炭资源，而且拓展到了热能和电力的能量使用，以及石油等地球资源。煤炭、蒸汽、石油等产生的热能被转换成电力、动力成为人们效用和财富新的源泉；而化学工业革命甚至使人们的日常用品更多地来自石油、煤炭、钢铁工业等地下资源，而不是生长繁殖在地球表面的生物。人们从地下资源和无机世界得到的效用和财富总量已经远远超过了传统的地球表面生物性财富总量。

第四个新供给扩张长周期：1946 年至 1990 年，电子、通信、化工技术的新供给形成与扩张周期。对微观粒子的运动特征的利用是这次新供给形成的本质特征。在对地球静态的热能和动态的热能、动能、势能的直接利用基础上，对微观粒子的能量开发和运动规律的发现带来供给扩张。电子波、光能，各种有色金属的效用特征发掘以及半导体技术、化学技术的发展，不断更新经济的供给结构，进而推动需求结构的升级。

第五个新供给扩张长周期：从 1990 年至今，通信、互联网、新材料、基因、新能源等多种新供给形成和软价值革命。这一轮的新供给扩张不以消耗更多的地球资源为前提，更多是以人类思维、微观粒子和波的运动为特征的软财富、软产业、软价值，这些新供给开发并满足人们精神世界的新需求。

按照美国经济学家格哈德·门施的研究，几次大的技术革新分别发生在1770年、1825年、1885年、1935年前后，同世界前四大经济上升周期的起点相比分别提早11 ~ 17年不等。这一段时间实际上是新技术从科学意义上的发明创造走向新供给扩张的过程，新供给的形成能够提升经济的潜在增长率，新供给扩张带领经济进入上升周期。

二、新供给长周期的供给扩张时间：康德拉季耶夫周期纯粹是偶然巧合

新供给经济周期探讨了供给扩张的内生动力与外部影响因素，新供给经济长周期时间跨度反映的正是供给扩张的原理。

（一）供给扩张的量能越大，长周期的时间跨度一般越长

一般而言，供给扩张的量能越大，长周期的时间跨度一般越长。纺织业革命主要应用蒸汽机动力技术，是对部分农产品和畜牧产品的加工，其供给创造需求的能力相对于后几次技术革命而言就比较小。而钢铁和铁路革命虽然把财富源泉拓展到地球的深层矿石资源，但是其物理应用范围是有限的，而一旦

物理应用空间逐渐满足，其供给创造需求的能力就逐渐递减。以新能量、新物质运动规律的认识和利用为基础的第三次、第四次产业革命所蕴含的新供给空间就大得多了。

而第五次新供给长周期所依托技术革命能量很可能远远超过前几次技术革命。从 1990 年开始，包括计算机网络信息技术、新材料技术、生命基因技术、空间技术、新能源技术等创新，几乎同时到来，随着上述技术进入新供给形成和扩张阶段，供给创造需求的能力进一步提升，那么第五次技术革命引发的长周期仍将持续。

（二）新供给、新动能的扩散速度越快，长周期的时间跨度越短

一般而言，新供给、新动能的量能扩张能力越强、扩张速度越快，新供给长周期持续的时间越短。就工业革命之后的第一、二、三次新供给经济周期而言，早期资本主义制度和世界市场的形成是其制度背景；第四次新供给长周期则有赖于第二次世界大战以后以布雷顿森林体系为代表的一系列国际金融和国际贸易体制安排；第五次新供给长周期的制度背景更加复杂，在原有金融和贸易体制安排下，国际货币体系多元化、经济全球化、更高效率的金融安排等都加速新供给形成和扩张的速度，并相对缩短经济周期。

财富的扩散速度也是影响长周期时间的重要因素。第一、二、三次新供给经济周期之所以各自持续了五六十年时间，一方面是因为制度本身不完善延长了上述新供给的传播和扩散的

时间，另一方面是因为财富分配过度集中、贫富差距过大造成总需求的增长过慢、总供给增长过快，从而频繁发生严重的周期性经济危机，进一步延长了两次新供给长周期的时间。而第四次新供给长周期本身的技术革命所蕴含的能量远远大于前两次，却因为有第二次世界大战以后稳定的国际经济秩序安排、各国执行凯恩斯主义宏观需求管理政策以及财富扩散较快造成中产阶级崛起后的稳定社会需求增长，缩短了密集技术革命带来的新供给形成与扩张周期。

从上述意义上讲，前四次新供给长周期被康德拉季耶夫从统计上观察到的50年左右的周期性规律纯粹是一种偶然的巧合。因为如果不是社会经济制度、宏观经济管理体制和财富分配体制的改善，后两次新供给经济周期的时间应该比前两次更长。

此外，随着交通、通信条件的改善，技术传播速度加快，全球经济长周期将呈现逐渐缩短的趋势。

第四章

行政性供给约束

第一节　直接供给约束与间接供给约束

供给约束是指经济受到行政管制、行政垄断、高税收、高融资成本等制度或政策因素的影响，导致有效供给减少，根据供给约束产生的原因不同，可将供给约束分为直接约束和间接约束。

直接供给约束是指一些非市场因素对供给数量、供给价格或供给主体等进行限额或准入性限制，进而导致市场参与者受限和有效供给不足的供给约束，主要包括行政管制、行政垄断等。

行政管制是指政府采取资格认证、项目审批、定价权控制、地区经营控制等方式，其初衷可能是保证供给质量、防止恶性竞争等，但长期管制的结果往往使得新供给无法在市场自发调节作用下形成和扩张。这里的行政管制不包括政府为规范市场行为而制定的规章制度，而是指行政对市场本身供给结构、供给数量、供给价格等的直接干预。

行政垄断是指政府对于行业供给要素投入主体等进行限制，或进行某些行政政策、资源倾斜，造成某一行业参与主体较为单一，民企或外资参股受到限制，有效供给量和供给效率降低的行业垄断行为。中国行政垄断比较明显的是铁路、电力等。这里行政垄断不包括处于国家安全或资源保护等合理性战略下，对于关系重大国计民生、市场难以完成、公众社会保障等进行的国家垄断行为。

间接供给约束是指由于货币政策或财政政策导致的企业融资成本或税收成本上升，进而使企业盈利能力下降并最终导致新供给无法形成或有效供给减少。

一、直接供给约束

当市场存在行政垄断时，会使得部分企业占据了行业内绝大多数的资源，对试图进入行业的新供给造成阻碍。

当存在行政管制时，生产要素只有在行政许可或者行政审批放开之后才能进入市场，进而限制了有效供给数量，降低了供给效率。

以中国为例，从行业角度看，行业准入控制比较明显的是保险、银行、医院等，通过发牌照的形式控制行业的供给数量，在防止经营风险的同时，也往往导致部分有效供给无法形成。

地区销售控制最明显的电信行业和寿险行业，由各省级分公司分别来负责该省的销售，并且限制新供给的数量和规模。

专卖制最突出的就是烟草业、糖业。国家指定某一机构担任全国的唯一经销商，并通过这一经销商来控制全国的产品价格和采购及供货渠道。

采购权控制比较明显的体现在稀有矿产，甚至是出版业，例如煤炭采买许可、矿权、书号等。

定价权控制比较明显的是医疗行业、水利行业、铁路，等等，政府规定相应产品的供给价格。

行政管制的目的一般是为了保护公众福利，保证特定产品或服务的供给质量。然而，行政的力量一旦通过资格认证、项目审批、定价权控制、地区经营控制等方式取代了市场的力量，往往由于限制了自由竞争而产生南辕北辙的效果，尤其那些年代久远、没有根据经济发展情况及时调整的行政管制措施，往往反而成为降低供给质量和效率的原因，造成有效供给减少、有效需求得不到满足。

二、间接供给约束

间接供给约束通常是由于行政干预或多轮总需求调控造成较高的税负成本、融资成本，导致企业生产成本上升，进而使盈利能力下降并最终导致供给减少。

过高的税收会加重企业的负担，降低企业的盈利能力，进而不利于新供给的形成和供给扩张。

同样，过高的融资成本也会降低企业的盈利能力，进而导致有效供给减少。如果将融资成本与第三产业 GDP 的波动进行拟合，可以发现二者具有很强的负相关性，融资成本过高会降低企业的供给能力，进而使得总供给减少。

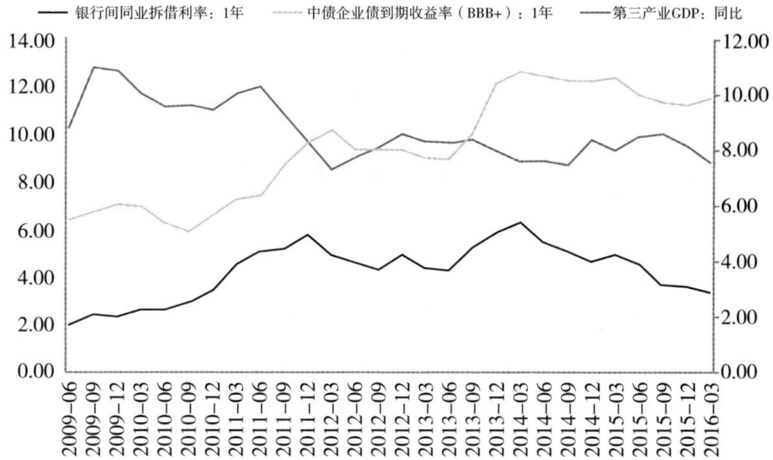

数据来源：万博新经济研究院

图 4–1　融资成本与新供给短周期的波动拟合

当企业能够提供有效供给并创造出等量的需求时，如果融资成本或税收成本过高，超过了企业投资回报率所能够承受的范围，将使大量原本盈利的企业转为亏损状态，进而降低有效供给。

第二节　行政管制

行政管制通过对市场主体行为的限制或干预，导致新供给不能进入市场，进而有效供给无法形成，供给创造需求的能力下降。以北京地区“打车难”问题为例，多年来“打车难”一直都是北京市难以化解的痼疾，尤其在高峰时段半个小时打不到车基本上是市场常态。市政府曾先后多次针对这一情况出台过行政命令，包括要求出租车驾驶员不得拒载，不得在早晚高峰时段交接班，不得随意加价，等等，但都未从根本上解决出租车有效供给不足的问题。为此，北京市发改委试图以提价来刺激出租车司机的出车积极性，从而缓解“打车难”困境，可是在2013年5月出租车价格大幅提升之后，“打车难”现象不仅未能获得实质性好转，并且北京市居民的出行成本还大幅增加。

那么，行政管制是如何影响有效供给的呢？我们将行政管制分为供给数量的管制和供给价格的管制，并就这两种情况分别讨论行政管制对有效供给的影响。

一、供给数量的管制对有效供给的影响

在封闭条件和开放条件下，行政管制对有效供给的影响有较大不同。

（一）封闭条件下，供给数量管制会直接降低总供给

以北京出租车为例，北京地区对出租车牌照进行限制，使得已有的市场参与者——出租车司机从中获益；而较高的承包费用也让出租车公司实现了旱涝保收。高承包费大幅拉高了出租车司机的经营成本，市场信息的不对称和在低速行驶状态下的高耗油量使得出租车司机在高峰时段和特殊地段的出车率下降。从行业的供给、需求及监管等各方利益主体的现行利益格局分析，出租车司机和乘客的利益均遭受显著损失，降低了北京出租车市场的资源配置效率，出租车公司股东方以及发放出租车经营权的监管部门却成为了真正的获益者。

当北京市交通管理局对于北京出租车总量控制且外地车辆不能进入北京出租车市场时，行政管制的出现使得自由竞争环境被破坏，图 4–2 中供给曲线向左移动。出租车公司的专营权（份子钱）使得出租车的经营成本过高，当价格上限 P 低于现行供给曲线 S_1 与 D 决定的均衡价格，致使市场无法达到均衡状态，供需缺口为 Q_0-Q_1，进而供给数量下降，供给价格上升。在供给

量降到 Q_1、价格提高到 P_1 时，市场在高价出清。与无供给约束条件相比，有效供给降低，有效需求得不到满足。

供求双方总剩余的减少与行业净福利损失的差额，实质上代表了在总量控制背景下的现有市场参与方，如北京出租车司机、出租车公司等的隐性收益。而图 4-2 中三角形阴影部分代表了由于行政管制的存在导致的有效供给量降低，进而导致总产出的下降。

供给数量管制带来的有效供给量的降低，也给黑市交易创造了空间。黑市交易的供给主要是由无经营牌照的私家车和暂停运营状态的出租车所提供，图 4-2 中阴影部分的平行四边形代表了黑市交易的市场空间。

而滴滴出行、Uber 等互联网出租车公司的出现，实际上打破了行政管制对于供给数量的约束。滴滴出行根据需求类型、需求强度等不同，分为顺风车、快车和专车等车型，需求方可以根据个人意愿进行加价叫车，供给方可以根据路程、位置自由接单。除了对原有不规范供给的合规化运作之外，滴滴出行的定价模式，充分利用互联网和移动客户端的作用，最大限度地实现了差别定价带来的供需双方的福利最大化。网约车的快速发展释放了大量有效供给，创造出新的需求。

在北京出租车行业现行的行政管制格局之下，监管部门、出租车司机、乘客们的利益分配处于一个不均衡的状态。如果没有互联网出租车公司新供给的出现，有效供给量将呈现更大幅度的下降，而解决行政管制的根本还在于行政管制本身的放松，使得供给曲线 S 与需求曲线 D 相交于新均衡点，供给潜力将得到充分释放。

可见，行政管制会直接降低有效供给数量，提高供给成本，导致整体福利的降低和效率的损失。一部分的效率成为无谓损失，还有一部分成为经济租金，被利益部门获取。这部分利益，是行政管制长期存在并天然扩张的根源，并成为深化供给侧改革的障碍。

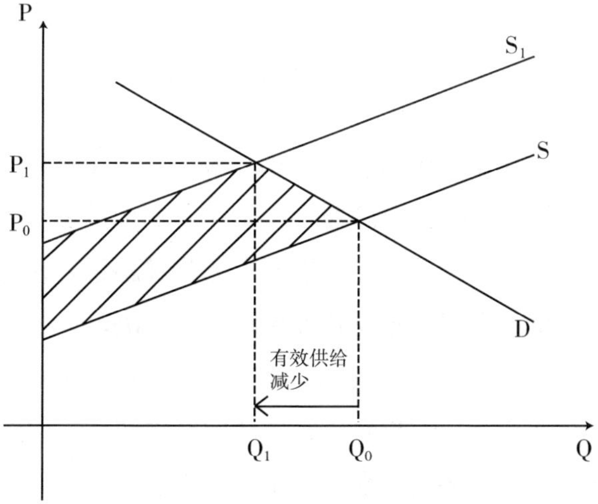

图 4-2　封闭环境下供给数量管制对有效供给的影响

（二）开放条件下，供给数量管制对有效供给的影响

假定某地区的西点制造行业目前并不存在供给约束，即没有进入壁垒，任何想要从事西点制造和销售的企业只要取得相应营业执照，即可开张营业。市场中将存在一定数量的西点供应商，以满足全体消费者对西点的需求，市场将处于均衡状态。

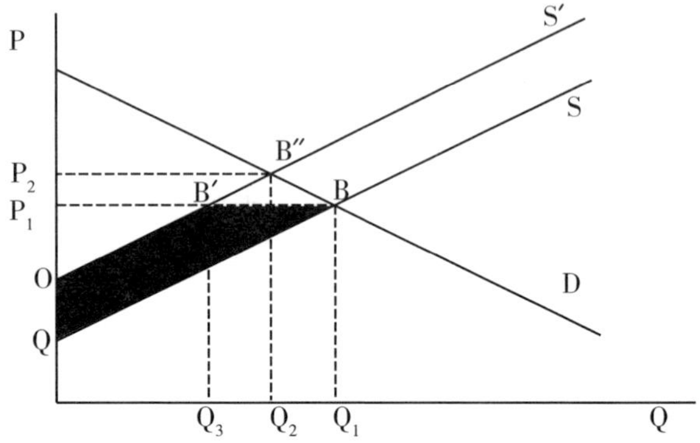

图 4–3　开放条件下供给数量管制对国内总产出的影响

如图 4–3 所示，在某一个时点，政府为了进行行业管理，决定对西点制造行业采取牌照管理，在营业许可之外，必须取得食品行业协会的牌照才能从事西点制作和销售。在进行牌照管理之前，市场由需求曲线 D 和供给曲线 S 决定，市场在 B 点（P_1，Q_1）达到均衡。进行牌照管理之后，短期内市场中能够取得牌照的企业变少，将导致供给曲线向左上移动，供给减少且市场价格有上升趋势。考虑到开放经济条件，此时将有一部分客户转向进口产品，即供给 Q_3，进口 Q_1–Q_3 部分，从而市场总容量不变，仍为 Q_1。

在均衡点从 B 点向 B′ 点移动的过程中，生产者剩余由三角形 P_1BQ 变为 P_1B′O，生产者剩余减少四边形 BB’OQ 的面积，而由于消费向进口产品的转移，消费者剩余并未发生变化，整体国内总产出下降 BB′OQ。由此可见，与封闭市场相比，在开放市场中，行政管制造成的福利损失主要体现在生产者剩余的减少和该地区供给的下降。

二、供给价格管制对有效供给的影响

（一）最高限价

对供给价格管制的分析与对数量管制的分析类似，在没有价格管制的情况下，由供给曲线和需求曲线决定的市场出清价格为 P_0，出清数量为 Q_0。关于最高限价可以分为两种情况，一是，当政府规定最高限制价格高于市场均衡价格 P_0 时，如图 4–4 所示，则行政管制的限价是市场无供给约束措施，即最高限价不会对市场的供给和需求产生的价格和数量造成影响，市场仍然可以在均衡点（P_0，Q_0）出清。

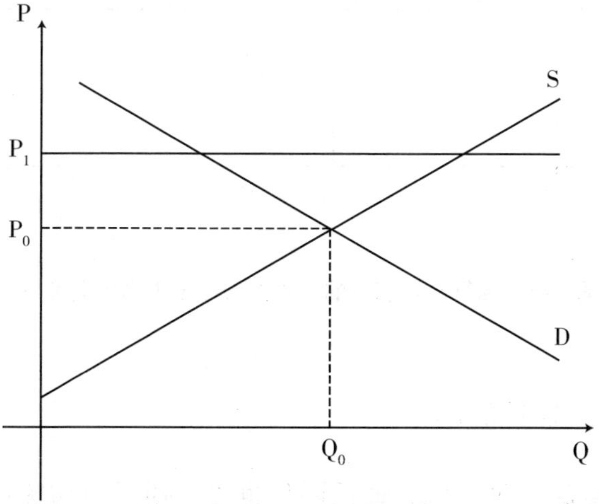

图 4–4　当行政管制下的最高限价高于市场均衡价格时

二是，当政府规定最高限制价格低于市场均衡价格 P_0 时，行政管制的限价属于供给约束措施，即最高限价将对市场的供给和需求产生影响。如图 4–5 所示，在最高限价 P_1 水平下，厂商方的供给量从 Q_0 下降到 Q_s，而消费者的需求量从 Q_0 上升到 Q_d，市场出现供给量短缺，有效供给不足，新供给无法形成，并通过市场价格作用创造新需求，短缺量为 Q_d-Q_s。在这种情况下，正常的商品具有了稀缺属性，会出现购买商品排队等候的时间过长、商品抢购潮、黑市等现象。

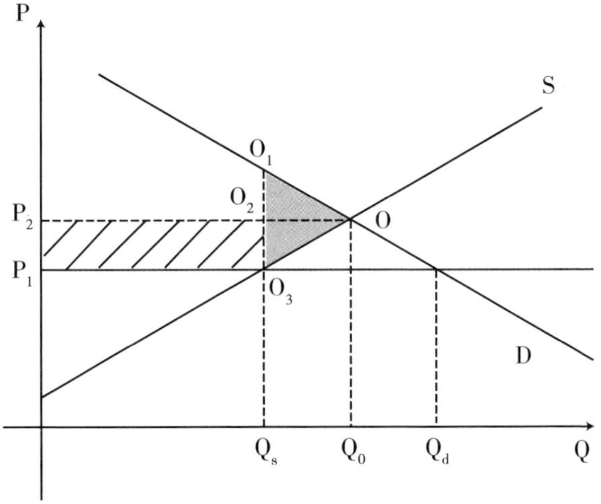

图 4–5 当行政管制下的最高限价低于市场均衡价格时

（二）最低限价

与最高限价类似，最低限价也可以通过与均衡价格 P 的比较，分为两种情况。一是政府的最低限价在均衡价格以下的情况，市场均衡状态不会因为价格管制而被打破，如图 4–6 所示，行政管制的限价是无供给约束措施，市场仍然可以在均衡点（P_0，Q_0）出清。

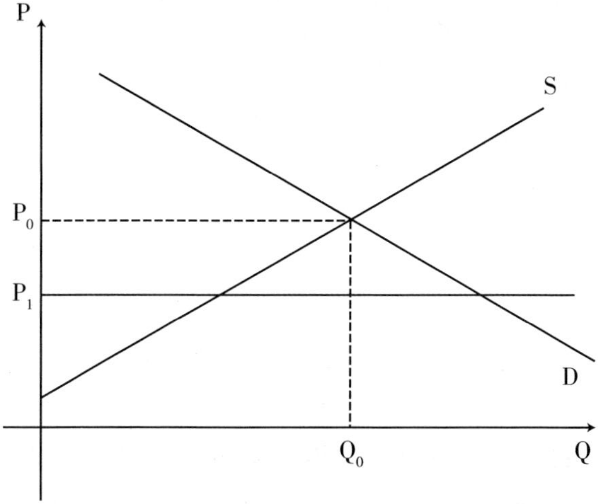

图 4–6　当行政管制下的最低限价低于市场均衡价格时

二是政府的最低限价高于市场均衡价格时，行政管制下的最低限价成为供给约束措施，此时在最低限价 P_1 水平下，厂商方的供给量从 Q_0 上升到 Q_s，而消费者的需求量从 Q_0 下降到 Q_d，市场出现供给过剩，过剩量为 Q_s–Q_d。此时，如果厂商不能及时调整资金和设备投入，会形成产能过剩、库存积压的情况。供给对于需求的创造能力由于最低限价的存在而降低，一个单位的供给无法创造等量的需求。

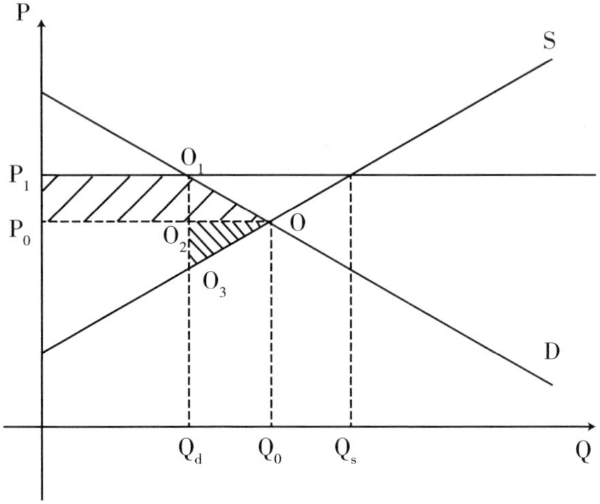

图 4-7　当行政管制下的最低限价高于市场均衡价格时

行政管制一旦对市场产生限制性影响，就会造成市场供给效率降低，有效供给减少。欲使市场达到新的均衡状态，监管部门需要从上而下打破行业中存在的不合理的行政管制，并对供给约束进行实质性放松，才能够让整个行业的供给潜力得到充分释放。

第三节　行政垄断

按照垄断形成的原因来划分，垄断可分为三类——自然垄断、资源垄断和政府创造的垄断[①]。所谓行政垄断就是政府创造的垄断。

行政垄断分为产品垄断、交易垄断和价格垄断。不同类型的行政垄断对于有效供给的影响也不相同。

一、产品垄断对有效供给的影响

直接行政干预下的产品垄断，一般是由于地方保护主义，对某一产品实施的地区销售管制或强制交易，实际上是供给方内部的市场份额转移。比如以安全问题为由，强迫居民小区使用煤气公司指定的煤气灶具或热水器才能开通水、电、气等。这种行政干预造成的产品垄断，在一定程度缩小了市场，供给方不用在质量、价格、服务等公平竞争下提供产品或劳务。如

① 曼昆著，梁小民等译．经济学原理［M］．北京大学出版社，2009.

图 4–8 所示，当市场出现行政垄断，需求曲线会对市场供给的变化做出调整，向左移动，由 D 移动到 D_1，市场的均衡点由（Q_0，P_0）变为（Q_1，P_1）。由于行政垄断带来的特许权利，供给厂商往往不愿意降低价格，仍维持在 P_0，此时对应的消费者最优需求为 Q_2。在不考虑供给厂商提价的情况下，市场会在原均衡点有（Q_0，P_0）成交，但消费者剩余会降低，面积为 $P_2P_3OO_2$，总福利减少。$OQ_0O_2Q_2$ 的销售收入从没有行政垄断特权的企业向有行政垄断特权的企业转移。因此，产品垄断虽然不会降低市场的总供给量，但是会因为缺少竞争压力而导致供给质量或供给效率降低，进而降低需求满足程度。

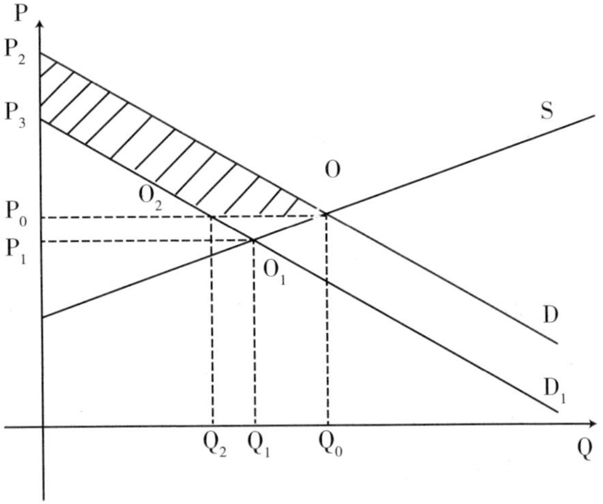

图 4–8　直接行政干预下产品垄断对供给的影响

二、交易垄断对有效供给的影响

直接行政干预下特定市场的交易垄断，一般是对某一特定市场的准入权进行限制，如机场商店、旅游景点、铁路客运车的商品或餐饮服务。与这种专营权相伴随的通常是价格上涨。如图4–9所示，在封闭市场中，由于消费者可选择的供给数量受到限制，同时供给方由于市场的专营权而提高供给价格，由P上升到P_1，此时市场均衡点由（Q_0，P_0）变为（Q_1，P_1）。但是由于市场刚性需求的存在，在不考虑需求降低的情况下，市场会在（Q_0，P_1）成交，消费者剩余降低，面积为$P_0P_1OO_1$，$Q_0Q_1O_1O_2$为行政垄断造成的消费者福利向生产者福利的转移。与产品垄断类

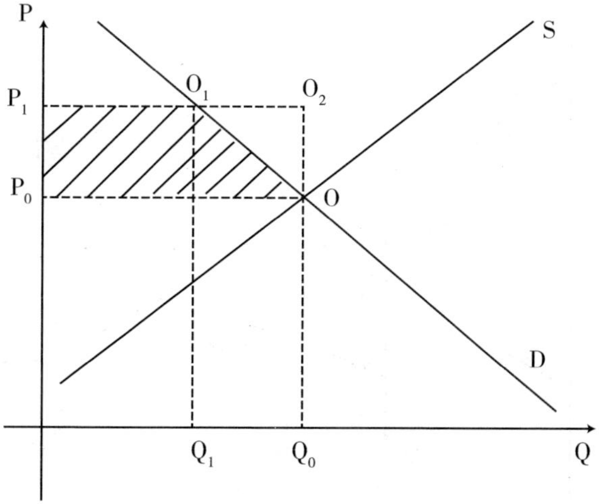

图 4–9　直接行政干预下交易垄断对供给的影响

似，交易垄断不会使得总供给量发生变化，但是会导致市场不能在资源配置中发挥主导作用，进而导致供给成本提高。

三、价格垄断对有效供给的影响

行政干预下的价格垄断，厂商可以根据自身的成本收益决定市场的供给量和供给价格。在中国，比较典型的价格垄断包括电网、铁路成品油等等。如图 4–10 所示，当垄断者收取高于边际成本的价格时，一些潜在消费者会选择不购买该商品或服务，例如，不用电而改用其他能源，不乘铁路而选择其他运输方式等等。垄断定价使一些双方有益的交易无法进行，从而造成有效供给下降，从图中的 Q_0 下降到 Q_1。

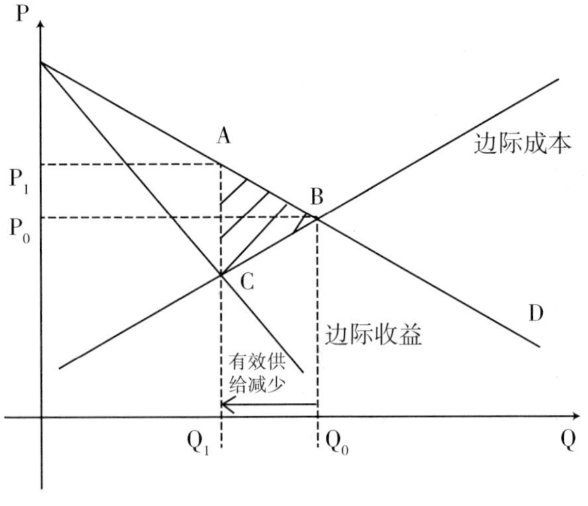

图 4–10　直接行政干预下市场垄断对供给的影响

可见，行政垄断程度过高可能会造成供给成本过高、供给数量下降，也可能会伴随着诸如低效率、腐败、消费者利益损失等情况。适合打破行政垄断，有利于增加有效供给，或降低供给价格，提高供给效率，进而刺激有效需求，释放生产力。

第四节　高税收成本约束

一、税收的必要性和合理限度

任何一个国家都需要一定的公共支出来保证国防安全、公务员支出和政府的正常运转。税收作为国家财政收入的重要来源，为保证政府的刚性支出，适当的税收规模是必要的。

但同时，也要充分重视税收对有效供给的影响。对厂商征税，往往会增加厂商的供给成本，造成有效供给的下降，进而降低总产出。如图 4–11 所示，当不增加税收时，市场的均衡点为（Q_0，P_0）。如果政府提高厂商税率，厂商总成本会提高，税后利润降低，当一部分税负通过价格转移给消费者时，市场价格上升，供给曲线向左移动，由 S 移动到 S_1。移动的幅度反应到价格的区间，即为征税金额。此时，市场的供给量由 Q_0 下降到 Q_1，有效供给减少。

可见，合理的税收规模对于国家是必要的，但同时税收往往也会降低有效供给，进而降低经济增长率，税收需要有一个合理限度。

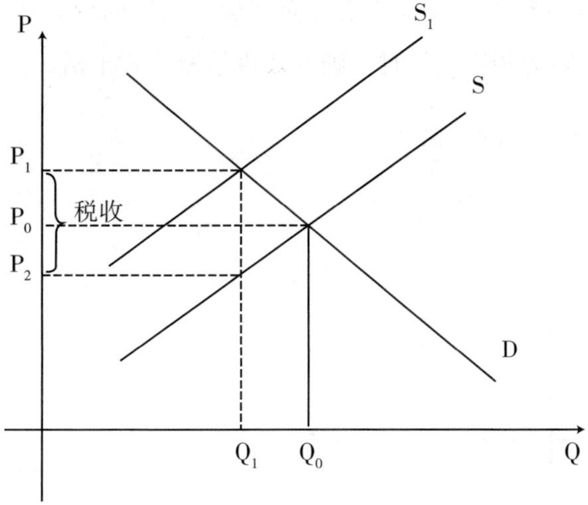

图 4–11　税收对有效供给的影响

二、过度征税易致“双输”

（一）过度征税带来总产出的大幅下滑

税收成本的增加往往会降低厂商的盈利能力，有效供给随着税收成本的提高而降低。当厂商税收成本过高，达到“临界税率[①]”时，厂商的净利润为零。如果再提高税率，厂商就会退出生产，有效供给迅速降为零。

如图 4–12 所示，当厂商税收成本 t 小于“临界税率 t_0”时，

① 临界税率是指使得厂商处于盈亏平衡点的税率。

有效供给随着税收成本的增加而减少；当厂商税收成本 t 增加到高于“临界税率 t_0”时，则有效供给断崖式下滑，降为零。

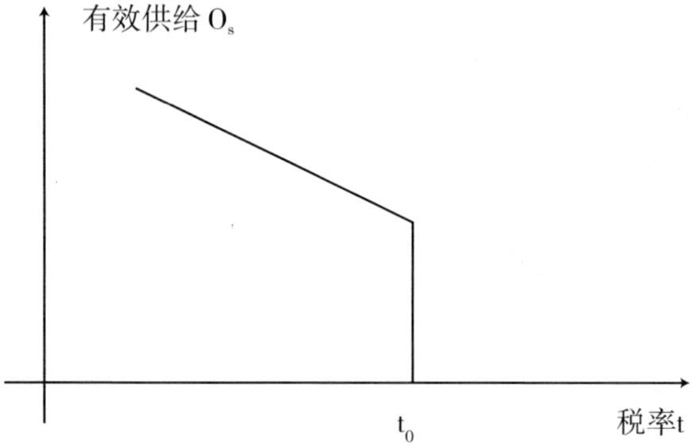

图 4–12　税收成本约束曲线

对于厂商而言，当达到“临界税率”时，厂商不愿意再增加投资或者生产。在开放条件下，厂商会选择向税率较低的其他国家或地区搬迁。

（二）过度征税会带来政府税收收入的下降

过度征税不仅会造成有效供给下降，使得经济增速放缓，而且并也不会带来政府税收收入的增加。美国供给学派经济学家拉弗提出的“拉弗曲线”很好地论证了这一点：税收不会随着税率的增高而无限增长，存在最优税率使得政府税收收入最大。当税率超过最优税率时，再提高税率，政府税收收入不但不会增加，反而会下降。

如图 4–13 所示，税收与税率的 关系呈“倒 U 型”，当税率高于 t^* 时，税率的上调会导致厂商成本提高，进而降低利润，厂商产出大幅减少，从而削减税基，当税基的下降幅度超过税率的上升时，政府的税收总额就会下降。

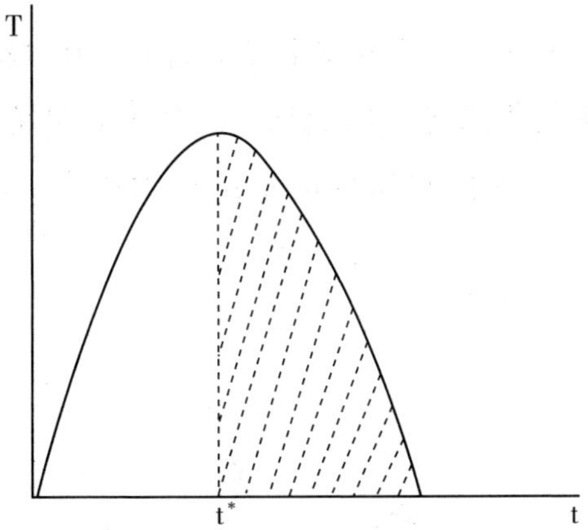

图 4–13　拉弗曲线

三、减税的效果——供给曲线弹性越大，减税效果越明显

减税对有效供给的影响会受到供给弹性[①] 的影响。供给弹性越大，其价格变动对于供给量的影响程度也就越大。如图 4–14 所示，对于供给曲线 S_1 和 S_2，S_1 的供给弹性大于 S_2，同样的税收水平下，S_1 的供给量减少量为（Q_0–Q_2），S_2 的供给量

① 供给弹性是指价格每上升或下降 1 个百分点，影响供给量减少或增加的百分比。

减少量为（Q_0-Q_1）：

$$(Q_0-Q_2) > (Q_0-Q_1)$$

可见，对于某一产业或整个经济而言，其供给弹性越小，减税能够带来的供给潜力增加越小，减税效果越不明显；供给弹性越大，减税能够激发的供给潜力越大，减税效果越明显。

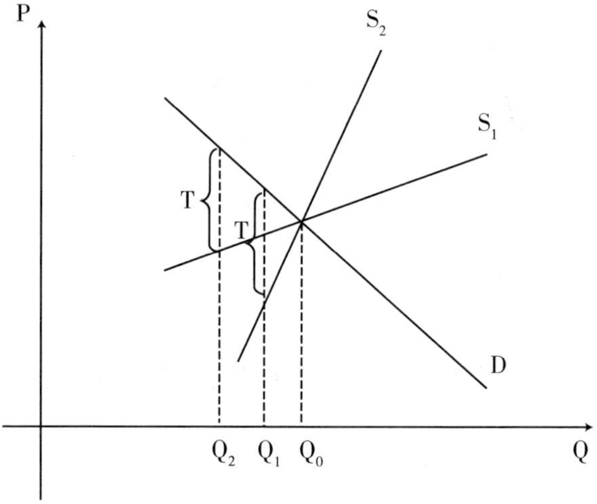

图 4–14　不同供给弹性下税收对有效供给的影响

结合不同阶段的供给特征进行分析，对于老化供给而言，其供给创造需求的能力较低，减税对于经济的影响往往并不明显，但是对于处于扩张阶段的新供给而言，其供给创造需求的能力较强，合理减税往往会对经济产生明显的拉动作用。

反之，对于老化供给，当对老化供给进行征税时，经济总体损失较小，但若对处于扩张阶段的新供给征收高额的税负，经济总损失将会扩大，对应的有效供给将会下降更多，如图 4–15 所示。

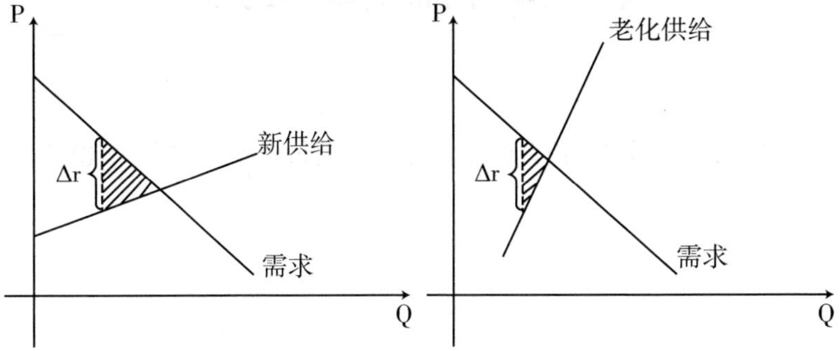

图 4–15 减税对新供给和老化供给的不同影响

总之，合理的税负水平是保证政府正常运转、确保国家安全和稳定、提供民生基础设施的必要手段，但如果税收超过一定限度，既会造成有效供给的大幅降低，又会使得政府税收收入不升反降，进而降低经济增长动力。减税会增加有效供给，但对不同供给弹性的行业，对新供给扩张或老化供给而言，减税的意义明显不同。

第五节　高融资成本约束

与高税收成本对有效供给的影响类似，高融资成本也会降低有效供给。

一、有效供给的融资成本约束曲线

企业融资成本的增加，会增加企业的供给成本，影响有效供给。融资成本对于有效供给的影响程度，取决于企业融资成本与企业资产回报率之间的关系。

当企业融资成本低于企业资产回报率时，融资成本上升，有效供给降低；当企业融资成本高于企业资产盈利能力时，企业会处于亏损状态，退出生产，有效供给降为零。

如图 4–19 所示，当企业融资成本 r 低于企业资产回报率 r_0 时，则有效供给随着企业融资成本的增加而减少；当企业融资成本 r 增加到高于企业资产回报率 r_0 时，则有效供给断崖式下滑，降为零——这种情况只有在极端情况下才会出现，比如 2013 年中国“钱荒”，很多中小企业的实际融资成本超过了企业的毛利率，造成大批企业关闭实业生产，转而从事高利贷业务。

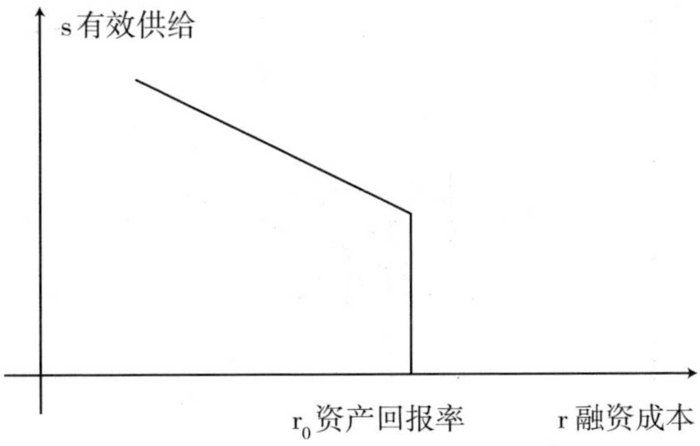

图 4–16　融资成本约束曲线

二、融资成本对于新供给和老供给的影响

与税收类似，融资成本对有效供给的影响也受到供给弹性的影响。若融资成本变化 Δr，当供给弹性较大时，其供给量的变动为（Q_0–Q_1），当供给弹性较小时，对于同样的融资成本变化，其供给量的变动为（Q_0–Q_2），显然（Q_0–Q_2）>（Q_0–Q_1）。

结合不同阶段的供给特征进行分析，对于老化供给，供给创造需求的能力较低，当老化供给融资成本降低时，其对经济的影响往往并不明显；但对于处于扩张阶段的新供给，供给创造需求的能力较强，这些产业若降低融资成本，往往会对经济产生明显的拉动作用。

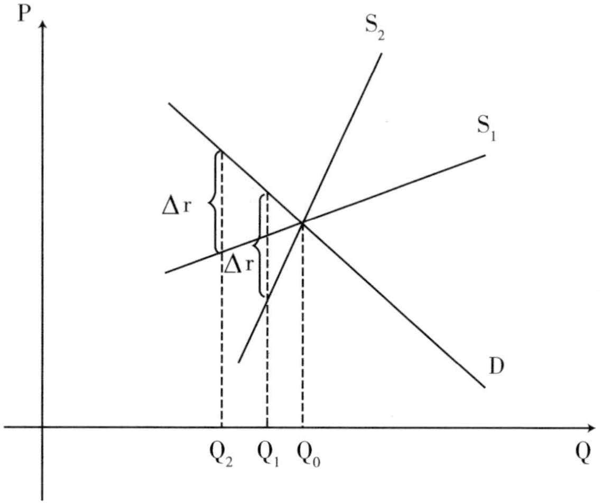

图 4–17　不同供给弹性下融资成本对有效供给的影响

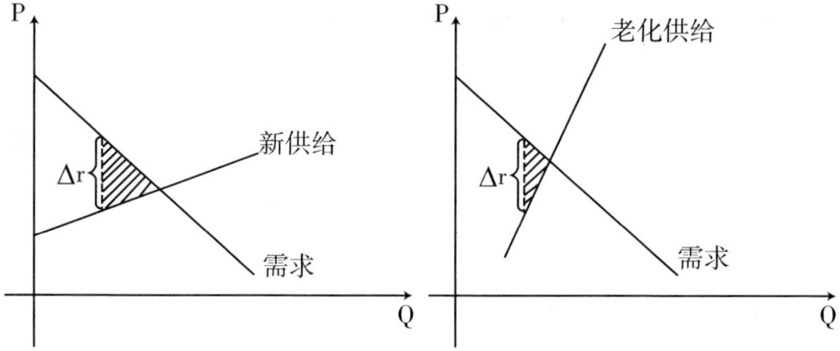

图 4–18 降低融资成本对新供给和老化供给的不同影响

根据之前对于新供给形成的分析，对于金融支持型新供给而言，前期的融资能力和融资成本是新供给形成并创造新需求的重要基础，其融资成本过高会导致供给成本过高，企业融资能力下降，进而导致新供给无法形成。

总之，高税负成本、高融资成本等间接供给约束，将会导致企业生产成本的上升与盈利能力的下降，从而降低企业的供给扩张能力，减少有效供给。尤其一些代表未来新供给发展方向的中小企业，间接供给约束的存在往往会降低这类企业的存活概率。

第五章

要素供给条件与供给抑制

人口与劳动、土地与资源、金融与资本、技术创新、制度与管理等五大财富源泉的供给量充足、供给成本较低、供给质量和供给效率较高的情况下，能够很好地为新供给的持续扩张提供必要条件，进而增加产出；反之，当要素的供给量、供给成本、供给效率受到抑制的情况下，则会造成整个经济的有效供给降低，经济增速下滑。

第一节　人口与劳动的供给抑制

人口的生育、教育，劳动力从低效率的部门向高效率的部门流动，劳动法律环境、社会保障制度等都是决定和影响劳动供给条件的重要方面，而在很多情形下劳动的供给会受到抑制，造成劳动供给量和质量下降、供给效率降低或供给结构扭曲并影响经济的增长。

一、劳动供给条件的三要素分析

（一）劳动的供给量

劳动供给量受到人口生育水平、人口结构等的影响。在无人口生育控制的条件下，人口的供给在一个自然生育率的水平。基本的人口生育水平是保证劳动供给量的基础，而人口生育水平受到生育政策、子女抚养成本、文化等方面的影响。

从人口增加转化成劳动供给量增加还受到人口自然结构、工作偏好等因素的影响。当一个国家老龄化问题严重或退休年龄过早时，劳动供给量就会降低。对比中国、日本、印度1950年以来的劳动年龄人口占比可以发现：1950年至1990年日本劳动年龄人口占比一直维持60%以上高位，经济高速增长；中国的人口年龄结构从1980年至2010年最有活力，经济崛起；印度劳动年龄人口占比在2000年上升至60%以上，并将一直维持到2070年，后发优势明显。①

以日本为例，在导致日本经济1990年后长期持续衰退的最根本的原因中，首要原因是日本的老龄化。1950年，日本65岁以上人口不到总人口的5%，那时候日本经济充满活力。20世纪60年代到80年代，日本的经济增长一度超过所有西方

① 滕泰．民富论——新供给主义百年强国路［M］．东方出版社，2013：第123页。

国家，原因之一是日本的人口比西方国家的年轻；但1990年以后日本经济迅速衰落，1994年这个比例已经超过14%，目前已超过20%。

以美国为例，美国从一个不毛之地崛起为当今的世界经济领头羊，首要因素是其人口扩张。富兰克林在1751年就注意到，当时北美殖民地的生育率是欧洲的两倍，几乎每20年就比欧洲多出生一倍的人口。亚当·斯密注意到这一现象后也断言：历史的动力迟早要转移到大西洋西岸。如今，富兰克林和亚当·斯密的预想早已变成了现实：1700年，北美殖民地仅有25万人口，如今美国人口超过3亿。300年间，美国人口增长了1000多倍。相比之下，欧洲人口在同期内仅增长了5倍。

历史上，人口的增长带来的劳动供给量的增加一直是总产出增加的主要原因。

此外，教育或培训等也会影响劳动的有效供给量，进而影响总产出。以美国为例，美国的崛起不仅受益于人口供给量的增加，而且还受益于高素质劳动有效供给量的提高。美国不仅在很早前就把人口作为国家利益的基本战略来看待，而且在多年以来都有明确的人口教育战略，重视提高劳动的有效供给量，并实施战略性的人才选择性引进战略。

（二）劳动的供给结构与效率

劳动的供给效率受到技术水平的变化、组织管理方式、激励制度的影响。如20世纪70年代末，中国农村经济制度从人民公社[①]到联产承包责任制[②]的改革，通过组织管理方式的变化，提高劳动的积极性，进而提供了劳动的供给效率。再比如通过车间流水线等流程优化的方式，通过细化社会分工，提高产出效率。

从资源与劳动的配比上看，人口流动也可以通过调节劳动与资源、技术等其他要素的配比，提高产出效率。如当人口从资源贫乏的国家（地区）流向资源丰富的国家（地区），进而提高劳动的产出效率。

劳动从低效率的部门向高效率部门的结构优化也会提高劳动的供给效率。当某一国家、区域或行业存在边际劳动生产率为零的劳动，这部分劳动向其他国家、区域或行业的转移显然会提高劳动的供给效率，进而增加总产出。当 A 国家、区域或行业的边际劳动生产率大于零，但是小于 B 国家、区域或行业的平均劳动生产率时，劳动从 A 区域转移到 B 区域可以增加劳动的平均生产效率，进而增加总产出。比如中国农村人均 GDP 与城市人均 GDP 相差五倍，如一个人从中国农村转移到城市就业，劳动生产率就提高四倍。即使在劳动供给量不变时，通过优化劳动的供给结构，也可以提高劳动的供给效率，进而提高总产出。

---

① 所谓人民公社是 1958 年至 1982 年，中国农村实行的政社合一的管理体制。生产资料实行单一的公社所有制，在分配上实行工资制和供给制相结合，并取消了自留地。

② 联产承包责任制是中国农村集体经济组织实行的，由生产任务承担者对其生产成果负责并按产量或产值计算劳动报酬的一种生产责任制。

（三）劳动的供给成本

劳动供给成本主要受到人才培养成本、劳动法律环境、人口流动成本和效率等综合因素的影响。一般而言，人才的培养成本越高、培养周期越长、前期投入越大，其供给成本往往也就越高。当人才的培养成本较低时，劳动供给成本往往较低。

从要素稀缺性角度，当人口从稠密国家（地区、行业）流向人口稀疏的国家（地区、行业），劳动的稀缺性在国家、地区、行业范围内的平衡，将提高劳动的单位产出。比如中国历代从中原地区向西部、华北地区的移民。通过劳动移民、劳动输出等，提高了劳动的总产出。譬如美国一方面生育率相对较高，另一方面持续的移民进入，其劳动成本的同比上升速度较日本和中国要缓慢得多。

从人口流动角度，当要素充分流动时，往往会降低劳动的供给成本；而当流动不充分时，即使供给总量充足，也会抬升部分区域或行业的劳动供给成本。

如果人口流动被抑制，即使在供给量充裕的情况下，劳动供给也出现结构性稀缺，进而抬高劳动成本，减少有效供给。比如制造业劳工人口的移民，由于受到发达国家的种种移民政策限制，所以大部分只能在本国范围内流动。因此才有了制造业的梯次转移以及 20 世纪六七十年代拉丁美洲国家制造业的崛起，七八十年代东亚国家制造业的崛起，以及九十年代之后中国和印度的崛起。在一个国家内部，在劳动可以自由流动的范围内，那些吸引劳动蜂拥而入的地区，比如中国东南沿海、长江三角洲，都曾经是经济高速增长的地区。

二、劳动存在供给抑制时的产出变化

劳动的供给受到劳动的供给量、供给效率和供给成本的影响，不同的人口政策、教育、移民政策、用工制度、技术应用等因素，会通过对劳动供给的影响，进而影响产出。将劳动供给对产出的影响因素进行分析，可以分为不存在供给抑制的产出和存在供给抑制下产出两种情景。

（一）情景1：不存在供给抑制情况下的劳动产出模型

从供给量看，人口的供给在一个自然生育率的水平，不受到人口生育限制政策的影响，保障机制健全，子女抚养成本在家庭收入中占据合理的水平，不会对人口生育产生反作用。同时，劳动的教育培训与劳动技能的需求相匹配，能够提供足够的有效劳动供给量。

从供给效率看，劳动的组织模式、技术应用和区域资源禀赋的差异，能够促使劳动从低效率的部门向高效率的部门自由流动，同时有效激发劳动的积极性，不存在如户籍制度、用工制度等带来的劳动效率抑制。

从供给成本来看，工资制度能够有效反映劳动的边际贡献，人才能够在合理报酬的调节下进行自由流动，不受到户籍制度、档案与人才流动制度等的影响。同时企业缴纳的社保、保险基数等在当期收入、当期消费和未来消费之间的分配处于一个合理的水平，既能够保证职工的基本福利，也不会过高地变相提高劳动供给成本。

自然的产出状态，产出水平可以表示为：

$$Y_* = F(Q, E, C)$$

（其中，Y_* 表示正常产出水平，Q 表示劳动供给量，E 表示劳动供给效率，C 表示劳动供给成本）

劳动供给量和劳动的供给效率与产出总量呈现正相关关系。而供给成本与产出总量呈现负相关关系，在市场均衡条件下，当供给成本提高时，在原有价格水平和产品供给量的情况下，企业利润率降低，总产出降低。

（二）情景 2：存在供给抑制情况下的劳动产出模型

根据劳动供给的三层次分析框架，对于劳动的供给抑制可以分为劳动量供给抑制、劳动效率供给抑制和劳动成本供给抑制等三个子情境进行分析。

1. 情景 2–1

当劳动供给量受到抑制情况下，如人口生育受到限制、子女抚养成本过高、教育和培训低效等，劳动供给量会从 Q_* 降低为 Q_1，对应的产出从 Y_* 降低为 Y_1。

$$\Delta Y_1 = Y_* - Y_1$$

其中 ΔY_1 为由于劳动供给量受到抑制产生的产出损失。

如图 5-1 所示，当不存在劳动供给量抑制的情况下，厂商的劳动需求量为 Q_*，对应的产出为 Y_*，当存在劳动供给量抑制的情况下，劳动的供给量低于厂商的最优需求量，这时劳动雇佣量沿生产函数向左移动，从 Q_* 移动到 Q_1，其中（Q_*-Q_1）即为供给抑制导致的劳动供给减少的规模，同样，随着劳动投入量的减少，在供给效率、供给成本和供给质量不变的情况下，产出也随着生产函数向左移动，从 Y_* 移动到 Y_1，其中（Y_*-Y_1）即由于供给量受到抑制而产生的产出损失。

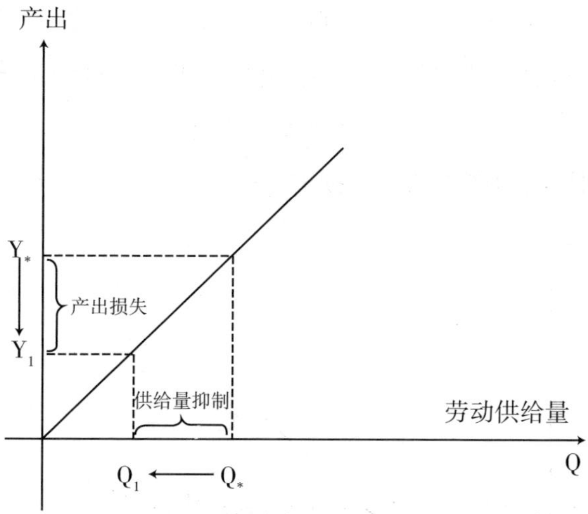

图 5-1　供给量受到抑制情况下的产出变化

2. 情景 2-2

当劳动供给效率受到抑制，如用工方式、管理方式、激励机制降低劳动积极性或降低劳动单位时间的产出水平等，则此时的产出 Y_2 会低于情景 1 产出水平 Y_*。

$$\Delta Y_2=Y_*-Y_2$$

其中 ΔY_2 为由于劳动供给效率受到抑制情况下产生的产出损失。

如图 5-2 所示，当不存在劳动供给效率抑制的情况下，Q_* 单位的劳动供给可以创造 Y_* 单位的劳动有效产出，即均衡点为（Q_*,Y_*）。当存在供给效率抑制的情况，E_* 降为 E_1，即在 Q_* 单位的劳动供给对应的供给效率降低，产出减少。比如，由于组织管理方式使得劳动积极性降低，劳动供给效率受到抑制，劳动的单位产出会随之降低，劳动生产函数变得更为平缓。生产函数的斜率降低，在供给量、供给质量和供给成本不变的情况下，产出从 Y_* 下降到 Y_2，其中（Y_*-Y_2）即由于供给效率受到抑制而产生的产出损失。

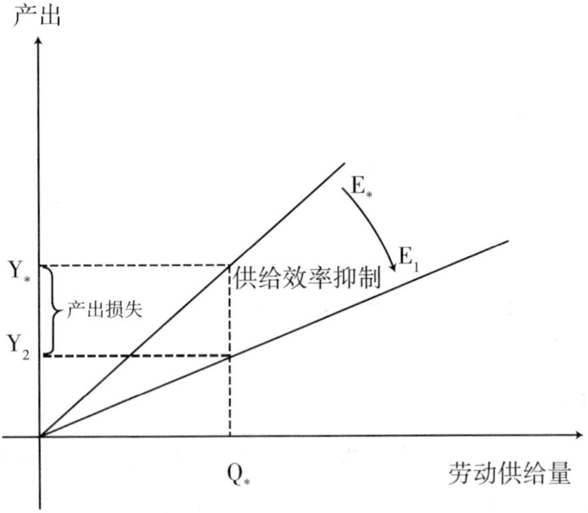

图 5-2　供给效率受到抑制情况下的产出变化

3. 情景 2–3

这里讨论的供给成本抑制主要是指工资制度、人口流动政策等，导致的劳动供给成本向下调整时缺乏弹性，在不考虑劳动与其他要素投入的替代关系的情况下，供给成本的提高会带来两种情况，一种是在同样的工资支出下，雇用的工人减少；一种是在压缩企业的利润，无论劳动投入量的降低，还是企业利润的降低，从长期来看，随着劳动供给成本的不断提高，都会影响总产出。此时的产出 Y_3 会低于情景 1 产出水平 Y_*。

$$\Delta Y_3 = Y_* - Y_3$$

其中 ΔY_3 为由于劳动供给成本受到抑制情况下产生的产出损失。

如图 5–3 所示，当不存在劳动供给成本抑制的情况下，厂

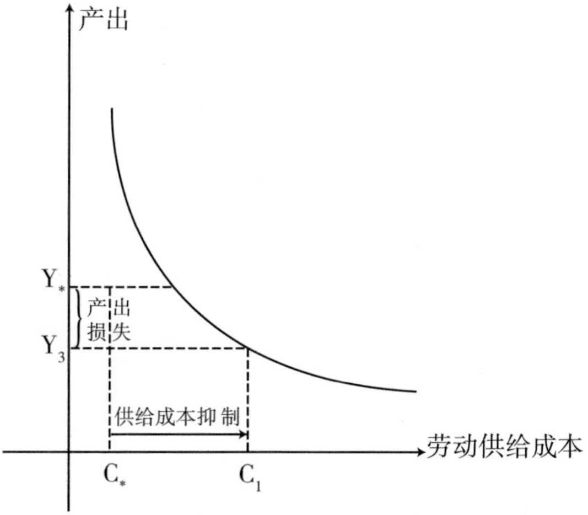

图 5–3　供给成本受到抑制情况下的产出变化

商的劳动供给成本为 C_*，对应的产出为 Y_*，当存在劳动供给成本抑制的情况下，劳动的供给成本提高，从 C_* 提高到 C_1，进而导致产出从 Y_* 下降到 Y_3，其中（Y_*-Y_3）即由于供给成本受到抑制而产生的产出损失。

可见，当劳动供给量、劳动供给效率、劳动供给成本任一供给条件受到供给抑制的情况下，都有可能造成产出损失，进而打破经济均衡状态，不利于经济长期可持续性增长。

第二节　土地与资源的供给抑制

土地与资源，同人口与劳动一样，是财富和经济增长的重要源泉。但当土地所有权不明晰、土地的用途被人为划分和界定、土地的流转方式被限制等情况存在时，土地的供给量、供给效率和供给成本可能会受到抑制，进而影响产出，降低经济增长潜力。

一、土地与资源供给的三要素分析

（一）土地与资源的供给量

土地和资源的供给量一方面受到自然禀赋的影响，另一方面也受到土地利用和资源开采制度、产权、使用权等的影响。随着工业化、城镇化的发展，土地的供给特征不再是简单根据土壤的肥沃程度来判断土地的供给，用途被划分为农业用地、商业用地、住宅用地、工业用地，等等。

在中国，用地供应在某些阶段也被用作宏观调控的工具之一，与产业政策、区域发展、投资等密切相关。比如 2004

年，为应对中国经济过热，国土资源部对土地市场进行全面治理和整顿，严格把控土地供应的“闸门”。通过严格控制新增建设用地、严格执行土地利用规划和计划，落实最严格的耕地保护制度，征地管理实行必须充分征求农民意见、必须安置费足额补偿到位才能动工用地等要求。对于当时不符合国家产业政策和市场准入条件的钢铁、水泥、电解铝等项目，停止审批，并建立土地市场动态监测季报制度。通过控制土地审批达到“紧缩”的调控效果。2004 年核减各类开发区 4813 个，约占总数的 70%，压缩规划面积 249 万公顷，占全部开发区规划面积的 65%。①

有时候，过快审批土地又成为阶段性“扩张”政策的工具。比如 2009 年，中国为落实应对国际金融危机的“一揽子”计划和相关政策措施，采取“双保行动”，即保经济增长，保耕地红线。同时建立快速审批通道，加快用地预审，调整工业用地政策，保证扩内需重点建设项目及时落地，当年全国预审、批准、供应建设用地同比增速均在 40% 以上。

（二）土地与资源的供给结构与效率

产权不明晰、审批环节过多、土地流动效率低都会影响土地与资源的供给效率。比如中国的土地供给相对充足，但因为农村土地承包方式过多，城市和农村之间的城乡接合部

① 李亚杰、杨金志:《全国各类开发区核减 4813 个，占原总数 70.1%》，新华社，2005-03-23.

产权不明晰等原因，2000年以来，中国土地、地租、资源的价格成倍上涨，导致很多企业的利润受到挤压，大量有效供给退出。与土地产权相关的矿山也是一样，各种矿产资源的产权关系是否明确，矿产交易市场发育是否完善，直接影响了资源的供给效率。

此外，由于国有建设用地与农村集体建设用地不同的所有权制度和用途，产生了不同的交易规则，当这种交易规则能够满足土地要素的合理流动时，就有利于提高土地的供给效率，反之当这种长期割裂的交易市场或审批制度，使得要素的流动性降低的时候，就会造成供给效率的降低。

（三）土地与资源的供给成本

土地与资源的供给成本与其本身存量有限且不可再生性密切相关。目前全球已探明的石油储量为11376亿桶；世界铜储量4.75亿吨；铁矿石储量为1600亿吨，储量基础为3700亿吨；铁金属储量为800亿吨，储量基础为1800亿吨[①]。21世纪伊始，由于中国等国家工业化和城市化进程加速，上述“硬资源”不同程度地出现了紧缺状况，价格都成倍上涨。而在越繁华的都市，土地资源越稀缺，土地的供给成本越贵。

从广义上讲，土地的自然供给量是固定不变的，但这并不代表土地的供给曲线一定是垂直的。当土地只有一种生产性用途，而没有自用需求时，土地的供给曲线是垂直的；而

① 滕泰．软财富［M］．北京时代华文书局，2014：第9页。

当土地的用途拓展到建设用地、工业用地等时，土地的供给曲线将向右上方倾斜。土地与资源的制度也会造成供给成本的变动。土地供给具有两大特殊性：一是建设用地具有短期“黏性”，一旦土地被占用，很难在短期内从现有用途转为其他用途；二是土地的租金受到土地利用方式的影响。土地的不同供给方式和相关税费使得土地的供给曲线出现弯曲，用地方式不合理或税费过高，都会导致供给曲线越陡峭，其成本越高。

比如，当建设用地进行收储或招标拍卖的过程中，如果收益由地方政府、开发商、农民三方共同分享，但各方分享收益、谈判机制等没有明确标准时，会推高土地的供给成本。政府参与收益分享，无法以独立管理人的身份进行利益监督，农民没有规范的补偿机制，使得权利和利益难以有效均衡，同时开发商在城镇化过程中获取超额的商业收益，这三方都可能会造成用地成本的上升。另外，当土地的有偿使用制度不完善时，土地供给的市场化配置不足或过度市场化，都会加剧土地的稀缺性，导致征地拆迁的成本过高，建设用地结构性不足，进而提高实体经济企业的用地成本。比如中国在城镇化的过程中产生土地价格上涨的巨大利益，在政府与集体、个人的复杂博弈中被瓜分，还留下无数“城中村”、小产权房之类无法拆除的“肿瘤”。地价的上涨对于工业用地、商业用地的供给成本也会起到带动作用，进而使得企业的用地成本上升。此外，耕地占用补偿费、新增建设用地有偿使用费等行政事业性收费也会加大用地成本。

从发达国家来看，日本、美国、加拿大通过“土地使用分区管制”的形式，英国采用“土地规划许可制”，而法国和韩国采用“建设开发许可制”，其管制的目标是一致的，引导土地的合理开发和利用，促进经济、环境的可持续发展。譬如在德国，土地分区管制的权力在地方政府，市镇负责具体实施；在美国，一般土地的规划权属于州政府，联邦政府不参与地方政府的规划和土地管理，州土地利用规划作为政策指导性文件，为下级政府详细的规划和实施文件提供政策指导，同时在土地利用规划中让专家学者、公众共同参与；在日本，实行了先分区、后规划的制度。将城市使用规划分为地域划分、分区制度和街区规划三个层面，分别进行发展规划和使用管制，同时对于私有产权采取街区地界重新划分、产权置换、强制征地等三种方式进行公共干预，完成城市开发项目。美国、日本等国家相对合理的土地供应方式，使得用地成本维持在一个相对合理的市场化价格水平。

二、土地与资源存在供给抑制时对产出的影响

土地用途的划分和土地制度管理使得土地供应可以跨时间和跨用途进行调节，不同国家对于土地用途划分的标准和管理手段不相同。将土地与资源的供给对产出的影响因素进行分析，可以分为不存在供给抑制的正常市场环境下产出模型和存在供给抑制下产出模型两种情景。

（一）情景 1：不存在供给抑制情况下的土地与资源产出模型

土地与资源的供给量、供给效率与结构、供给成本作为土地与资源市场的重要影响因素，当不存在供给抑制的条件下，土地的供给能够在市场的作用下，处于一个正常的产出状态。

$$Y_* = F（Q，E，C）$$

（其中，Y_* 表示正常土地与资源产出水平，Q 表示土地与资源的供给量，E 表示土地与资源的供给效率，C 表示土地与资源的供给成本）

一般情况下，土地与资源的供给量和供给效率与产出总量呈现正相关关系，即供给量越多、供给效率越高对应的总产出越大。而供给成本与产出总量呈现负相关关系，在市场均衡条件下，当供给成本提高时，在原有价格水平和产品供给量的情况下，企业利润率降低，产出降低。

（二）情景 2：当存在供给抑制情况下的土地与资源产出模型

1. 情景 2–1

当土地与资源的供给量受到抑制情况下，如土地制度不合理、土地供给审批严格、资源开发审批严格等，使得供给量从 Q_* 下降到 Q_1，进而使得对应的产出降低，即

$$\Delta Y_1 = Y_* - Y_1$$

其中 ΔY_1 为由于土地与资源供给量受到抑制产生的产出损失。

当不存在供给量抑制的情况下，厂商的需求量为 Q_*，对应的产出为 Y_*，如图 5–4 所示，当存在供给量抑制的情况下，土地或资源的供给量低于厂商的最优需求量，这时土地或资源的使用沿生产函数向左移动，从 Q_* 移动到 Q_1，其中（$Q_* - Q_1$）即为供给抑制导致的土地或资源供给减少的规模，同样，随着土地或资源投入量的减少，产出也随着生产函数向左移动，从 Y_* 移动到 Y_1，其中（$Y_* - Y_1$）即由于供给量受到抑制而产生的产出损失。

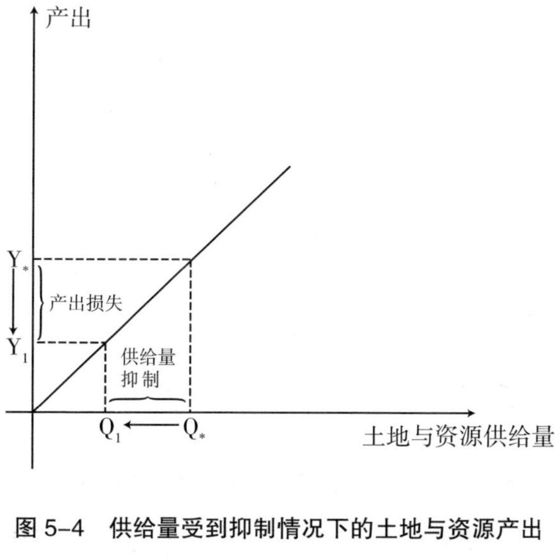

图 5–4 供给量受到抑制情况下的土地与资源产出

2. 情景 2–2

当土地与资源供给效率和供给结构受到抑制，如产权不明晰、土地流动效率低等，则供给效率从 E_* 下降为 E_1，Y_2 随着供给效率的降低或供给结构的扭曲而降低，进而造成产出损失：

$$\Delta Y_2 = Y_* - Y_2$$

其中 ΔY_2 为由于供给效率受到抑制情况下的产出损失。

当不存在土地与资源供给效率抑制的情况下，对于一定的土地供给量 Q_*，单位的供给可以创造 Y_* 单位的有效产出，即均衡点为（Q_*, Y_*）。当存在供给效率抑制的情况，Q_* 单位的供给少创造 ΔY_2 单位的有效产出。如图 5–5 所示，生产函数的斜率降低，产出从 Y_* 下降到 Y_2，其中（Y_*-Y_2）即由于供给效率受到抑制后的产出损失。

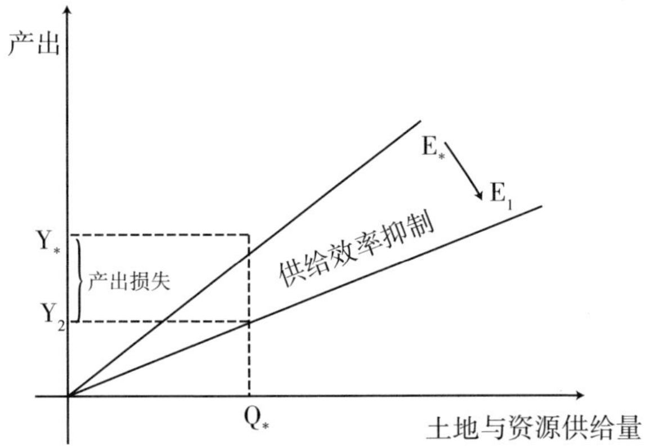

图 5–5　供给效率受到抑制情况下的土地与资源产出

3. 情景 2–3

土地与资源的供给成本，受到土地的可利用数量、土地供应制度等多方面的影响。土地在流转的过程中，当由于有偿使用制度、土地招标拍卖制度等受到抑制时，会导致土地与资源供给成本上升，从 C_* 提升到 C_3，进而形成供给抑制，导致总产出下降：

$$\Delta Y_3 = Y_* - Y_3$$

其中 ΔY_3 为由于供给成本受到抑制情况下产生的产出损失。

当不存在供给成本抑制的情况下，企业的供给成本为 C_*，对应的产出为 Y_*，如图 5–6 所示，当存在供给成本抑制的情况下，供给成本从 C_* 提高到 C_3，企业总产出随着生产函数向下移动，从 Y_* 移动到 Y_3，其中（Y_*-Y_3）即是由于供给成本上升而产生的产出损失。

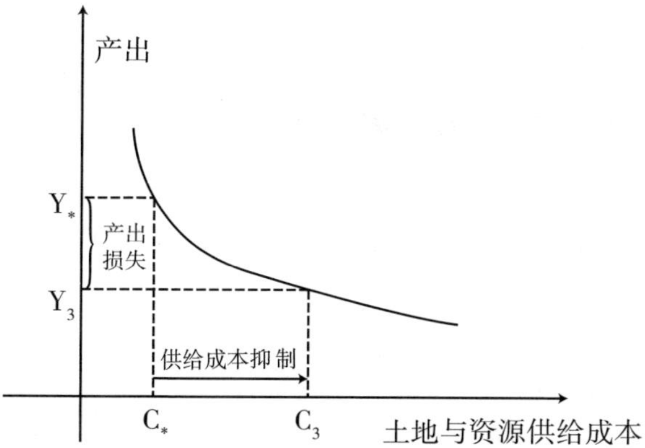

图 5–6　供给成本受到抑制情况下的土地与资源产出

总之，土地与资源受到供给抑制的情况下，会导致土地与资源的有效供给量不能满足经济发展的需求，土地与资源的利用效率降低，抬高可利用的土地与资源的供给成本，降低企业的投资回报率，进而抑制总产出。

第三节　金融与资本的供给抑制

金融制度、金融机构和金融市场存在的价值在于在储蓄者和企业之间用最优的成本架起一座桥梁。当受到金融抑制时，资本的供给量会降低，供给成本就会提高，供给效率也会降低。

一、资本供给的三要素分析

资本的供给分为资本的供给量、资本的供给结构与供给效率、供给成本三个方面进行分析。

（一）资本的供给量

从资本的供给量来看，可变性比劳动和土地要强，个人可以在不影响其他人资金拥有量的情况下，增加自己的资金储蓄。比如放弃当前的商品购买或投入，而单纯以货币形式储存起来，也可以通过乘数效应被经济活动创造出来，因此资本的供给曲线相对于土地的弹性更大。

给定市场一个利率，消费者会产生一个储蓄决策，进而产生可贷资金，这种储蓄的决策一方面受到利率的影响，另一方面也受到不同国家传统观念的影响。如对比中国和美国的储蓄和消费习惯可以发现，美国的储蓄率远低于中国。2015 年底美国全国净储蓄率为 2.6%，而中国为 44%。

在不考虑传统观念影响的情况下，人们的储蓄受到利率水平和未来消费预期的双重影响，当利率上升时，人们的储蓄意愿随之增强，资金供给增加，但同时也受到人们对于未来消费预期的影响，会产生一个最优储蓄量，当达到最优储蓄量之后，利率的上升带来的财富增加效应，可能对于人们当期储蓄意愿产生负效应。

资本的供给量在不同时代的影响因素也不相同。在金银时代，更多地取决于自然资源和原始积累，如早期殖民时代的秘鲁、巴西先后发现银矿、金矿，极大地支持了西班牙和葡萄牙等国的经济繁荣。英国在印度、中国垄断贸易中获取的黄金、白银，以及在南非发现金矿后的巨大黄金掠夺对于维持其英镑黄金标准的国际金融体系发挥了重要作用。美国在加利福尼亚等地的金矿是其资本原始积累的重要组成部分。日本在甲午战争中从中国得到的巨额白银赔款则直接帮助其完成了向金本位制的转换。

在纸币时代，资本的供给量受到一国货币政策、货币创造能力、资本市场涨跌、民间信用创造等因素的影响。中央银行通过发行钞票、向商业银行再贷款扩大基础货币的发行等方式来创造金融供给。商业银行也能够以资本金或吸收的存款为基础扩张信贷。

假设法定存款准备金率是10%，也就是说，商业银行必须把10%的存款依法存在中央银行以保证其信用，那么中央银行每投放10元钱的货币，商业银行体系就能够创造出100元钱的贷款——第一家取得这10元钱的银行，可以把1元存在中央银行，创造出9元的信贷货币；取得9元贷款的人把它支付给其他人，其他人又会把得到的9元钱存在商业银行，然后商业银行又可以创造出8.1元的信贷……如此循环最终10元钱的货币投放可以创造出$10+10\times(1-10\%)+10\times(1-10\%)^2+10\times(1-10\%)^3$元的信贷货币。

商业银行的信贷货币创造能力虽然取决于央行投放的基础货币，以及法定存款准备金率，但是商业银行体系创造的信贷货币总额远远大于中央银行的货币投放。

商业银行在进行金融供给的时候受到“货币乘数”（在10%的存款准备金下是10倍）的限制。但央行发钞和商业银行新增信贷已经不是流通中货币的唯一来源，信用创造的形式变得多种多样。票据、债券、保险产品、信托产品、基金及其他理财产品都成为金融机构创造货币的方式；海外金融机构发放的贷款、通过FDI/QDII甚至各种非法渠道流入的外币，也构成了经济体中的货币供给；资本市场和资产市场的涨跌也是货币创造或消灭的重要方式，甚至很多商业企业所发放的购物券、购物卡、网上信用货币等也成为货币供给的新方式。资本市场进行金融供给时，如股票的发行、债券的发行一般不受中央银行控制，而是取决于发行企业和承销的投资银行机构的信用，以及资本市场的扩张与收缩。

在股票、债券的发行过程中，金融市场吸纳了大量货币，从而减少了实体经济中流通的货币，整个国家的金融供给量不会因此发生变化。但是接下来，资本市场的涨跌也是影响一个国家货币扩张或者收缩的重要因素之一。在繁荣的牛市中，即便中央银行不增加货币投放，流通中的金融供给量也会自行扩张；而在不断下跌的熊市中，一个国家的金融供给量会自行收缩。

（二）资本的供给结构与供给效率

资本供给效率的衡量指标主要是企业获得股权和债券资金的可得性及获取效率。这受到金融和资本供给结构的影响。比如，当太多资本流向供给老化的行业，就会造成供给效率的下降，进而影响整体经济的发展。货币流向具有非均衡的特点，动态来看，广义货币供给增加时，资本市场和资产市场的货币净流入也同时增加，就像“大河有水小河满”；广义货币供给减少时，资本市场和资产市场的货币净流入同时减少，就像“大河无水小河干”。跨市场来看，影响各个市场货币净流动的除了总量因素之外，还有结构性因素。可见，新增广义货币供给在不同市场之间的分布是非均衡的，一定程度上表现出此消彼长的态势。因此，对一些没有市场前景、高耗能、高污染或者产能严重过剩的供给老化企业提供无效支持，会导致对创新型新供给企业产生明显的挤出效应，进而导致对于新供给产业的金融支持力度不足。再比如，金融供给短期化，中长期金融支持较少，进而不利于有长期金融需求的新供给形成和扩张。

（三）资本的供给成本

资本的供给成本受到一个国家货币政策、可供使用的资本量、企业性质、金融市场等因素影响。在全球金融市场不完善的情况下，即使是储蓄资源丰富的国家，也会出现利率居高不下的情况，例如中国拥有100多万亿元居民储蓄和3万多亿美元的外汇储备，但在中国“钱”却很贵。金融制度和金融市场不但没有在企业和储蓄者之间架起一座桥梁，反而在二者之间挖了一道深不见底的鸿沟。

一般情况下，大型国企贷款利率取决于基准利率，降息就会降低大型国企的融资成本。但是对于一般的中小企业，贷款利率取决于银行的资金成本和企业自身的风险溢价。银行的资金成本不变，风险溢价取决于企业的资质，不会因为一次降息而有显著变化。

比如，2013年6月中国爆发“钱荒”之后，国务院多次提及降低融资成本问题，央行也多次降准降息。但数据显示，虽然上海银行间同业拆借利率由2015年初的3.64%下降到1.79%，对于降低平均融资成本确实起到了一定的效果，但温州地区民间综合融资利率仅由19.75%降至18.18%。

二、金融抑制资本供给时的产出分析

受到金融抑制的情况下，会影响资本的流向、规模、效率和成本，进而影响总产出。

（一）情景 1：不存在资本供给抑制情况下的资本产出模型

资本的供给量、供给效率和供给成本作为金融与资本市场的资本供给特征，当不存在金融抑制的情况下，资本能够在金融机构和金融市场的作用下，在储蓄者与企业家之间以最优的成本完成有效配置。资本的产出为：

$$Y_{*}=F(Q, E, C)$$

（其中，Y_{*} 表示金融与资本产出水平，Q 表示资本的供给量，E 表示资本的供给效率，C 表示资本的供给成本）

一般情况下，资本的供给量、供给效率与产出总量呈现正相关关系，即供给量越多、供给效率越高对应的总产出越大。而供给成本与产出总量呈现负相关关系，在市场均衡条件下，当供给成本提高时，在原有价格水平和产品供给量的情况下，企业利润率降低，产出降低。

（二）情景 2：存在资本供给抑制情况下的产出变化

1. 情景 2–1

金融抑制会导致资本的供给量与实体经济的发展不相适应，如基础货币投放不足、金融市场的货币创造功能不健全等，使得供给量从 Q_{*} 下降到 Q_1，进而使得对应的产出降低，即：

$$\Delta Y_1=Y_{*}-Y_1$$

其中 ΔY_1 为金融抑制资本供给量而产生的产出损失。

当不存在金融抑制的情况下，资本的供给量为 Q_*，对应的产出为 Y_*，如图 5-7 所示，当存在金融抑制的情况下，资本的供给量降低，这时资金的使用量沿生产函数向左移动，从 Q_* 移动到 Q_1，其中（Q_*-Q_1）即为金融抑制导致的资本供给减少的规模，同样，随着资金投入量的减少，产出也随着生产函数向左移动，从 Y_* 移动到 Y_1，其中（Y_*-Y_1）即由于金融抑制导致资本规模降低，而造成产出损失。

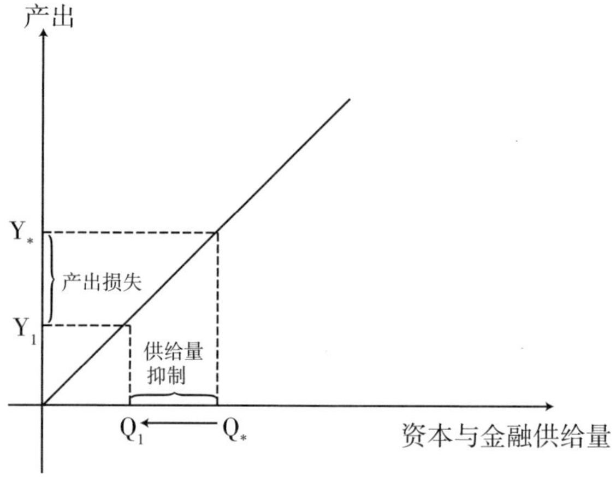

图 5-7　金融抑制影响资本规模的产出变化

2. 情景 2-2

金融抑制也会影响资本的供给效率，如信贷传导机制滞后或受阻、对于互联网等新技术的应用不足、产品和服务滞后等，则供给效率从 E_* 下降为 E_1，Y_* 随着供给效率的降低或供给结构的扭曲而降低，进而造成产出损失：

$$\Delta Y_2 = Y_* - Y_2$$

其中 ΔY_2 为由于供给效率受到抑制情况下的产出损失。

当不存在金融抑制情况下，Q_* 单位的供给可以创造 Y_* 单位的有效产出，即均衡点为（Q_*，Y_*）。当资本供给效率降低的情况下，Q_* 单位的供给少创造 ΔY_2 单位的有效产出。如图 5–8 所示，生产函数的斜率降低，产出从 Y_* 下降到 Y_2，其中（Y_*-Y_2）即是由于供给效率受到抑制后的产出损失。

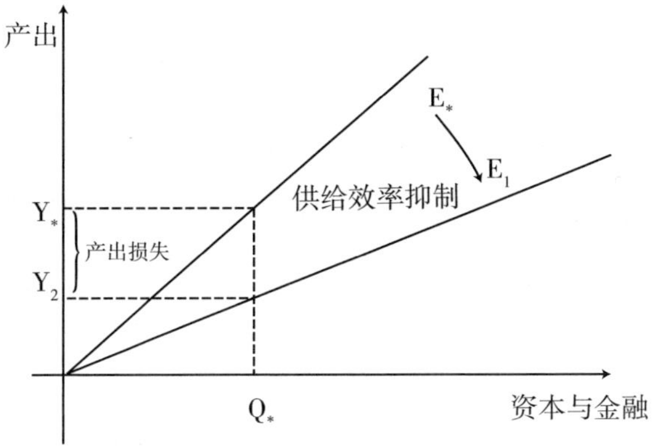

图 5–8　金融抑制影响资本供给效率时的产出变化

当一个国家的新供给扩张或结构升级时，其金融供给如果不能与实体经济同步发展时，不仅会带来有效供给量的问题，也会造成金融供给效率的降低。当老供给面临转型升级，其对于并购重组的金融需求会相应增加，当金融供给不能提供必要的并购融资支持，产出就会受到抑制。

当新产品、新技术、新商业模式或管理模式等新供给不断涌现时，在金融机构的老的信贷政策和信贷标准下，“老金融”不能对接新供给，会造成整个金融体系的低效。

当金融的转型跟不上产业升级节奏，进而造成资金在金融体系中过度循环或传导摩擦力过大，即使最终资金能够流入企业，但不能及时满足企业的资金需求。此时，如果对新兴的金融业态过度监管，会进一步加剧这一问题。譬如对于互联网支付、众筹股权融资等互联网金融平台进行“一刀切”式监管，会导致合法合规的金融服务路径被切断，进而降低金融服务的可获得性，降低金融服务的效率。

3. 情景 2–3

当存在金融抑制的情况下，如资本供给量不足、资本供给结构扭曲等都会抬高资本供给成本，假设从 C_* 提升到 C_1，进而形成供给抑制，导致总产出下降：

$$\Delta Y_3 = Y_* - Y_3$$

其中 ΔY_3 为由于资本供给成本升高产生的产出损失。

当不存在金融抑制的情况下，企业的供给成本为 C_*，对应的产出为 Y_*，如图 5–9 所示，在存在供给成本抑制的情况下，当资金的使用成本大于资产的投资回报时，企业会减少总产出，即随着生产函数向下移动，从 Y_* 移动到 Y_3，其中（Y_*-Y_3）即是由于供给成本上升而产生的产出损失。

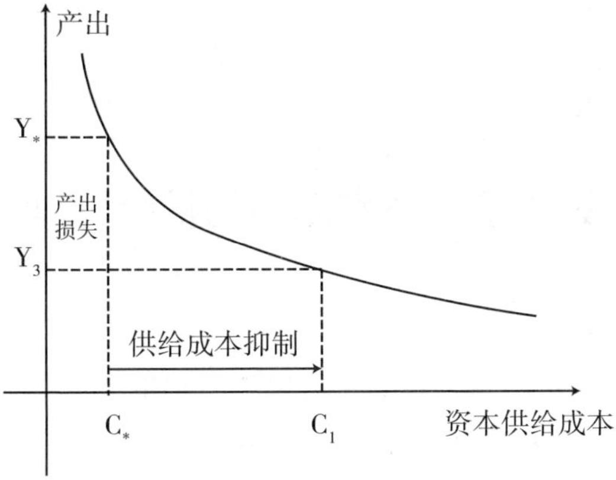

图 5–9　金融抑制影响资本供给成本时的产出模型

以中国为例，中国是全世界资本最多的国家，截至 2016 年 7 月有 3.2 万亿美元的外汇储备，居民、企业加上政府的储蓄 2016 年 7 月高达 140 多万亿元。按照一般的商品供求理论，供给越多价格就应该越便宜。中国作为一个储蓄大国和外汇储备大国，应该有较为廉价的资本价格，可是由于金融和资本供给抑制，中国企业的实际融资成本要远远高于欧美发达国家。

第四节　技术创新的供给抑制

生产技术的改进与革新，可以作用到生产工具、自然环境或是劳动者本身，实现生产率的提升。技术创新本身是新供给形成和扩张的主要动力，如果技术创新受到抑制，那将是一国经济最大的损失。

一、技术创新的三个要素

推动技术创新可以从三个层次着手：教育与研发投入、科技与创新成果、技术创新的转化比率。

（一）教育与研发投入

教育和科研体制是一个国家长期创新能力的重要基础。比如英国的基础理论研究领先，但是技术开发投入较少，因此造成科研与产业的脱节。日本善于模仿，科研经费都投入应用和开发研究方面，所以短期有利于某些产业的发展。

研发（R&D）经费投入一方面反映了对于科研的投入水平，另一方面也反映了经济结构调整的方向和驱动因素。美国、日本、法国等二十多个人均 GDP 大于 1.7 万美元的国家，共同特征之一是 R&D 经费投入占 GDP 比例长期保持在 2.0% 以上。[①]

企业的研发人员占全社会总研发人员的比重，反映了一个国家企业的创新活跃度和创新能力。根据《国家创新指数报告 2014》的统计，美国、德国、日本、韩国在创新五项一级指标中均有三项都排名前十位，其中日本在五项一级指标上均排名前十位。

（二）科技与创新成果供给量

从技术的供给量上，国际科技论文（SCI 论文）、发明专利申请授权是重要指标，国际科技论文是技术创新的学术和理论基础。根据《国家创新指数报告 2014》，2013 年美国 SCI 论文数量为 38.2 万篇，占全球总量的 27%，中国为 21.3 万篇，仅次于美国居全球第二位，中国、韩国、印度、巴西等新兴国家增速明显快于发达国家。[②]

从专利申请量和授权量来看，全球国内发明专利申请量和授权量主要集中在美国、日本、中国和韩国，占全球总量的 89% 以上。其中，中国 2000 年以来，发明专利申请和授权的增量分别占全球的 86.2% 和 35.8%，年均增速为 29.2% 和 27.4%。日本虽然发明专利申请量逐年下降，但发明授权量呈

① 国家创新指数报告 2014［R］. 科学技术文献出版社，2015：第 9 页。

② 国家创新指数报告 2014［R］. 科学技术文献出版社，2015：第 5 页。

现增长趋势，2013 年占全球 33.7%。[①]

企业创新是技术创新的重要方面，也是将技术成果转化为产业直接经济效益的重要途径。要实现产业从低端的复制性供给模式向高附加值的创造性供给模式转变，需要充分发挥企业家精神，从而实现技术、产品和业务模式的创新。在软价值时代，企业的核心竞争力不再是仅仅依靠劳动、资源和资本的投入，而是依靠技术创新附加更多的软价值，进而提升企业的软实力。

教育科研与产业的融合程度也会影响科技创新对于产业发展的推动作用。从产学合作论文的数量和比例来看，美国产业界与学术界的合作论文产出规模最大，远高于其他国家。中国论文总量较大，但产学合作论文仅占总论文量的 1.1%，远低于美国、德国、日本。

（三）技术创新的转化比率

科技与创新成果是否能够向产业和市场转化，最终产生商业价值是促进新供给形成与扩张的关键。创新可以是局部的替换，也可以是整体结构的深化，或者是原有技术的组合，进而优化劳动、资本、土地、技术和制度的要素配置，通过提高生产效率，提升产品质量，增加产品的附加值。

抗生素被认为是 20 世纪人类最重要的发现之一。英国细菌学家亚历山大·弗莱明（Alexander Fleming）发现一种霉菌（青霉素孢子）中的某种物质可以抑制葡萄球菌的生长，随即

① 国家创新指数报告 2014［R］. 科学技术文献出版社，2015：第 7 页。

将其应用到医学领域，治疗感染。但实际上弗莱明并不是第一个注意到这个反应的人，物理学家约翰·廷德尔在 1876 年就曾经发现这个原理，但是却没有预见到它的医疗用途[①]。从技术到实践应用的转化是实现创新的一个重要步骤，所以创新的本质在于发现并应用一个合适的可行性解决方案或工作原理来解决一个新的问题。科技与创新成果只有应用于生产实践，才能发挥其使用价值，进而使企业和公众从科技运用中获益。

科技与创新成果的转化不仅受到创新本身质量和效率的影响，也受到技术创新体制的影响，如国家战略定位、技术成果转化的激励机制、企业采用新技术的成本和收益比、产权保护力度、政府对于处于新供给形成阶段的技术成果转化企业的融资支持、税收优惠等。

在科技创新成果向实际应用转化过程中，企业是否采用新的技术，受到企业文化、资产投入的大小等多方面的影响。当原有固定成本投入过高、新的技术需要的要素投入过大，企业制度过于僵化、企业家缺乏变革的信心或动力等情况下，企业都会倾向于采取旧的技术进行生产，进而导致技术转化的延迟。比如一个企业的文化是相对保守、偏于稳定和惯性的，管理模式僵化，没有建立鼓励思维创新的决策模式，可能会产生对现有决策模式的依赖，难以适应新的环境变化，进而阻碍企业的战略调整或技术创新。

---

① 布莱恩·阿瑟．技术的本质［M］．浙江人民出版社，2014：第 133 页。

二、技术对产出的影响

技术对于厂商的贡献路径一般有三类。一是改变现有的投入产出比例，在产出一定的情况下减少投入。如图 5–10。

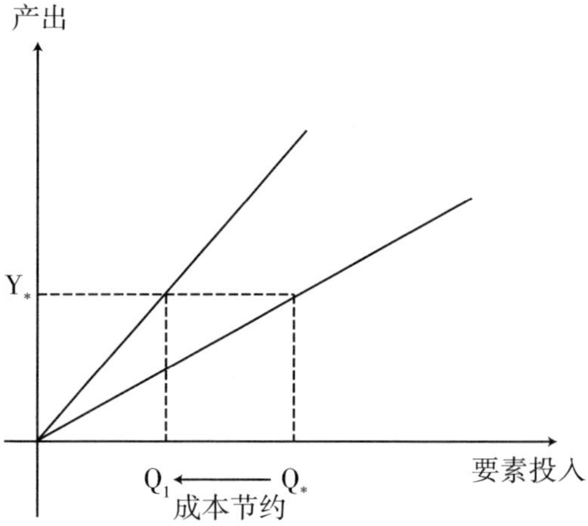

图 5–10　技术创新带来的成本节约

二是优化要素投入组合结构，在要素投入不变的情况下增加产出。如图 5–11。

对于前两种属于通过优化组合或技术，提高现有要素的生产率，对于存量产品的投入要素创新，技术的产业价值在于从要素的配置和产出效率上达到了最优和均衡状态，此时技术的供给曲线体现为原有生产函数斜率的变化。

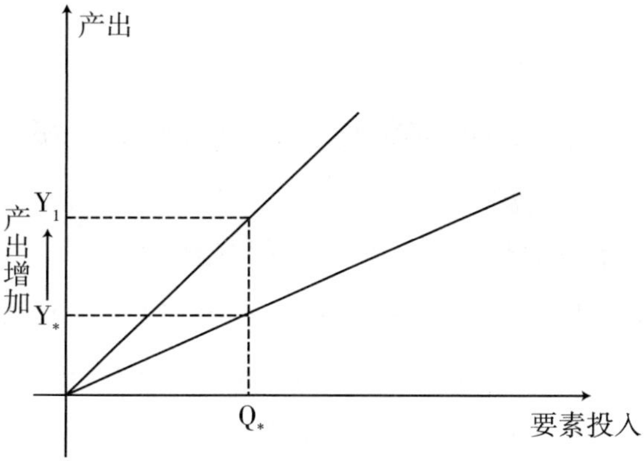

图 5–11　技术创新带来的产出增加

三是利用新的元素或原理，创造出新的产品或服务。技术创新的价值体现在增量产品的创新，增量的产出创造增量的需求，此时技术的供给曲线体现为原有生产函数的叠加。如图 5–12。

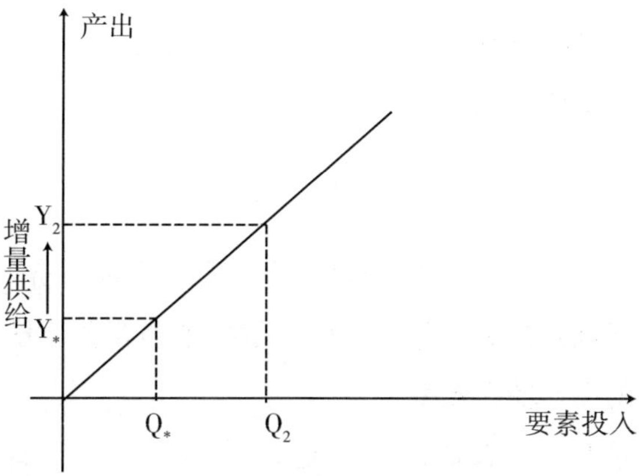

图 5–12　技术创新的投入带来的增量供给

三、技术创新存在供给抑制时的情景分析

由于技术对于产出的影响更多地体现在对于其他生产要素效率的优化、成本的节约或产出的叠加上，主要表现为经济长期增长潜力的提升，因此这里分析技术创新存在抑制的时候，不再分析对于短期总产出的变化，而是分析对于长期经济增长潜力的影响。

（一）情景1：不存在供给抑制情况下的技术创新供给对长期经济增长潜力的影响

教育和研发投入、科技创新成果供给量、技术转化率作为技术创新的三个影响因素，当教育对于创新人才的培养起到积极作用，专利申请资助政策对于科研成果有很好的促进作用，同时科研成果能够有效地转化为产业实现，此时不存在供给抑制，经济的长期增长潜力为：

$$G_{*}=F(H, Q, E)$$

（其中，G_{*} 表示不存在技术创新抑制下长期经济增长潜力，H 表示技术创新的人才培养，Q 表示技术创新供给量，E 表示技术创新的产业转化效率）

一般情况下，教育和研发投入、科技与创新成果供给量和技术转化率与长期经济增长率呈现正相关关系，即教育体制优

化、科研成果供给量越高、技术转化效率越高对应的长期经济增长潜力越大。

（二）情景 2：技术创新存在供给抑制情况下

1. 情景 2–1

当技术创新的教育或知识获取方式受到抑制的情况下，如没有形成创新型的科教体制，即教育与研发投入，从 H_* 降低到 H_1，进而降低经济的长期增长潜力。在劳动、资本、资源和制度都不变的前提下，当创新潜力低于情境 1 时，对应的经济长期增长潜力也降低，从 G_* 降低到 G_1：

$$\Delta G_1 = G_* - G_1$$

ΔG_1 为由于资本投入或教育受到抑制造成的经济增长潜力下降幅度。

当不存在研发投入和教育供给抑制的情况下，经济的长期增长潜力为 G_*，如图 5–13 所示，当存在教育或必要研发投入抑制的情况下，横轴从 H_* 移动到 H_1，对应的经济长期增长潜力从 G_* 移动到 G_1，其中（$G_* - G_1$）即由于研发投入和教育供给抑制而造成的长期经济增长潜力的下降幅度。

由于对教育和研发投入产生长期经济增长潜力的下降，与劳动、资本和资源受抑制产生的产出损失不同，不是体现在当期总产出的下降，而是与创新产业或国家的可比长期增长速度上，因此对企业、产业或国家的影响滞后。比如很多科研机构白白耗费了大量财政资源，却缺少真正有市场价值的创新技术；同样，中国当前的教育体制每年都消耗巨大的财政资源，家庭教育支出却未减少，质量也低于预期，教育投入模式也值得反思。

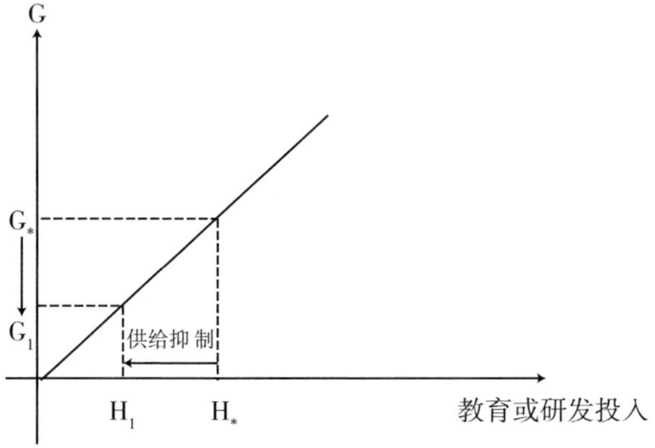

图 5–13　教育和研发投入受到抑制对长期经济增长潜力的影响

2. 情景 2–2

当技术创新的供给量受到抑制，如科技论文（SCI 论文）、专利的申请和授权量少、专利资助政策不合理等，使得从 Q_* 降低到 Q_1，也会使得经济的长期增长潜力从 G_* 降低到 G_2：

$$\Delta G_2 = G_* - G_2$$

ΔG_2 为由于供给量受到抑制造成的经济增长潜力下降幅度。

当不存在科技与创新成果供给抑制的情况下，技术成果的供给量为 Q_*，对应经济长期增长潜力为 G_*，如图 5–14 所示，当存在供给量的情况下，供给量从 Q_* 减少到 Q_1，对应的经济长期增长潜力从 G_* 下降到 G_2，其中（G_*-G_1）即由于技术供给量受到抑制而造成的长期经济增长潜力的下降幅度。

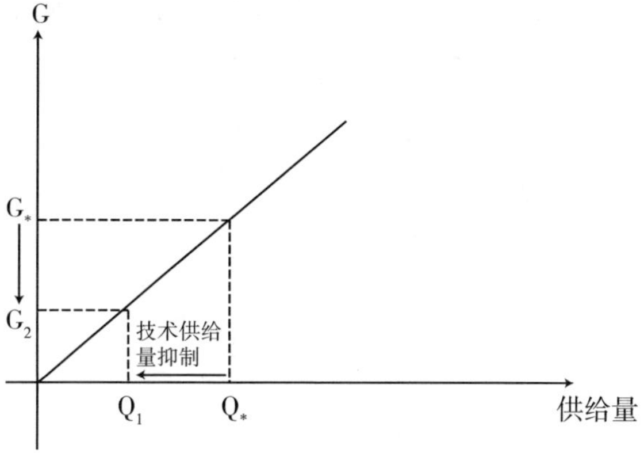

图 5-14　科技与创新成果供给量受到抑制对长期经济增长潜力的影响

与情境 2-1 类似，科技与创新成果供给量的多少一般不会对现有产出产生负面影响，而是降低未来的总产出。

3. 情景 2-3

当技术创新的转化效率受到抑制时，如专利权得不到保护、研究与企业实践脱节、技术成果转化的激励不到位等，使得从 E_* 降低到 E_1，会使得经济的长期增长潜力从 G_* 降低到 G_3：

$$\Delta G_3 = G_* - G_3$$

ΔG_3 为由于技术创新的转化效率受到抑制情况下经济增长潜力下降幅度。

当不存在技术转化率情况下，Q_* 单位的技术成果对应的经济长期增长潜力为 G_*。如图 5-15 所示，当存在技术转化率抑制的情况下，Q_* 单位的技术成果，对应的经济长期增长潜力下降，从 G_* 下降到 G_3，其中（G_*-G_3）即由于技术转化率受到抑制而造成的长期经济增长潜力的下降幅度。

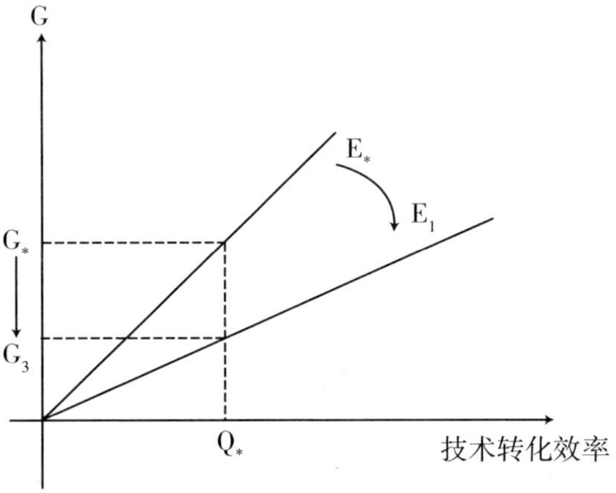

图 5–15　技术转化率受到抑制对长期经济增长潜力的影响

据中国国家科技部的研究，中国每年有部级以上的科技与创新成果 3 万多项，但能够应用到实际生产中产生规模效益的不足 15%。2013 年，中国国内发明专利授权量达到 14.4 万件，但转化率仅为 10% 左右。

第五节　制度与管理的供给抑制

与劳动、土地、资本不同，制度与管理对有效供给的影响或在于节约要素投入，或在于提高要素效率；而与技术的影响也不同的是，制度与管理对于经济的影响往往更为直接地表现为当期有效供给，而技术主要直接作用于经济增长潜力。

一、制度的效率

相同的要素条件，制度不同会对产出产生不同的影响。通过提高制度的效率，使同样的投入创造出更多的产出。以朝鲜和韩国为例，第二次世界大战之后，朝鲜和韩国，在土地、人口等经济发展的要素类似的情况下，由于选择了不同的经济制度，结果经济情况形成巨大差异。2011 年，韩国 GDP 为朝鲜的 90 倍，韩国的人均 GDP 为朝鲜的 45.6 倍[①]。

道格拉斯·诺斯对 1600 年至 1850 年间世界海洋运输业进

① 联合国网站：http://data.un.org/CountryProfile.aspx?crName=Rep-ublic%20of%20Korea.

行研究时也发现，虽然在此期间并未发生实质性的技术进步，但海洋运输业生产率大幅提高。诺斯研究后认为，生产率的提高应更多归功于海运抢劫的减少、市场的成熟与国际贸易的发展，即制度。①

又比如，中国20世纪80年代的经济体制改革所带来的巨大增长动力，其中最具代表性的是农村从人民公社到联产承包责任制的改革，在人口、土地资源和生产技术没有太大变化的情况下迅速提高了农业的产出，如联产承包责任制最初的应用地安徽省凤阳县，1978年产粮只有2.8亿斤，到1981年产粮达到6.4亿斤，1985年则上升到10亿斤。

同样的状况也出现在前苏联时期。前苏联的农业产量长期不足，的确有气候方面的原因。由于纬度高、气候寒冷，农作物产量较低。但是，在某些年份中，占前苏联耕地面积4%的农民“自留地”所生产的粮食居然占到了其农产品总量的25%，这些都是制度的效率影响。

二、制度与管理对有效供给的作用原理

劳动、资源、资本、技术等要素，只有在一定制度和管理下才能组合成财富。随着社会分工的不断细化，在生产过程中

---

① Sources and Productivity Change in Ocean Shipping, 1600–1850, Douglass C. North, Chicago Journals, Vol.76, No. 5, Sep–Oct.,1968.

单个生产要素往往难以单独发挥作用，各种生产要素的有效组合、配置方式的不断优化，要素之间的协调配合，有利于提高要素的使用效率，进而提高总产出。

制度与管理的有效性影响劳动、土地与资源、金融与资本、技术等配置。不同制度背景下，资源、劳动、技术、资本等要素的产出效率截然不同。当存在制度抑制的情况下，要素的供给效率就会降低，进而影响总产出。

产权制度能够影响到地球资源环境的投入和利用，教育科研文化体制能够影响科技发展与财富形态结构，金融制度影响资本市场的资源配置作用的发挥，生产组织方式决定了人口和劳动投入的效率。制度与管理对于总产出的影响，主要体现在提高其他供给要素的供给效率、降低供给成本，如调动劳动的积极性，提高土地的利用效率，引导资金向新供给形成和扩张产业转移，促进技术的创新与成果的转化，等等。

根据第三章提到的，人口与劳动、土地与资源、金融与资本、技术创新、制度与管理的生产函数可以表示为

$$Y=S\times A\times F(L, W, K)$$

为了更好地分析制度是如何优化资源的配置、协调参与主体的关系、在既定规则和框架下完成生产活动，最终实现经济效益，这里将生产函数假设为一个具体函数：

$$Y=S[dA(aL+bW+cK)]$$

其中：人口与劳动（L）、土地以及附着其上的资源（W）、

金融与资本（K）、技术创新（A）、制度与管理（S）；a、b、c、d 分别为在一定制度下劳动、土地、资本、技术的贡献率。

在不同制度下，劳动、土地、资本的贡献率 a、b、c、d 也不相同，这是制度对于各个要素生产效率的调节作用，而 S 代表了制度对于整个要素组合的配置作用，当整个资源配置方式能够达到协同效果时，S 大于 1；当这个资源配置方式产生了供给抑制时，S 小于 1。

从制度对于经济增长的影响来看，根据第三章关于“新供给剩余”的定义，新供给剩余 = 技术贡献 + 制度贡献，即：

产出增长 =（劳动份额 × 劳动增长）+（资本份额 × 资本增长）+（土地份额 × 土地增长）+ 新供给剩余

可见，劳动、资本和土地对于经济增长的带动作用，均受到其份额的影响，即边际带动作用小于 1，而制度对于经济增长具有直接的影响，其系数为 1，制度对于经济增长的带动作用更强。同样的，当制度与管理受到抑制的情况下，改变这种抑制对于产出的影响也就越大。

三、制度与管理存在供给抑制时的情景分析

（一）情景 1：不存在供给抑制情况下的制度与管理产出模型

当不存在制度抑制的条件下，正常状态下的产出：

$$Y_* = F(E, C)$$

其中，Y_* 表示正常制度与管理产出水平，E 表示制度与管理供给效率，C 表示管理的供给成本。一般情况下，制度与管理的供给效率与产出总量呈现正相关关系，即供给效率越高对应的总产出越大。

（二）情景 2：存在供给抑制情况下的制度与管理产出模型

1. 情景 2–1

当制度与管理存在抑制时，如制度执行周期过长、监督工作不到位、执行力度不够，导致其他要素供给效率下降，如降低劳动的积极性、降低资本的使用效率等，此时产出 Y_1 会低于情景 1 自然产出水平 Y_*：

$$\Delta Y_1 = Y_* - Y_1$$

其中 ΔY_1 为由于制度与管理供给效率受到抑制产生的产出损失。与情景1相比，当存在供给效率抑制的情况下，在劳动、资本、资源和技术供给特征不变的情况，会通过影响其供给效率，进而影响总产出。

如图 5–16 所示，横轴为劳动、资源、资本、技术等其他四个要素的投入，用 Z 表示。当不存在制度与管理供给效率抑制的情况下，Z_* 单位的供给可以创造 Y_* 单位的有效产出。当存在供给效率抑制时，从 E_* 下降到 E_1，制度的设计和管理的实施不能有效发挥其他要素的供给潜力，即使其他要素的需求量不变，但总的生产函数的斜率会降低，总的生产效率会降低，同样的要素投入量 Z_*，对应的产出从 Y_* 下降到 Y_1。其中（Y_*-Y_1）即是由于制度供给效率受到抑制而产生的产出损失。

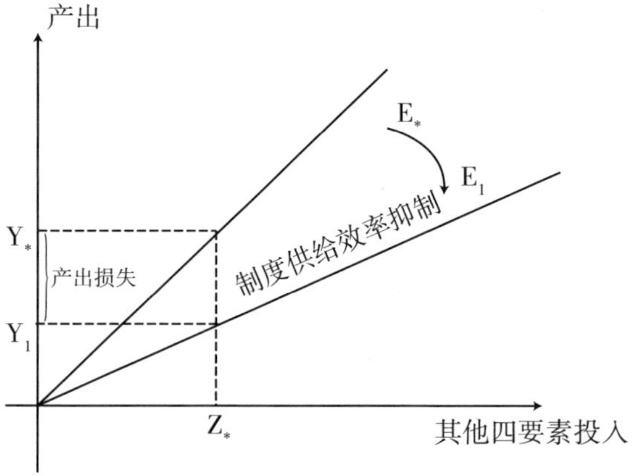

图 5–16　供给效率受到抑制情况下的制度与管理产出

比如，部分垄断、低效的国有企业与自由竞争市场下的民营企业，其内部激励约束机制必然有所不同，结果很多低效率国有企业所占有的资源很多，但单位资源、资本的产出都远远低于自由竞争的民营企业，很多国有企业的员工只用了较少的积极性在工作，进而降低了要素的产出效率。

2. 情景 2–2

制度与管理抑制对于供给成本的影响，一方面表现为当制度制定不合理、运行阻力过大、时机选择不成熟时导致制度运行过程中的管理成本过高，另一方面表现为对于其他要素供给成本的影响，如人工供给成本过高、土地的供给成本过高等。当供给成本从 C_* 移动到 C_1 时，对应的产出也会下降：

$$\Delta Y_2 = Y_* - Y_2$$

其中 ΔY_2 为由于供给成本受到抑制情况下产生的产出损失。

当不存在制度与管理成本抑制的情况下，企业根据产品市场和要素市场的均衡来决定其他要素的使用成本为 C_*，对应的产出为 Y_*，如图 5–17 所示，当存在供给成本抑制的情况下，当制度抑制增加企业生产经营的总成本，供给成本从 C_* 移动到 C_1，对应的产出也随着生产函数向下移动，从 Y_* 移动到 Y_2，其中（Y_*-Y_2）即由于供给成本上升而产生的产出损失。

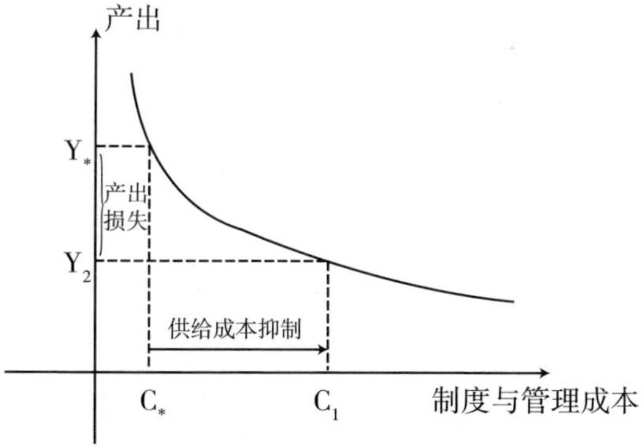

图 5–17　供给效率受到抑制情况下的制度与管理产出

第六章

结构性改革与供给升级

当供给结构老化造成一个经济体的供给不能创造与自身等量的需求，就会发生经济衰退。为了提高供给创造需求的能力，必须通过结构性改革引导生产要素从供给成熟和供给老化的产业加快向新供给形成、供给扩张的产业转移，推动供给升级，引领消费升级。

第一节　供给结构老化的影响

一、供给老化会降低经济的内生增长动力

在新供给经济周期一章中分析了在供给老化阶段，由于陈旧、过时的老供给无法满足市场需求，造成库存增加，经济运行效率降低。

在老供给产业，投入的生产要素越多，整个经济的运行效率越低。供给老化阶段的行业往往沉淀了大量资本、闲置劳动、闲置固定资产等，表现出生产效率低、创新能力差、负担重等特点。

如图 6-1 所示，在供给扩张阶段，1 个单位的供给能够创

造出 n 倍的需求，而在供给老化阶段，1 个单位的供给只能创造出 1/n 单位的需求，进而使得经济的内生增长动力下降，供给增建和需求增建都出现明显下降。

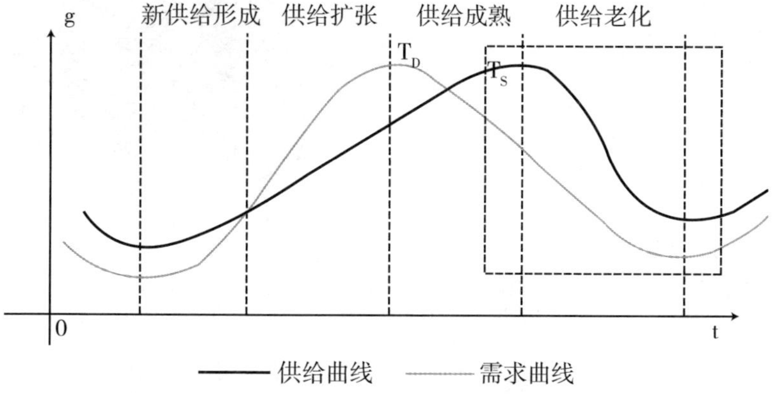

图 6–1　新供给经济周期——供给老化阶段

任何一项主流技术和主流产业，早晚都会进入供给老化阶段。当供给老化产业占经济的比重超过了供给扩张产业，或主导产业进入老化阶段而没有新的引领性行业产生时，则整个经济就进入供给结构老化状态，经济的内生增长动力开始衰退。

二、供给老化经济 vs 新供给扩张经济

2010 年以后，中国经济由于供给结构老化，连续六年经济增速下行，如图 6–2 所示，中国经济增速从 2010 年一季度

12% 左右下降到 2016 年的 6.7% 左右。如果从更早的 2007 年经济增速高点计算，这一轮经济持续下行已经长达近 9 年。

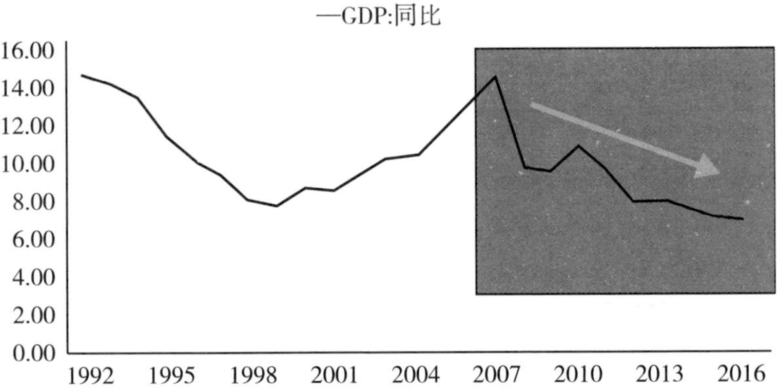

图 6-2 中国经历市场经济以来最长的一轮下行周期

从供给结构来看，中国 2002 年到 2007 年是房地产、汽车等行业的供给扩张阶段，2008 年以后，这些行业（包括其上下游的钢铁、玻璃、水泥、电解铝等）为主体的中国经济进入供给成熟阶段，2014 年以后进入供给老化阶段。商品房库存不断增加，水泥、电解铝、钢铁、煤炭等行业产能过剩。根据中国报告大厅发布的《2016—2021 年钢铁产业行业市场竞争力调查及投资前景预测报告》显示，2015 年钢铁企业实现销售收入 2.89 万亿元，同比下降 19.05%，实现利润总额为 –645.34 亿元，下游市场需求持续低迷。但从产量上来看，全国生产生铁 69141.51 万吨，同比仅下降 3.45%，生产粗钢 80382.26 万吨，同比只下降了 2.33%。钢铁行业的市场需求量迅速下降，而产量下降速度却相对缓慢，供给创造需求的能力下降，经济下行压力不断增加。

对比美国经济，2007 年 12 月进入衰退期，从 2008 年下半年，连续六个季度出现负增长，而 2010 年以来，美国在以苹果产业链为代表的新供给扩张产业带动下，经济反弹复苏。

图 6–3　美国经济 2010 年迅速反弹复苏

2015 年美国经济贡献最大的是以新供给产业为代表的加州、纽约、新英格兰等地区。其中加州 2015 年 GDP 增速近 5%，总产值是 22870 亿美元，相当于整个印度的 GDP 总量。

三、供给结构老化与供给升级

面对供给结构老化，过度依赖财政与货币政策进行经济刺激，虽然可以在短期内吸收部分过剩产能，使经济短期反弹，但中长期反而会有可能鼓励过剩产能扩张，从而阻碍长期的经济结构升级。

当一个经济处于供给结构老化状态，通过国家规划、产业政策推动产业升级，有可能获得一定成效，也有可能因为缺乏足够的前瞻性，结果反而扰乱了市场自身进行结构调整的步伐。

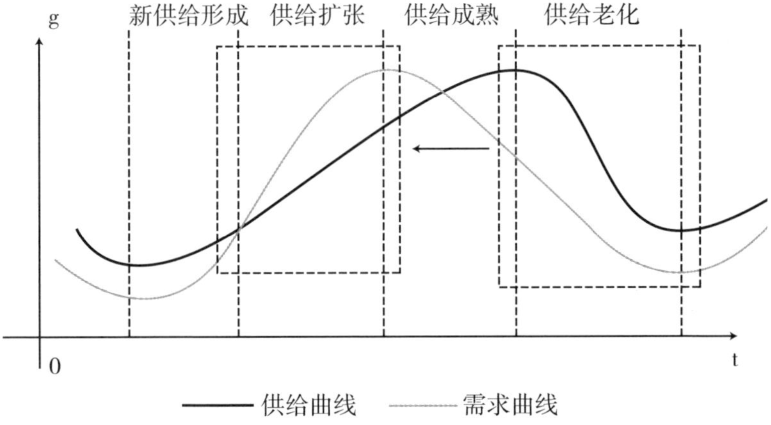

图 6–4　结构性改革推动供给升级

新供给主义经济学认为，走出供给结构老化的最终办法是供给升级引领消费升级，经济才能重新焕发活力。“二战”以后的全球经济复苏，虽然有反周期政策的作用，但是根本上还是由于石油化工业、电子半导体产业带来的全球经济供给结构升级。

供给结构升级对经济均衡和增长的本质意义在于生产要素

从供给老化产业向新供给形成和供给扩张产业转移，从而提升了供给创造需求的效率，使得经济恢复均衡，重拾增长动力。而在供给升级中，政府究竟应该扮演什么角色，我们将在本章第三节专门探讨。

第二节　供给升级过程中的新旧转换

结构调整与供给升级是在市场力量作用下自发完成的，在这一过程中，新供给的出现和对老供给的替代，都是破坏性创造的过程。只有经历了要素转移和产业转型的阵痛，供给创造需求的能力才会提升，才能恢复经济的均衡与增长的活力。

一、供给升级是一个“破坏性创造”的过程

每次新供给的产生一般会伴随对老化供给的冲击，因此供给升级也是一个“破坏性创造”的过程。苹果智能手机用新供给创造了新的需求，相关产业链拉动了美国经济的持续复苏，然后该行业的一些老供给就必然要退出了，比如诺基亚、摩托罗拉等老一代手机公司，有的倒闭，有的被收购。同样，当互联网出租车公司创造出新供给，满足了新需求，传统的出租车公司日子就不如以前那么好过了。

在新供给对老供给的冲击过程中，常常伴随着结构性失业。以英国纺织工业技术革命为例，1764 年织布工詹姆士·哈格里夫斯发明了“珍妮机（Spinning Jenny）”，一次可以纺出

许多根棉线，使纺纱效率提高了20倍左右，极大地提高了生产率。同时，“珍妮机”的发明也对原有的老供给造成了冲击，棉纱价格大幅下跌，部分未及时采用新技术的老纺纱厂倒闭，造成短期失业率上升。

二、培育新供给、新动能与推动老供给退出的关系

既然新供给形成与扩张的过程必然伴随着老供给的退出，那么所谓“去产能”“去库存”也有其经济学逻辑上合理的一面。然而正常的先后顺序应该是，先有新供给的形成和扩张，再有供给成熟和供给老化的产能退出。

比如，20世纪末兴起的寻呼机作为“新供给”，曾经满足了人们远距离即时通信的需求。经历了从1995年到1998年供给快速扩张时期，每年新增用户数量在1600万户以上。但在2000年以后，随着手机的出现，寻呼机业务逐年萎缩，并迅速消失。很难想象用一种行政的力量先把发展过快的寻呼机给停掉，然后再等待新技术、新供给出现。

所以，培育新供给、新动能和“去产能”“去库存”要么是按照市场化的先后次序，先有新供给再有老供给退出；要么至少是同向并肩而行的两条河流，只有两条河流合二为一，才意味着供给升级见到了一定的成效。

反之，仅仅把过剩产能或者老化的产能企业关了或停产、限产，还算不上供给升级；只有当过剩产业的生产要素，比如

土地、劳动、资本、技术、管理转移到新供给、新动能领域中，才是供给结构转型升级真正见效。

如果面对供给结构老化，只是片面强调“去产能”和“去库存”，而不知道如何培育新供给、新动能，就相当于在经济衰退的过程中“踩刹车”，结果，要么反而会放大经济下行压力，引发宏观系统性风险；要么造成老供给的供给不足和价格暴涨，结果反而加剧了供给老化。

总之，供给升级的真正驱动因素是新供给的形成和扩张，政府可以发挥适当的作用来加速这个过程，但是其发力点并非行政干预、行政规划或从需求端出发的短期产业政策，而是通过结构性改革，创造新供给形成的制度和市场条件，让市场靠自身完成结构调整。

第三节　结构性改革推动产业升级

政府在供给升级中的正确角色应该是通过结构性改革为新供给形成创造条件；完善要素市场，为生产要素从老供给到新供给的转移创造条件；健全社会保障和救助机制，减少供给升级带来的破坏性创造过程中的失业冲击。

一、政府干预供给结构调整应避免两个误区

在经济结构转型中，政府要建立合理的市场机制，让市场在要素转移中发挥主导作用。既不应该通过行政手段强制供给老化企业关闭或破产，也不应该“力挺”僵尸企业，影响生产要素向新供给转移。

在中国，有的地方政府会为了维持就业和社会稳定，用宝贵的财政资金或要求商业银行发放贷款为供给老化行业输血、维持“僵尸企业”。这样的行为，让那些不能创造自身等量需求的老化供给不能退出，让沉淀在这些老供给领域的生产要素无法转移出来，从而影响了新供给形成和扩张产业的要素可得性，阻碍产业升级。

另一个须慎重的倾向，就是政府通过行政手段直接干预，让某些仍然有生存能力的企业关闭或停产，对某些政府认为有前景的行业进行税收财政补贴等多方面的支持。这样做表面上可以立竿见影降低老化产能，从长期来看，会破坏市场的基本运行规律，导致市场失衡。如果行政手段强制“去产能”造成老化供给产量骤降，在稍后的一段时间内形成老化供给阶段性不足，反而有可能催生新一轮的产能过剩。20 世纪 90 年代末，中国政府曾限制电力产业发展，导致 2003 年和 2004 年出现电量供应吃紧，多省市不得不拉闸限电，对生产经营造成不利影响。若在强关企业的同时，新供给产业还没有形成，可能会导致经济出现陡峭的下滑。

二、结构性改革的六个政府角色

2015 年 5 月 20 日，中共中央总书记习近平强调要用改革的办法推进结构调整，为提高供给质量激发内生动力、营造外部环境。显然，在习近平看来，用改革的办法推进结构调整，比用计划和指令的办法来调结构要更好。那么政府在结构性改革推动供给升级中究竟应该扮演什么角色呢？

（一）关键是打通要素市场

从供给老化行业占主导地位，升级到以新供给形成和扩张的产业为主，最终都必须让劳动、土地、资金、技术、管理等要素及时从老供给游离出来，并在新供给产业重新结合。比如，某些供给老化的制造业停产后，其原本在城市的土地一旦出售必然能够带来巨大的价值增长，但是如果因为土地性质变化，工业用地不能及时转为商业用地，或者产权不清晰不能进行交易，则必然影响老供给的退出和新供给的形成。又比如，在北京石景山地区，原来有一座巨大的钢铁厂，当这座钢铁厂搬到唐山后，数万名北京职工去哪里了？显然不会跟着这座钢铁厂搬迁去唐山，而是大部分就地转移到其他新供给和供给扩张的产业中去了。所以，在结构性改革推动供给升级过程中，政府的作用首先是完善要素市场，使土地、劳动、资金、技术、管理能够通过要素市场自由流动。

（二）鼓励老供给的更新改造

在供给升级过程中，老化供给可以通过破产清算的形式退出，也可以通过与新供给相结合或产业的兼并重组提高其供给创造的能力。比如在 2015 年 11 月一次国务院常务会议上，李克强总理以大陆某传统服装制造业和台湾某智能穿戴设备制造商如何结合为新供给、创造新需求的案例，简单地说明结构转型的道理。

有很多新供给是在老供给的基础上更新改造而来。比如同样是发展汽车产业链，美国汽车产业发展采取的是一种从无到有的路径，形成新供给、新动力；而欧洲的主要汽车生产厂商，在起步初期是由自行车厂商给轮制人力车加上了燃油动力形成新供给，也创造了新需求，形成了新市场。显然，后者的新供给形成路径对经济的冲击要小一些。

（三）鼓励收购兼并而不是简单合并

如果老供给产业能够被新供给产业收购或兼并，这不但将减少老供给退出的社会冲击，而且还可以加速生产要素向新供给转移，这对于供给结构升级是效率最高的模式。在苹果智能手机的冲击下，曾经的手机制造巨头诺基亚被微软收购，摩托罗拉被谷歌收购。

当然，还可以通过行政手段解决某些老供给行业的亏损问题，简单讲就是将亏损的和不亏损的老供给进行简单合并，虽然也能够解决一时困难，实现一定的协同效应，但是并不能带来供给创造需求能力的根本提升。比如中国 2015 年和 2016 年将很多原本相互竞争的国有上市公司合并为更大的同行业国有上市公司，这种简单合并往往强化了垄断而无助于供给升级。

（四）引导、孵化而不是指令、规划

在结构性改革与供给升级的过程中，政府可进一步发挥服务和引导作用，及时发布行业数据信息，也可以创造良好的投资环境，起到“孵化”而不是“规划”作用。很多类似于北京中关村科技园区这样的地方，具备良好的区位优势、成熟的人才和劳动力市场、良好的金融支持以及税收和其他政策支持，孵化了一批又一批新供给，成为结构性改革和供给升级中的代表模式。

但是，中国也有很多省份在推动结构升级中出台了较多的行政干预措施，比如某省规定对涉及占工业经济总量比重大、产业关联度高的重点困难企业，按新增流动资金贷款给予贴息——这种对“僵尸企业”难以割舍的情结，不仅干预了商业银行的市场化经营行为，而且会进一步扭曲资源配置。

（五）从授人以鱼到“授人以渔”

在生产要素从老化供给到新供给转移的过程中，不可避免会造成阶段性、结构性失业，因此一方面需要政府建立健全社会保障和救助机制，重视社会政策的托底作用，为改革中受到冲击的弱势群体搭建一张社会安全网；另一方面还可以做好失业人员再就业培训工作，通过“授人以渔”为结构性失业人员再就业提供帮助。

（六）产业政策：把握现实需求趋势还是未来新供给

产业政策的合理性争论本质上取决于对未来供给或需求的把握。如果能够准确把握未来的供给和需求中的产业方向，那么通过适当的产业政策，将资源配置到优先发展的产业，有利于促进技术创新或产业升级的顺利进行。但如果不能很好地把握未来的供给和需求，那么产业政策有可能造成资源的错配，使得市场无法在资源配置中发挥决定性作用，最终降低要素的配置效率。

新供给主义经济学认为供给在供需关系中处于主导地位。从短期来看，需求能够影响供给，仿佛是消费引领供给；但从长期来看，历史上都是供给创造需求，供给升级引领消费升级。所以，基于现有需求形态预测未来产业，虽然在短期方向上不会出现失误，但是在总需求量上往往难以把握准确；而基于更长时期的产业政策规划，则必须预测未来新供给的发展路线和未来业态，而新供给未来形成的路线是很难预测出来的——就像十几年前我们既预测不到用苹果智能手机，也想象不到用腾讯微信，现在我们能想象十几年以后的新供给吗？

现实中，大部分产业政策都是从已经存在的需求预测出发，基于现有的供给结构，力求前瞻性地规划符合未来需求的产业，这在工业硬财富时代和基础设施领域不太会出现失误，但是类似于苹果手机、Google、Facebook、网约车这样的新供给从来都不是产业政策规划出来的——在未来以知识产业、信息产业、文化产业、金融产业、各种其他形态服务业等软产业领域，产业政策的确应该慎之又慎。

总之，经济周期性衰退的根本原因主要在于供给结构老化所造成的供给创造需求效率降低，通过结构性改革可以引导要素从供给老化的产业向新供给形成与扩张的产业转移，进而让新供给创造新需求，供给升级引领消费升级，这是经济恢复均衡、重拾经济动力的治本之策。在这个过程中，政府应该致力于建设“有效的市场”，做“有为的政府”，只有让市场在资源配置中发挥决定性作用，政府才能更好地发挥作用。

第七章

放松行政性供给约束

如果一个经济体存在大量直接和间接的供给约束，那么放松这些供给约束将是决策者短期提升经济增长率最有效的政策工具，具体包括减少行政垄断、放松管制、降低融资成本、减税，等等。

第一节 放松行政管制

一、哪些土壤滋生行政管制——以中国为例

在中国的很多区域和行业里或多或少都存在行政管制问题，约束了有效供给。这些行政管制的形成有两种情况：一种是从计划经济向市场经济转型过程中遗留下来的“沙砾”；一种是由于监管过度或监管的相关政策调整滞后，最终转化为行政管制，约束新供给的形成或扩张。

（一）行政管制是计划经济向市场经济转型过程中遗留下来的“沙砾”

作为计划经济下的遗留物，中国行政管制的形成与计划经

济密切相关：20 世纪 50 年代开始，中国开始逐渐形成计划经济体制。地方、部门、企业的生产、流通、分配等都受到不同程度的供给约束。有的是指令性的，限产、限量、限价，有的是指导性的，有的是在指标范围内给予一定的生产弹性空间。国家通过拟定经济发展规划、制定产业政策、行政审批、价格管制、总量控制、指标管理等方面，进行宏观经济调节和微观生产管理。

20 世纪六七十年代以后，计划指标与实际需求脱节的矛盾也逐步显露出来，比如如何协调扩大再生产与国家人力、财力、物力的比例，如何平衡居民购买力与市场商品供应量之间的关系，如何协调工业和农业发展的关系，如何调动生产者的积极性，如何在经济统计资料匮乏的情况下解决信息不对称的问题，等等。

1978 年，中国开始部分放开市场的力量。1982 年中国决策部门正式提出“计划经济为主，市场调节为辅”，在之后的十年中，国家指令性的计划实施范围逐步缩小，个体经营和国家许可范围内的市场生产占经济的比重缩小。中国也是在这个时期开始探索放松行政管制的路径。比如家庭联产承包责任制的改革，将土地和其他生产资料承包给农户，承包户根据承包合同规定的权限，独立做出经营决策，并在完成国家和集体任务的前提下分享经营成果，极大地提高了农民生产经营的积极性，提高了人口和土地的生产效率。

在生产环节，扩大国营企业经营管理的自主权，企业在完成国家计划的前提下，可以根据市场需求的变化、订单量等，适当调节产品供应量，同时可以提取一定量的企业基金用于自身的扩大再生产和职工福利等。

在流通环节，生产资料不再完全由物资部门统一分配，可以根据实际需求灵活调节，敞开供应；消费品也开始允许企业进行自主选购或进行商业代销，商场购销自由度大幅提高；区域之间的限制也逐步被打破，跨区域销售和进货的渠道逐步被打开，不同区域之间可以进行物资交流，等等。

在价格机制上，也开始逐步放松对物价管理的权限，探索灵活的价格机制。一些关系国计民生的重要商品，如铁路、民航、邮电、重要消费品等，仍实行固定价格和限价方式；而对于一般性商品，政府开始选择性地放开定价权，如企业可以根据市场供需情况协议定价，对于零售商的销售价格也可以自由浮动。

此外，在经营主体上，打破了由外贸部单一经营的模式，批准了上海、天津、广州等省市设立自己的外贸公司，共同开展对外贸易。国家指导和帮助下的个体经营模式也开始发展起来。

1992 年中国明确让市场在社会主义国家宏观调控下对资源配置发挥基础性作用，通过价格杠杆和竞争机制，实现资源的产业转移和市场主体的优胜劣汰。

中国各个领域的行政管制也在这个阶段加速退出，政府开始转变职能，简政放权，把企业生产、经营、分配、流通的权力逐步放给企业。

从 1992 年至 2012 年，政府共取消调整行政审批项目 1600

多个，2013 年到 2015 年取消行政审批项目数目逐年上升，分别为 231 项、385 项、570 项。其中包括放宽固定资产投资审批权限，简化审批手续，取消评比达标表彰评估项目，取消多项职业资格许可。

尽管近年来政府一直致力于简政放权，但政府在很多行业的行政管制措施还没有完全废除，多年的计划经济思想对于中国实体产业的影响还依然存在。

（二）监管过度或调整滞后的行政管制会形成供给约束

在市场经济中，必要的监管政策有利于规范市场的发展，建立良好的竞争环境，但如果监管政策不能与行业发展相适应，就有可能滞后于经济的发展，进而形成供给约束，使得新供给无法形成或供给潜力无法释放为有效供给。

以北京出租车行业为例，北京出租车行业的发展可以分为三个阶段：新供给形成阶段、政策扶持下的供给扩张阶段和行政管制下的供给成熟阶段。

第一个阶段：新供给形成阶段。1984 年北京的大街小巷，陆续出现后来被人们称之为“黄虫”的黄色面包车，出租车自此流行起来。在民用出租车产生之前，北京市也有提供类似出租车服务的公司，但其市场价格、市场定位、供给结构都不能适应当时人们对于出行便利、价格便宜、招手即停等的要求，民用出租车的形成创造了人们对于打车出行的新需求。

第二个阶段：政策扶持下的供给扩张阶段。1991 年至 1992 年，对出租车行业加大扶持力度，相继颁布了包括鼓励社会资本参与、提供贷款优惠等政策。在政府的扶持下，北京出租车行业的发展速度大幅提升。到 1993 年 5 月，北京市注册的出租车公司从 1991 年的 201 家变成了 1085 家，运营车辆从 1991 年的 1.62 万辆增加到了 4.9 万辆，翻了三倍。

第三个阶段：行政管制下的供给成熟阶段。随着北京出租车行业发展势头加快，造成了阶段性供给过剩和过度竞争局面。为遏制这一势头，北京市出租车管理局在之后的四年中，连续出台限制政策。1993 年 3 月宣布停止审批新的出租车企业。1994 年 4 月，下发《关于 1994 年控制出租汽车总量增加的通知》，延续了不再继续审批新的出租车企业的管理规定。1996 年北京市出租车管理局下发了 129 号文件——《关于加强企业营运任务承包管理工作的通知》，明确出租车司机需要与出租车公司签订“营运任务承包合同书”，其中包括“营运方式”“承包期限”“车辆价值保证金”“营运收入保证金与承包金”等内容，同时规定了每月单班 4500 元的“份子钱”。

2000 年 6 月，北京市交通委员会下发了《关于整顿本市出租车行业和企业意见的通知》，其中提到要把“企业总数控制在 200 家左右，车辆总量控制在 6 万辆左右”，并将“份子钱”额度提升至单班每月 5175 元，双班每月 7584 元，同时也明确了出租车公司对出租车的专营权，即牌照由政府拍卖，再由出租车公司承包给出租车司机。此后，北京出租车 6.6 万辆的总规模便一直延续至今。

2000 年末北京市常住人口约为 1382 万人，2015 年末北京常住人口约为2170万人，比2000年增加近800万人。2000年北京市民每天平均出行距离5.8公里，2015年，市民的平均出行距离提高到8.1公里，是2000年的1.4倍[①]。人们的交通出行需求发生了很大的变化，但是出租车的牌照限制却还停留在十几年前的水平。由于现行政策中存在着的出租车公司专营、高承包费用、低燃油补贴以及总量限制等供给约束因素，才造成北京出租车的有效供给量严重不足，导致“打车难”现状难以解决。

可见，“打车难”的问题，本质原因是监管政策中规定的牌照准入限制、总量控制等直接供给约束，以及由于直接供给约束而带来的长期高承包费用、低燃油补贴现状，造成北京出租车有效供给不足。进而出现出租车司机在高峰时期和部分特殊地段出车率、出租车的供给效率、供给数量和供给质量与消费不匹配，时间和数量上供给不均衡的问题。

其实无论是计划经济向市场经济转型中遗留下来的“沙砾”，还是监管过度或政策调整滞后形成的行政管制，本质上都是由于“计划思想”而导致的不必要干预。在市场经济体制逐步确立后，“计划思想”还有遗留，使得中国在很多领域还依然存在着行政管制，供给潜力无法充分释放。

---

① 来源：国家统计局 http://www.stats.gov.cn/。

二、放松行政管制，增加有效供给

无论是供给数量的管制还是供给价格的管制都会破坏市场在资源配置中的决定性作用，使得有效供给降低，并进而降低有效需求的满足程度。放松行政管制可能会动既得利益者的“奶酪”，但有利于增加有效供给。因此，需通过放松行政限制，让要素能够自由进入有效供给不足的领域，引导新供给的形成和扩张，增加有效供给，进而创造并满足有效需求。

放松行政管制需要通过减少不必要的资格认证、项目审批，放开价格管制、数量管制以及地区经营的市场管制，最大限度地减少政府对于微观事务的管理和干预。凡是市场机制能有效调节的经济活动，归还于市场。

比如美国联邦政府在1996年出台《电讯法》允许并鼓励不同电讯企业、有线电视、网络媒体等进行交叉渗透，大大促进了电讯行业市场竞争效率，加速了行业技术和服务创新的进程，提高了资源的利用效率。

在放开行政管制时，有可能出现“一放就乱”的情况。以中国P2P[①] 为例，在发展初期，由于准入门槛低，缺乏统一标

① P2P（peer-to-peer lending）是指不同的网络节点之间的小额借贷交易（一般指个人），需要借助电子商务专业网络平台帮助借贷双方确立借贷关系并完成相关交易手续。借款者可自行发布借款信息，包括金额、利息、还款方式和时间，自行决定借出金额实现自助式借款。

准、风险控制等，造成无序发展，出现假借互联网方式的非法集资、卷款潜逃的问题。根据网贷天眼数据显示，2015 年全国非法集资涉案金额超过 3000 亿元，新发案数量、涉案金额、参与集资人数同比分别上升 71%、57%、120%。

因此，放松行政管制，引入竞争机制，增加有效供给的同时，也必须建立完善的行业规范。因地制宜、结合行业的实际情况，经过多方论证，对相关政策进行调查、分析和评估，提出具有可操作性的放松管制方案。2015 年 5 月 12 日，李克强提出了“简政放权、放管结合、优化服务”的行政体制改革思路，为简政放权提供了标准。

最后，在放松行政管制的过程中，不可避免会对老供给产生冲击。在这个过程中，一方面应做好老化供给群体反弹的引导工作，另一方面也要认识到这种冲击是扩大有效供给创造新需求的必要代价。以出租车牌照管制为例，放松这个领域的准入限制，一定会使原有专营权出租车公司的利益受损，但是却有利于整个城市的出行便利，释放有效供给满足有效需求。

三、放松管制的一般性操作模式——以中国出租车牌照限制为例

对于出租车牌照限制，有关部门可以通过放宽出租车总量控制、适当放宽专营权以扩大出租车私人经营比重等方式来放

松北京出租车行业存在的供给约束限制。应当着力解决出租车公司“份子钱”高而不透明、保证金缴纳过高、没有弹性空间的现状，使出租车司机的利益获得更多的保障。另外，还应当明确经营资质审查的标准，对驾龄、路况熟悉度等项目做出明确规定，提升出租车司机服务质量；提高对出租车司机的燃油补贴标准，并采取阶梯形式，运营距离越长，补贴额度越高，以此来提升出租车在高峰时段的出车率并且有助于降低出租车运营成本。

滴滴出行、Uber 等互联网出租车公司的出现，使得传统出租行业受到了一定冲击。中国大陆迅速成为全世界打车软件发展最迅速的国家。打车软件的兴起，是互联网公共交通领域的有益探索，通过融合线上和线下的信息，使得有出行需求的人和出租车司机实现了信息互通和双向选择，进而改变了人们传统的出行方式和习惯。但其本质上是由于传统出租车的行政管制导致了供给和需求错配，进而有效供给不足而产生的必然结果。另外，互联网出租车的供给定价本身也符合供给要素的分配原则。在考虑舒适度需求不同的情况下，一部分人在同样的路程上，愿意支付更多来获取舒适的车型和服务；在考虑需求强度不同的情况下，一部分人希望通过支付更多来优先获得服务；在考虑时间价值的情况下，夜间或者高峰时段的供给会出现不足，而这种供给不足，一方面需要有效供给来满足，另一方面也需要适当调价来满足，使得供给恢复到一个与需求相平衡的状态。

互联网出租车公司作为新供给的形成，在众多行政管制领域是一个罕见并且幸运的特例。首先，长期的行政管制人为地形成供给短缺，从而形成了巨大的潜力市场（像台湾地区等没有出租车公司牌照限制的地方，互联网打车软件的市场要小得多）。其次，在行业起步和新供给形成阶段，中国大陆各城市的主管部门没有采取过多的行政干预来限制互联网出租车。

第二节 放松行政垄断

一、行政垄断的形成和影响

与行政管制相似，行政垄断问题要么来自计划经济思想的遗留，要么来自凯恩斯主义无限政府的干预思想。

在中国，20 世纪 90 年代初期开始的经济体制改革将国家部委或事业单位专营的绝大多数行业转型为国有企业垄断经营。

随着时间的推移，行政垄断使垄断行业内部产生了较为严重的直接供给约束问题，抑制了有效供给，降低了供给质量或提高了供给价格。

例如，水、电、油等资源性商品、多数原材料、资金、公路、铁路等基础性商品，大部分都被国有大型企业垄断着，其价格调整对市场有最直接的冲击和广泛的影响，常常会通过生产、流通、销售各个环节传导到日常生活的方方面面。中国居民日常消费中的水、电、燃气、暖气、汽油等基础性产品价格都要接受政府的“指导”。一方面，这种制度安排能够起到稳定物价的作用，但是却是以供求的扭曲为代价，未必能提供高质量的有效供给。在现实中，我们不只一次看到，国内油价高于国外油价。资源型商品、基础商品价格与供给的垄断背后，是大机构对行业话语权和定价权的垄断。这些垄断力量随时有可能成为涨价的动力或降价的阻力。

从平均利润量来看，近年来，中国垄断工业企业的平均利润呈现上升趋势。以铁路为例，中国的铁路网客运由之前的铁道部、现在的中国铁路总公司一家企业单独经营，属于完全垄断行业，票价由铁路总公司统一制定，无淡季旺季之分，且局部和特殊时段的运力不足现象极为显著。

相比之下，英国铁路客运市场主要由七家大型铁路运营公司组成，其中规模最大的四家公司 FirstGroup、Stagecoach、Govia 和 Arriva-DeutscheBahn 占据了 73% 的市场份额，属于高集中寡占型市场。在这种竞争情况下，英国铁路客运票价优惠措施不断。以伦敦—纽卡斯尔单程票价为例，提前两三天预订将比提前一天预订享受 60% 的折扣。

二、放松行政垄断的政策选择

不同类型的行政垄断对供给的影响也不同，对应的放松行政垄断的政策选择也不同。对于具有战略重要性的行业——如能源，国家进行一定控制有其合理性和必要性，对于这些行业需要的是提升企业管理效率；对于产品垄断和交易垄断，应该放开市场限制，引入竞争机制，降低供给成本；对于价格垄断，可以考虑适当拆分新设。

（一）引入竞争机制

20 世纪 80 年代以前，美国政府对很多特殊行业以自然垄断的名义进行了很多管制，主要是排斥竞争的市场禁入，实际上维持了行政垄断，造成有效供给被抑制，供给质量降低，进而减少了有效需求。为了刺激有效供给、创造有效需求，美国政府从 20 世纪 80 年代初进行了一系列破除行政垄断的改革。从航空业开始，对电信、电力、运输等行业进行改革，取消市场准入的禁令，规定任何人都可以进入这些行业，而无须行政审批。结果，美国政府成功地将竞争机制引入了垄断行业，使技术创新速度大大加快。比如：美国电信业从 AT&T（美国电话电报公司）一统天下，发展到十几家厂商，竞争不仅使电信技术进步加快，电信服务质量提升，电信价格也随之大幅下降。竞争程度越高，企业定价权力越弱，价格上涨越困难，竞争是提高供给效率的有效“助推器”。

中国的水、电、煤、运等行业，大部分处于国家垄断控制之下，竞争压力小，技术进步的动力不足，导致行业整体供给效率较低。十八届三中全会提出，要“积极发展国有资本、集体资本、非公有资本等交叉持股、相互融合的混合所有制经济。完善国有资产管理体制，以管资本为主加强国有资产监管，推动国有企业完善现代企业制度。准确界定不同国有企业功能，国有资本继续控股经营的自然垄断行业，实行以政企分开、政资分开、特许经营、政府监管为主要内容的改革，根据不同行业特点实行网运分开、放开竞争性业务，推进公共资源配置市场化。进一步破除各种形式的行政垄断”。这是引入竞争机制的有益探索，有利于提高行业整体的供给质量和效率。

（二）适当拆分新设

鼓励社会资本进入，可以提高现有垄断企业的供给效率，但当垄断企业规模过于庞大、民营企业规模过于弱小时，为了鼓励竞争，对部分垄断企业进行拆分也是必要的手段。无论是对原有拆分过的行业和公司，还是对邮政、航空、铁路等未拆分过的行业和公司，按照地域、细分行业、产品拆分为相互竞争的公司，都是提升经济活力的有效手段。

以铁路为例，铁路行业由于其资本密集型特征，初始投资规模巨大，所以即便从监管上放开垄断，短时间内新进入者依旧会寥寥无几。比较理想的打破垄断的措施是拆分现有企业。1996 年英国铁路改革为了引入竞争和民营化，原英国国铁 BR 公司被拆分为 1 家路网公司、25 家客运公司、6 家货运公司、3 家机车车辆租赁公司、7 家基础设施维修公司、6 家轨道更新改造公司、6 家机车车辆维修公司以及若干其他服务公司等约 100 家公司。经过不断的竞争和兼并重组，英国铁路客运市场形成了目前 7 大客运公司并立的市场竞争结构。在行业扩张和竞争加剧的过程中，岗位创造和终端票价优惠举措的不断推出使供给质量和供给效率显著改善。

借鉴英国铁路同行和当年电力行业改革的类似经验，中国铁路也可以采用类似的方案，即将铁路总公司的路网、客运等业务剥离后进行拆分，在各个业务领域建立起良性竞争的市场结构，释放其中存在的供给潜力，提高供给质量和供给效率。

（三）中国垄断减少的案例

尽管中国现行的行政垄断问题仍然较为严重，不过自 20 世纪 90 年代以来经济体制改革不断深化，中国的破除垄断进程已经取得了巨大成绩。

以电力行业为例，1997 年 1 月国家电力公司正式挂牌成立，负责经营发电、输电和入网等电力相关领域业务，政府相关的行业管理职能移交到经济综合部门，这标志着电力行业政企分开改革跨出了划时代的一步。2002 年 4 月，国务院下发《电力体制改革方案》，电力体制改革再次取得突破性进展。新方案按“厂网分开，竞价上网”原则将国家电力公司拆分为华能集团、中电投资集团、大唐电力、华电集团和龙源集团五大发电集团，国家电网和南方电网两大电网公司，以及水电规划设计院、电力规划设计院、水利水电建设总公司和葛洲坝集团四大电力辅业集团。除此之外，发电领域还有包括华能电力、国投电力、长江电力以及各地方发电集团在内的众多发电企业。至此，尽管在输配电领域由于各种各样的原因还存在着国家电网公司和南方电网公司的双头垄断格局，但上游发电领域投资多元化的竞争格局已经基本形成，而且自此之后，国内发电量增速较之前显著上升。

从图 7–1 中不难看出 1997 年电力领域正式政企分开之后，发电量增速从之前的下降趋势扭转为上升趋势，而 2002 年《电力体制改革方案》下发之后，国内发电量更是迎来了随后几年间的爆发式增长，基本解决了 90 年代全国普遍出现的供电量不足问题，使电力行业供给潜能得到较为充分的释放。

数据来源：wind 数据库

图 7-1　中国累计发电量增速（1990—2014）

再以邮政速递领域为例，1990 年颁布的《邮政法》中正式规定邮政企业可以经营特快专递业务，同时放开了快递业务经营许可的申请。随后，国内快递业务以惊人的速度发展起来。据国家邮政局数据统计，2013 年中国快递业务量完成已经超过 90 亿件，比 1987 年的 153 万件增长近 6000 倍，年均增速超过 40%。目前国内注册的快递企业已经超过万家，规模以上快递企业也达 20 家以上，行业 CR8 为 79.3% 左右。显然，邮政速递领域成功打破垄断极大促进了该行业的迅猛发展。

除了上述两大行业之外，20 世纪 90 年代以来中国绝大多数放开行政垄断的行业都有了飞速发展。在这些行业的示范作用之下，能源、电信、铁路等重点行业的进一步破除垄断已经是大势所趋。

第三节　放松高税收成本约束

一、中国高税收成本约束的现状

亚当·斯密曾说，“将一个国家从最蛮荒带到最富足，只需要和平、简易的税收和过得去的法律制度，其他的一切都会自然发生。”过高的赋税成本必然造成实业经营困难，导致促使经济结构升级的重要间接供给受到约束。

中国的宏观税负[①]则经历了先下降后上升的过程。随着改革开放，整体宏观税负水平先是从40%左右逐步降低，到1995年达到低谷，随后则稳步上升。

2013年至2015年，中国经济增速持续下滑，从2013年7.7%回落到2015年6.9%，财政收入增速也随之放缓，但财政收入占GDP的比重并没有下降。2013年，全部政府收入为20.87万亿元，占GDP的比重达到36.7%；2014年，全部政府收入为23.67万亿元，占GDP的比重达到37.2%；2015年，全

① 以财政收入与预算外收入之和作为政府收入的统计口径，定义宏观税负为政府收入除以国内生产总值。

部政府收入为25.15万亿元，占GDP的比重维持在37.2%的水平。而从26个发展中国家的平均宏观税负来看，其全部政府收入占GDP的比重仅为26.4%，中国远远高于平均水平。

在中国的税收收入中，个人所得税占比相对较少，仅占税收收入的6.9%，企业所得税占比较高。2015年中国上半年出台了一系列税收优惠政策，其中包括扩大小微企业所得税优惠政策实施范围、高新技术企业职工教育经费支出实行税收优惠、小微企业政府性基金给予免征、文化服务出口免征营业税等，在一定程度上降低了企业的经营成本，为推动产业结构调整和经济协调发展起到了积极的作用。中小企业作为市场中弹性最大的参与主体，通过减免税收，可以增加就业的灵活性和市场主体的活跃性，有利于鼓励企业根据市场实际需求提供有效供给。同时企业投资的增加，也会扩大税基，进而弥补减税带来的税收负效应。尤其是对新供给产业，通过减税降费，放松间接供给约束，为新供给的形成和扩张创造条件，引导创新、创业的成长性新供给创造新需求，进而对经济发展起到正面的推动作用。

根据西南财经大学中国家庭金融调查与研究中心近日发布的《小微企业税收政策研究报告》，“伴随着经营环境的日渐恶劣、市场竞争的日益加剧，亏损小微企业比重由2013年的6.2%飙升至2015年第二季度的26.2%。盈利的小微企业占比也从78.2%下降至49.0%”。进一步为小微企业实质性减税，在中国仍然是十分必要的。

大企业的税收负担也十分沉重，以企业规模普遍较大的石化行业为例，2015 年，石化行业整体主营业务收入 12.74 万亿元，下降 6.1%；利润总额 6265.2 亿元，下降 18.3%；但是上缴税金达到 1.03 万亿元，同比增长 3.7%。钢铁行业也不例外，来自河北省冶金行业协会的一份材料显示，“企业税种多，税收负担重”是企业成本增加的首要原因。一家河北钢铁企业，尽管企业经营亏损严重，2015 年仍承担各种税费合计 6.9 亿元，其中增值税 4.4 亿元，其他税负 2.5 亿元。

2010 年以来，随着中国经济下行压力持续加大，高税负已经成为企业经营的沉重负担。高额税收成本不但造成大量企业经营困难，乃至亏损，同时还迫使福耀玻璃等民营企业为了规避高税收而将工厂迁往美国。

二、减税促增长不是西方国家的专利

从微观层面分析，对企业减轻税负后，其投资意愿会重新焕发，居民的税负减轻之后，通过对当期消费和未来消费之间重新分配，消费支出也会增加。

1932 年 11 月，罗斯福赢得了美国总统大选，上台以后，在税收方面做出了增税的决定。罗斯福去世以后，高税率政策仍然得以延续，90% 以上的最高税率维持了大约 20 年。尽管高税率有助于政府平衡预算，但是对工商业的负面影响也不可小视。到了 20 世纪 60 年代，高税负对美国经济产生的压制效应已经非常明显，失业率一度高达 7.1%。肯尼迪总统采纳了经济学家詹姆斯·托宾和罗伯特·索洛提出的减税政策，取得了明显的效果，美国经济增长率迅速恢复，失业率在1965年下降到4.4%，经济增长率则取得了5.5%的佳绩。但是在肯尼迪减税之后，美国的税率仍然较高。1981年美国联邦通过的经济复苏税法通过降低个人所得税率等方法刺激经济增长。法案主要包括一系列的全面减税措施，包括通过三年将个人所得税率降低23%，将最高税率从70%降到50%，将最低税率从14%降到11%。1982年到1983年，里根全面降低了个人所得税税率；同时减免企业税，主要对企业投资给予纳税优惠，并缩短固定资产折旧年限；此外，还降低了小公司的利润税率。[①]

在减税等政策刺激下，美国经济于1983年开始复苏。1983年8月，美国工业生产指数连续上升了9个月，已十分接近危机前的高点。美国国内生产总值从1982年的负增长迅速上升到1983年的4.6%，其中1983年四季度经济增长水平高达7.83%[②]。

当然，减税促增长并不是西方国家的专利。在中国古代，类似的案例不胜枚举，比如“文景之治”“贞观之治”都实行了轻徭薄赋的政策。

① 滕泰，张海冰．持续减税是供给侧改革的重要举措［N］．上海证券报，2016-03-09.

② 数据来源：wind资讯。

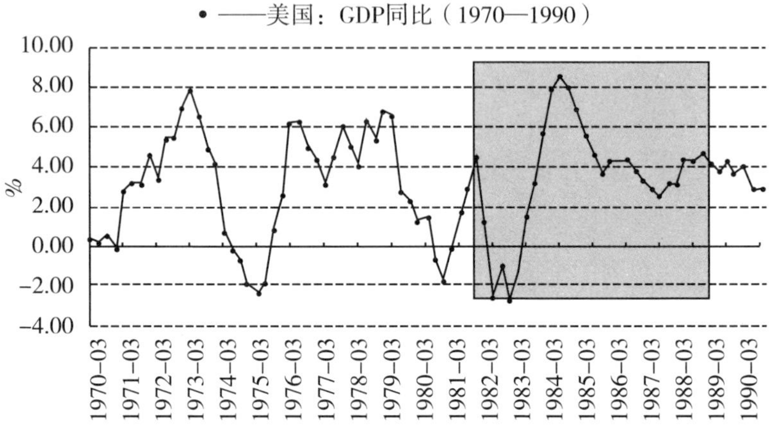

图 7–2　税收政策对供给周期的影响

据《汉书食货志》记载，刘邦在统一天下不久，即定下了“轻田租”的制度，文帝二年[①]和文帝十二年[②]又分别两次“除田租税之半”，到了文帝十三年，更是全免了田租，长达 13 年之久[③]。农民的税负比秦朝大大减轻了，而且保持了相对长的一段时间，这大大激发了农民积极性，在推动经济发展方面发挥了重要作用。

① 公元前 178 年。

② 公元前 168 年。

③ 裘斌，齐陈骏．试论中国古代“治世”的经济成因及其当代价值［J］．学术交流，2007（2）：136.

同样的，隋王朝的税负较重，唐初推行了“租庸调”[①]的赋税制度，税负较轻，让农民可以休养生息，同时提高农民的生产积极性，有利于经济的发展。轻徭薄赋的思想在中国古代促增长方面发挥了重要的积极作用。

为了减轻企业负担，中国2011年以来也出台了一系列减税措施。比如2011年1月1日起实施的《关于支持和促进就业有关税收政策的通知》，在已经出台的促进中小企业发展税收优惠政策的基础上，着重支持自主创业，同时扩大享受自主创业税收优惠政策的人员范围。同年，经国务院批准，财政部、国家税务总局联合下发营业税改增值税试点方案。2016年5月1日，“营改增”试点范围扩至全部行业，政府希望通过“营改增”来避免重复征税的情况，从而达到结构性减税的目的。

“营改增”后，虽然企业能够将外购产品和服务等成本中所含的税款进行抵扣，起到减税的作用，但不同企业由于外购产品和服务的成本与收入比例不同，对于不同行业的减税效果不尽相同。对于邮政服务业等一些行业确实起到了结构性减税，但是对于金融电信等行业，由于其增值税进项税票的可获

① 租：就是农民向政府缴纳谷物，作为田税。据《唐六典》记载：“每丁租粟二石。”调：就是农民向政府缴纳当地的土特产，一般指的是绢物等。据《唐六典》记载：“其调随乡土所产绫、绢、絁各二丈，布加五分之一，输绫、绢、絁者，绵三两，输布者，麻三斤。”庸：就是农民为政府服劳役代替纳物，即所谓“输役代庸”。按规定：每丁每年须服劳役20日，闰月加2日，如不服劳役，则以纳绢或布代替，每天折合绢三尺，或布三尺七寸五分。

得性相对较差，其减税效果还有赖于减税效应和增税效应两者相抵的净额，在实践中可能造成了结构性增税。

2016 年以来，中国的减税力度不断加大。2016 年拟安排财政赤字 2.18 万亿元，比 2015 年增加 5600 亿元，据了解，就增加的 5600 亿赤字，主要用来给企业减税降费，但执行到 2006 年底，中国企业的税费并无明显降低。

三、减税政策的可选组合

放松高税收成本供给约束，即要通过减税的政策组合，释放有效供给，满足有效需求。

减税对于新供给和老化供给的影响不同，当一个国家的大多数产业处于供给结构老化状态，整个国家的经济缺乏活力的情况下，采取适时适量的减税政策，更有利于新供给的形成，恢复经济的增长活力。比如，2016 年中国处于结构性转型时期，太多产业处于供给老化阶段，部分新供给已经形成并开始扩张，但是距离能够支撑中国经济进入新一轮增长还有相当距离。此时，可以通过在未来数年内持续扩大减税力度，并辅之以相应规模的国债发行来弥补财政收支的缺口，采取“减税发债，借力未来，一箭三雕”的政策组合，降低企业当期的税收成本，激发企业经营活力。

首先，中国应合理扩大减税规模。2015 年中国税收收入 12.5 万亿元，占当年 GDP 的 18.22%，2015 年工业企业利润总额6.35万亿元。如果减税10%，则企业的利润增加1.25万亿元，相当于企业利润总额提高20%。伴随着企业的投资回报率的明显上升，投资意愿自然也会提高，进而释放供给潜力创造有效需求。

其次，因减税所造成的中国政府的财政缺口，完全可以通过发行等量的国债予以弥补。这一政策的实质是，在经济低迷时减税，在未来经济过热、有通货膨胀风险时偿还，把未来经济景气或过热阶段的资源提前到目前经济低迷阶段使用，不仅有利于当前经济企稳回升，也有利于避免下一轮经济过热的发生，是熨平经济波动的有效手段。中国2015年的赤字规模为1.62万亿元，当年GDP为67.67万亿元，两者相除，赤字率约为2.3%，适当增加国债发行规模，对中国而言完全是可行的。同时，在中国居民的货币资产缺乏足够可选投向的背景下，发行国债还可以有效吸纳社会闲置资金，增加居民闲置资金的投资回报。

对于政府而言，尽管减税在短期内会降低财政收入，但是，当减税刺激下经济恢复增长以后，在降低的税率下政府可以获得更多的财政收入。比如20世纪60年代面对新一轮的经济衰退，美国总统肯尼迪实施过大规模的减税计划，企业所得税最高税率从52%降到47%，最低税率从30%降到23%，此外个人所得税也进行了大幅削减。根据美国财政部在改革前的预测，由于减税，5年内财政收入可能会减少890亿美元，但实际上反而增加了540亿美元。

对中国而言，在减税政策的制定中，还应当进一步解放思想，不仅在一些小税种上减税，还可以考虑从企业负担最重的所得税、增值税等大税种入手，实施全面、普遍、大力度的减税措施，不仅对企业减税，而且要对居民减税，才能真正降低企业成本，增加有效供给，释放有效需求，激发经济活力。

第四节　放松高融资成本约束

一、中国高融资成本的现状

2008 年金融危机以后，西方国家纷纷降息至零利率，乃至负利率，而中国的融资成本却出现了两轮上升周期。

第一次持续性上涨出现在 2009 年 6 月，延续到 2011 年 8 月，而其他国家的企业债利率水平却在波动中处于下降的趋势，与中国形成了鲜明的对比。

第二波成本上扬则出现在 2013 年的“钱荒”[①] 时期，实体经济出现了严重资本供给短缺，被显著抬高的融资成本，是 2014 年以来中国经济持续下行的重要原因。

而同期，如下图所示，美国、德国、日本的利率都在持续下降或低位运行。

---

① 面对高融资成本的供给约束，央行在 2012 年两度降息，但是在 2013 年 6 月，隔夜头寸拆借利率飙升 578 个基点，达到 13.44%，与此同时，各期限资金利率全线大涨，称之为“钱荒”。

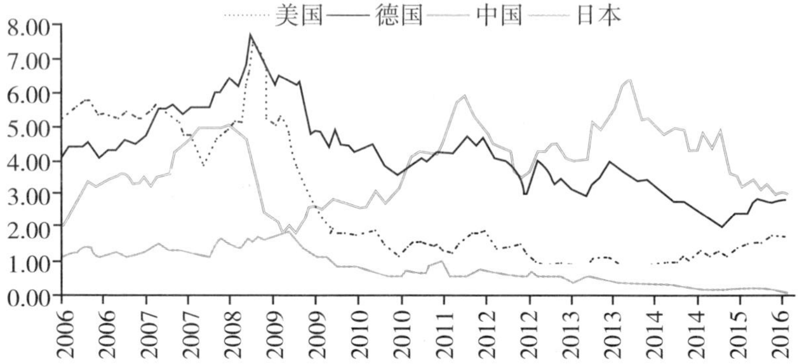

数据来源：万博新经济研究院

图 7–3　主要国家公司债收益率比较

二、高融资成本的形成原理

（一）融资成本受到货币供给量的影响

由于货币供应量受到一国货币当局的控制，其供给曲线用一条垂直线 S 表示，如图 7–4 所示均衡利率为 R_0。当货币当局通过公开市场操作增加货币总供应量时，供给曲线向右移动，从 S 移动到 S_1，均衡利率从 R_0 下降到 R_1。在利率传导途径顺畅的情况下，利率的下降会在滞后的一段时间内反映到企业的借款成本上，企业借款成本下降。

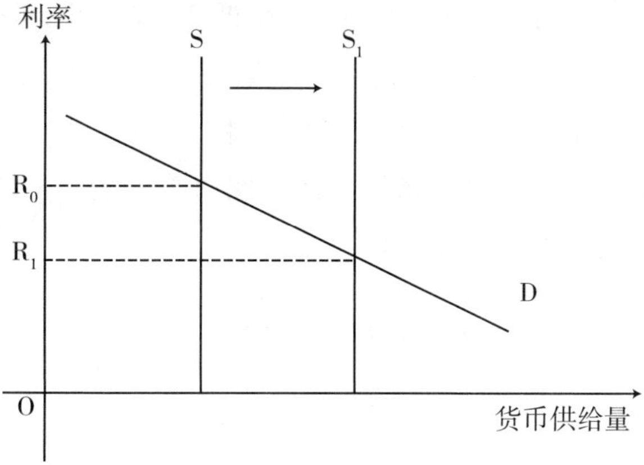

图 7–4　增加货币供给量对融资成本的影响

同理，如果货币当局实行紧缩的货币政策，会导致供给曲线向左移动，如图 7–5 所示，从 S 移动到 S_2，均衡利率从 R_0 上升到 R_2。在利率传导途径顺畅的情况下，利率的上升会在滞后的一段时间内反映到企业的借款成本上，企业借款成本上升。

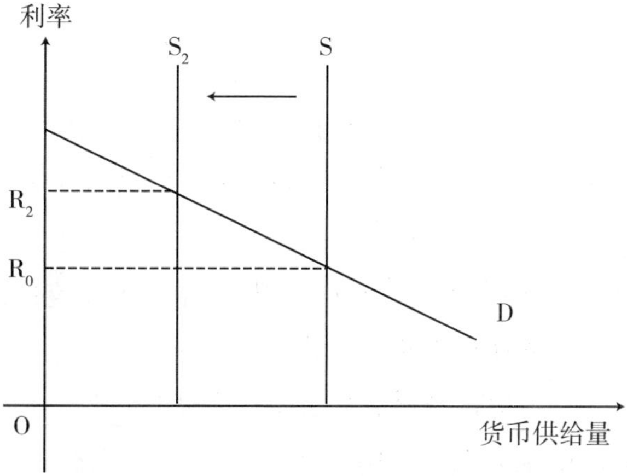

图 7–5　增加货币供给量对融资成本的影响

货币政策对于企业融资成本的降低往往具有滞后性。仍以中国为例，降息、降准到企业融资成本的真正下降，大概有半年以上的时滞。2014 年中期，国务院和金融主管部门推出了降低融资成本等一系列举措，但直到 2015 年年初，企业实际融资成本才出现实质性的下降。

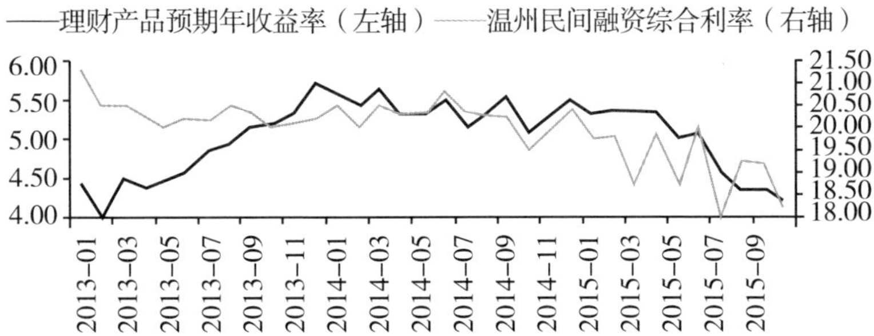

数据来源：万博新经济研究院

图 7–6　企业的融资成本变化图

（二）提高融资成本容易，降低融资成本难

从相关性来看，融资成本与货币供应量具有反向关系，但从调整速度和程度来看，融资成本随货币供应量的变化具有分段性特征：当减少货币供应量时，融资成本往往会随之迅速上升；而当增加货币供应量时，融资成本的下降速度和幅度往往较慢。

当金融机构存在垄断时，融资渠道较为单一，缺乏竞争的金融体系，会很快将融资成本的提升转移到中小企业的资产负债表中。以中国为例，2010 年 10 月，为了应对物价上涨，中国央行开始多次加息，一直延续到 2011 年 7 月。期间，银行理财产品的收益率从 2.5% 上升到 2011 年底的 5.3%，提高了一倍多，企业的实际融资成本迅速上升。

与之对应的，2011 年中国商业银行净利润达到 1.04 万亿元，比 2010 年增长 36.3%，平均每天日赚 28.53 亿元。而中国 GDP 增速却从 2010 年上半年的 10.8%，跌落至 2011 年底的 8.8%。

反之，在货币宽松阶段，由于处于垄断地位的金融机构具有利润刚性，企业尤其是中小企业的融资成本却很难迅速大幅下降。比如，2014 年 11 月，央行下调金融机构人民币贷款利率，一年期贷款基准利率下调 0.4 个百分点至 5.6%。而中小企业的贷款利率，往往是资金成本加上风险溢价，风险溢价取决于企业的资质。由于银行的资金成本没有出现明显下降，企业的风险溢价也没有显著变化，为了维持刚性的利润水平，金融机构的实际贷款利率，尤其是中小企业的实际融资成本很难再下降到 2013 年“钱荒”之前的水平。

三、降低企业融资成本的影响和政策组合

对于中国而言，降低融资成本的影响远远大于减税的影响。2015 年中国的税收收入只有约 12.5 万亿元，每降低一个点的融资成本，企业的利润增加 2500 亿元，而中国 70 万亿元的企业信贷总额，每降低一个点的融资成本，企业的利润就增加 7000 亿元，其直接影响是相同比例减税的将近三倍。

降低融资成本，对于企业尤其是对于中小企业释放供给潜

力，具有重要推动作用。2015 年中国中小企业发展促进中心主任秦志辉指出“从直接融资看，中小企业板和创业板股票市场门槛较高，面向中小企业的债券类、信托类、票据类和短期融资券等金融产品创新不足，政策性创业引导基金规模小，中小企业集合债券、中小企业集合信托等融资成本高，综合融资成本往往高达 12% 至 15%”。以此计算，若将融资成本降至 8%，将极大释放中小企业的生产力。

从融资成本对新供给和老供给的影响来看，新供给对融资成本的弹性更大，即降低融资成本，新供给产业的有效供给量会大幅增加。

降低融资成本可从以下三个方面入手：

第一，银行贷款是企业间接融资的重要来源，降息是降低企业融资成本最直接的途径。

对于利率自由化程度较高的美国，联邦基金利率（Federal funds rate）的变动能够敏感地反映银行之间资金的余缺，美联储则通过调节同业拆借利率，影响商业银行的资金成本，进而影响企业的融资成本。

而中国可以调节的途径则更为多样，比如直接降低银行的存贷款利率或通过影响上海银行间同业拆放利率（shibor）影响银行的资金成本，进而降低企业的融资成本。

比如，2014 年 11 月以后，央行多次降准降息，上海银行间同业拆借利率由 2015 年初的 3.64% 下降到 1.79%，长三角票据贴现利率由 4.4% 降至 2.85%。影子银行利率水平方面，大型商业银行理财产品收益率由 5.3% 下滑至 4.20%，温州地区民间短期融资利率由 19.75% 降至 18.18%。

第二，增加货币供应量有利于降低企业融资成本。根据高融资成本的形成原理，当货币当局通过公开市场操作增加货币总供应量时，供给曲线向右移动，通过货币政策的传导作用，会带来均衡利率的下降，进而降低企业的融资成本。

由于货币的流向需要经过资本市场、资产市场、银行体系，最终流向实体经济。不应简单用 M2 与 GDP 的差额来衡量货币供应量的合理性，而应综合考虑单位 GDP 货币供应量和单位产能货币供应量[①]的影响。

第三，合理的金融体制是降低企业融资成本的重要保障。当存在金融机构的利润刚性时，融资成本具有“上去容易，下来难”的特征。处于垄断地位的金融机构，为了保证原有的盈利能力，会降低货币政策的有效性，进而导致企业融资成本下降幅度较小或下降幅度较慢。因此，建立合理的微观金融体制，引入市场化竞争是保证降息和增加货币量实施效果的重要保障。

总之，从本章放松行政管制和垄断，以及融资成本和税收的影响看：每取消一批行政审批、行政管制和垄断，就会形成一批新的有效供给和有效需求；每降低一个百分点的税收，每降低一个百分点的融资成本，就会有上百万家企业扭亏为盈，焕发出勃勃生机。

---

① 参见本书第九章第四节第 5 小节“货币对物价的影响——从单位 GDP 货币供应量到单位产能货币供应量”。

第八章

解除要素供给抑制，释放供给潜力

放松供给约束只能在短期收到提振经济的效果，而提升经济增长的中长期动能，须从供给侧改革，解除人口与劳动、土地与资源、金融与资本、技术创新、制度与管理五大生产要素的供给抑制，释放要素供给潜力，提高经济潜在增长率。

第一节　解除人口与劳动的供给抑制

在第五章中，分析了当劳动的供给量、供给效率、供给成本受到抑制的情况下，会造成产出损失。解除人口与劳动的供给抑制，也应从提高劳动的供给量、提升劳动的供给效率、降低劳动的供给成本等入手，来衡量人口或劳动政策是否抑制了劳动供给、是否降低了劳动的供给效率或抬升了用工成本。本节主要从人口控制政策、户籍政策、移民政策和劳动法律环境等角度，来分析如何激发人口与劳动的供给潜力。

一、从人口控制政策到人力资本战略

人口与劳动是财富源泉，在资源丰富、生产技术发达的国家和地区，人的财富价值受到整个社会的普遍重视；而在生产技术落后、资源贫乏的社会，常把人口看成负担。只有特殊的历史阶段，因为资源的限制、技术的停滞，人口创造财富的能力受到制约的“人口资源陷阱”阶段，人口控制论才阶段性地具有一定积极意义，但即使在那样的阶段也并不是唯一的选择。按照恩格斯的认识，人口控制思想即使在财富增长“瓶颈”阶段有一定积极意义，也应该慎重采用。历史证明，在人们漫长的财富拓展中，只有短短的300年间人口因为资源约束而弱化了其财富的意义。[①] 长期来讲，人们的想象力、创造力和财富开拓能力是无限的。

以中国为例，中国制造业的优势很大程度上是人口和劳动的优势，工资得以较长时间保持低速增长水平，改革开放以后，中国经济的高增长很大程度上得益于人口红利。2010年以后中国劳动局部短缺的局面开始初露端倪。作为世界第一人口大国，中国的人口红利正在迅速消退：中国的劳动规模已经由

① 滕泰．民富论——新供给主义百年强国路［M］．东方出版社，2013：第22页。

2012 年的 9.37 亿降至 2015 年的 9.11 亿[①]，这是中国劳动人口连续四年绝对值下降。据国家统计局的数据，2015 年第四季度的岗位空缺与求职人数的比率约为 1.1，即 1.1 个岗位对应着 1 名求职者；而在 2001 年一季度为 0.65，即 100 个求职者竞争 65 个岗位，岗位供不应求，这表明中国的劳动市场供求状况已经逆转。

根据前文对于人口与劳动供给抑制的分析，当基本的人口生育水平下降带来劳动绝对数量的下降时，有可能形成劳动供给量的抑制，进而造成产出的损失。对应的，如果能够解除劳动的供给量抑制，提高人口与劳动的供给量，如图 8-1 所示，从 Q_1 恢复到 Q_* 的水平，那么产出也会从 Y_1 提高到 Y_*。

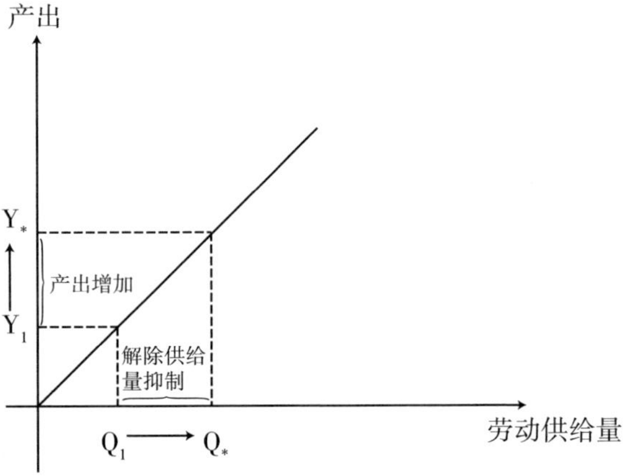

图 8-1　解除劳动供给量抑制对产出的影响

① 劳动人口连续四年下降，十年后的经济支撑在哪？［N］. 21 世纪经济报道，2016-02-28.

据 OECD 预测，到 2030 年中国 65 岁以上人口占比将超过日本，成为全球人口老龄化程度最高的国家。人口老龄化意味着人口红利的丧失和经济增速的下滑，当人均收入和存量财富还远远未达到富裕水平时，未富先老将带来极大的社会问题。正是在这样的背景下，2013 年 11 月，十八届三中全会《中共中央关于全面深化改革若干重大问题的决定》启动实施了“一方是独生子女的夫妇可生育两个孩子”的政策，逐步调整完善生育政策，促进人口长期均衡发展。2015 年 12 月 27 日全国人大常委会表决通过了人口与计划生育法修正案，“全面二孩”政策于 2016 年 1 月 1 日起正式实施。这一政策解除了人口的供给量抑制，有利于总产出水平的提高。

不仅人口生育水平会影响劳动的供给量，人口的教育水平也会影响劳动的供给质量，进而影响劳动的有效供给量。根据人口与劳动供给抑制模型的分析，当劳动有效供给量受到抑制时，也会造成产出损失。因此，放开人口控制政策，所解决的主要是中短期内绝对的人口数量增长问题，所应对的主要是未来人口老龄化难题，只是治标之策。人口价值受制于劳动的数量，更取决于劳动的有效供给量。未来应从人口控制政策逐步转向人力资本战略。从以生育管理为核心的“人口政策”，尽快过渡到以优生和提高人口质量为核心的“人口战略”，并进一步成为以教育和提升创新能力为核心的“人力资本战略”。这才是治本之策，也是一国持续繁荣、具有前瞻性的富民强国之策。

提高人口的质量和素质，关键是一系列的观念更新以及与之配套的具体制度的改变。这些观念包括人的财富价值、新的财富观念、人才的衡量标准、新的职业观，等等；与之配套的制度包括废除人口控制的计划生育政策、加大职业教育的投入力度，等等。

以中国为例，在农村，大量的初中毕业生直接放弃学业进入劳动市场，这说明在农村环境中，接受普通高中教育或者中等职业教育的成本太高，大量初中毕业生在权衡之后还是选择直接就业。根据中华全国总工会发布的一份新生代农民工（出生于20世纪80年代以后）调查报告显示，在接受调查的4268人中，务工前学历为小学的有351人，初中2072人，高中或中专1845人。通过数据分析发现，在人力资本因素方面，“是否接受过培训、技术等级、有无证书、目前工作时间”四个变量显著正向影响新生代农民工的务工收入，而“务工前学历”则未能显著影响该群体的收入水平。如果高中阶段教育不能改善农村青年的人力资本供给质量，改革的需要就十分迫切。

再比如，在有限的教育投入中，如果职业教育的投入比例不符合经济的需求，就会造成劳动与就业市场上的结构性失衡。比如中国的劳动就业市场中，一边是万人争挤独木桥的“公务员热”以及白领的供过于求，另一边却是“蓝领荒”“民工荒”。根据中国人力资源市场信息监测中心公布的数据，2016年一季度各技术等级或专业技术职称的岗位空缺与求职人数的比率均大于1。其中，高级工程师、高级技师、技师的岗位空缺与求职人数的比率较大，分别为2.19、2.11、1.94。劳动市场中，用人单位对专业技能人才的需求大于供给，出现了供给短缺。与此同时，人才市场的本科以上高学历人才则供大于求。

人力资本战略要打破“做官取向”“白领取向”“轻视蓝领”的职业价值观；尽快改变长期以来“重知识灌输，轻创新创造”“重排名，重考分，轻实践，轻素质”的传统教育模式；坚决杜绝教育腐败和学术腐败。无论是在未来中国还是全球其他地区，最不受欢迎的就是传统农业社会培养的那种成长并游刃于腐败文化、只擅长背诵各种知识、动手能力差、创新能力差的人。

就中国的人力资本战略而言，一方面要学习德国式职业教育，加大向高级技工等领域的倾斜，培育并形成中国新的比较优势；另一方面应学习美国式的以创新为取向的教育。

二、促进人口流动，提高供给效率

在第五章中，分析了人口不能充分流动时，对于劳动供给成本和供给效率的影响。解除劳动的供给结构和供给效率，让劳动从低效率的部门向高效率的部门转移，如图 8–2 所示，从 E_1 提高到 E_*，有利于提高产出水平。

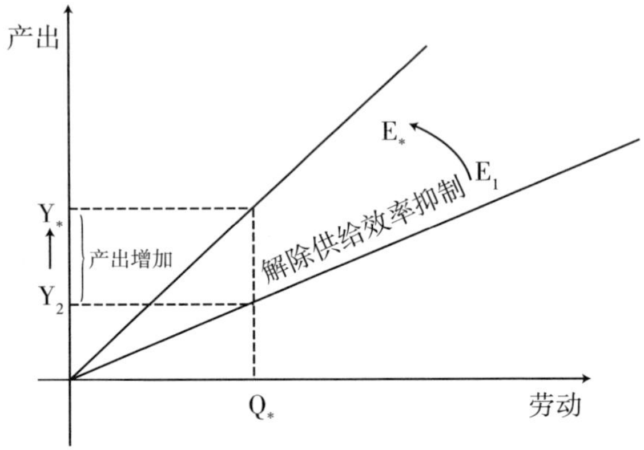

图 8-2 解除劳动供给效率抑制对产出的影响

（一）解除人口跨区域流动抑制，逐步废除户籍制度

为了实现资源与低成本人口结合，人口的迁徙和流动是实现资源有效匹配的手段之一。在英国，16 世纪、17 世纪大量农业劳动人口从土地上解放出来，是当时经济迅速发展的重要原因之一。

从政治学角度看，人口流动是释放人的自由迁徙权利，从经济学角度看，则一国内劳动从低效率的部门流向高效率的部门，也是提高劳动供给效率，增加有效供给的过程。

以中国为例，中国农民每年的人均 GDP 是 8600 元，而非农人口的年 GDP 是 5 万元。[①] 也就是说，一个农民从农业转

① 滕泰．民富论——新供给主义百年强国路［M］．东方出版社，2013：第 47 页。

移到城市就业，其对经济的贡献增加约5倍。未来很长一段时期，只要中国城市、城镇、农村的劳动生产率（工资）差异依然存在，那么农村人口的城镇化，就意味着总就业人口由低效率的部门转移到高效率的部门，会使得总产出增加。

为了促进人口从低效率部门向高效率部门流动，中国需要进行户籍制度改革，释放人口与劳动的供给潜力，提高经济增长水平。如果劳动从农村转移到城市，却因户籍制度而面临着教育、社保、医疗、就业等方面的差别待遇，那么人口的流动效率就会降低。建立合理户籍制度的关键在于让劳动人口转移之后能够获得基本的公共服务权益。比如农村参加的养老保险和医疗保险能够与城市的社保体系对接，农民工达到一定的社保参保年限或者居住年限之后，能够享受必要的义务教育、基本养老等基本公共服务。再比如家庭的主要劳动人员符合定居标准后，其配偶、子女也有申请登记为常住户口的资格。改革阻碍人口可持续流动的户籍政策，有利于释放人口红利，降低劳动用工成本，保证劳动供给的持久性，提高劳动供给效率，提高经济增长动力。

再比如2016年出台的网约车新政细则对网约车司机户口进行了限制，必须是本市户籍，这使得大量的外地人口私家车再无法参与这项服务，进而减少了有效供给。可见只要存在户籍这种歧视性政策，就会不断产生新的劳动供给抑制。

（二）构建移民“软环境”，留住并吸引高素质人才

从一国来看，解除人口流动的抑制是废除户籍制度，而

从全球来看，移民政策是影响劳动在国家之间转移数量和速度的关键因素之一，并与一国经济发展密切相关。通过前文关于人口与劳动抑制的分析，劳动的国际转移同样会通过影响一个国家的劳动供给效率，进而影响一国的产出效率。尤其是发展中国家正处于产业升级转型阶段，需要通过劳动的合理流动，调整本国的劳动结构，引进新技术和经验。对于科研人员的国际流动，一方面可以加速知识流动和科研创新，另一方面也有利于促进现有组织模式的优化，提高资源的运作效率。

完善移民政策是解除人口国际流动的前提，但是否能够吸引高素质的人才，进而提高劳动效率，还需要构建移民的“软环境”。如果不重视移民“软环境”对于优质人才转移和经济发展的影响，可能会造成人才流失。

以中国为例，世界各地华侨华人总数约为 6000 万，是世界上最大的海外移民群体。2013 年，获得美国、加拿大、澳大利亚永久居留权的中国人分别为 71798 人、34000 人、27334 人。2001 年到 2011 年间，加拿大的中国移民人数增长了 63.9%。[①] 大量富人、富二代通过海外投资、海外买房、海外生育、海外就读等方式持续携带资本外流。

研究发现，移民占发达国家总人口的比例大多超过 10%，如美国为 14.3%，加拿大为 20.7%，英国为 12.4%，德国为

① 王辉耀 . 2015 中国国际移民报告［M］. 社会科学文献出版社，2015：第 52 页。

11.9%，澳大利亚为 27.7%，新加坡为 42.9%。中国外籍人才的比例较低，仅占 0.06%，远低于发达国家和地区的平均水平 10.8%，低于世界平均水平 3.2%，甚至低于发展中国家的平均水平 1.6% 和最不发达国家的平均水平 1.2%。[①]

对很多发展中国家而言，真正过剩的劳动人口由于受到发达国家移民法的限制无法输出，相反严重稀缺高科技人才、携带财富的富有阶层却是向发达国家移民的主体，发达国家遍享“移民红利”。在美国，移民已经成为科技创新的重要力量，其申请的专利数占到其专利总量的三分之一。[②]

在全球化时代，精英们携带巨大财富从一国迁徙到另一国，除了家庭团聚等因素之外，根本原因在于移民流出国与流入国在制度、环境等软环境方面的巨大差距。那些人口流出地区往往是自身制度抑制了经济创造活动，法治化程度比较低，腐败盛行，生活成本较高，环境污染严重的国家；而流入国则恰恰相反，是一些政治色彩淡薄，法治化程度高，政府对经济管制较少，人文环境简单，自然环境优美的国家。因此，应尽快建立有本国吸引力的移民政策，构建移民“软环境”。

首先，为减少移民对发展中国家经济长期竞争力的削弱，应该加快改善国内创业环境、就业环境、生活环境，包括：加

① 王辉耀 . 2015 中国国际移民报告［M］. 社会科学文献出版社，2015 年：第 53 页。

② 同上。

快民主与法治建设进程、改善政府服务能力，创造公平的创业环境和就业环境；改善城市居住环境、提高教育医疗等服务水平，等等。只有这样才能留住高素质、高资本、追求高生活质量的人才，甚至未来吸引越来越多的外国资本和技术携带者移民。

其次，以上变革涉及经济、社会、政治等领域，有些是技术层面问题，有些在短期看来可能是认知层面问题或者利益问题，但从中长期来看，这些变革其实都可以看成技术问题，或者说通过技术层面的战略调整得以实现。为了留住那些对国家软环境失去信心而移走的财富精英、技术精英，应该加快经济体制和政治体制改革的步伐。社会变革从来不是直线和单行线，在政治、社会变革速度难达预期的情况下，更不能忽视技术层面的战略调整和进步。就像中国改革开放30年，有很多问题在当时是政治问题，是意识形态问题，是不可逾越的红线。现在回头再看，当时只不过是画地为牢，是自我禁锢，正是邓小平当年的“不争论”的政治智慧，才有随后30年中国经济的稳定增长和今天社会的深刻变化。正因为此，中国未来百年繁荣的富民强国之路，主线一定不是意识形态的争鸣，而是诸如人口、商业贸易、金融、经济制度等方面的政策设计和不断改进。

三、建立完善的用工法律环境，降低劳动供给成本

劳动的供给成本受到多种因素的影响，市场根据劳动供给的稀缺性来自发调节工资水平。但当劳动的法律环境破坏了市场的自发调节能力时，劳动供给成本就会受到抑制。如图 8–3 所示，解除劳动供给成本的抑制，有利于提高企业的用工积极性，加大要素投入，进而增加总产出。

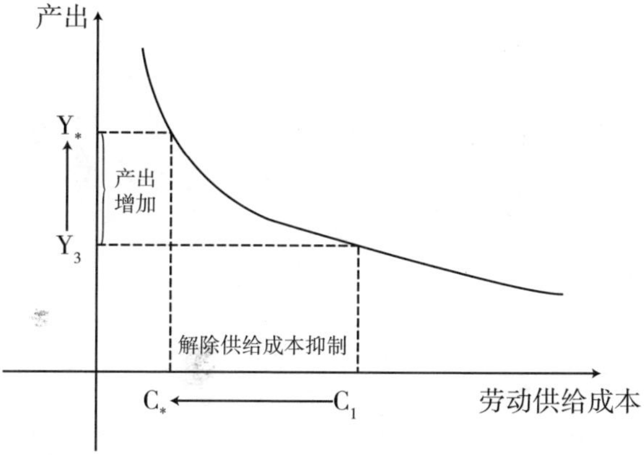

图 8–3　解除劳动供给成本抑制对产出的影响

以中国 2007 年推出的《劳动合同法》为例，在保护劳动者权益的同时，也增加企业的劳动使用和停用供给成本。譬如，劳动法规定，仅当员工严重违反用人单位规章制度，严重失职，营私舞弊，给用人单位造成重大损害时，公司才能

解除劳动合同。对于一般性错误，如果企业辞退员工，企业需给予经济补偿。在用工期限方面，员工连续签订两次固定期限劳动合同后，如需续订劳动合同，应订立无固定期限劳动合同。劳动供给成本统一的用工标准难以适应企业实际情况，这无形中降低了企业用工的灵活性，增加了劳动的供给成本。因此，修改《劳动合同法》对于劳动雇佣和劳动工资的限制，解除刚性涨工资、劳资双方无法自由选择等带来的劳动供给成本的增加，让市场在资源配置中发挥决定性作用，有利于增加总产出。

第二节　解除土地与资源的供给抑制

土地与资源作为生产活动不可或缺的要素之一，是人类赖以生存和发展的自然资源，是农业最基本的生产资料，也是工业生产的场所。土地具有不可再生性，其价值与稀缺性相关，而且不可移动，具有较强的区位差异。通过对土地和资源供给抑制的分析，解除土地与资源的供给抑制，通过合理开发、集约利用，在保证基本农业用地的基础上，增加土地的有效供给，提高土地供给质量，降低用地成本，提高存量土地的利用效率，有利于增加有效供给，提高潜在生产率。

一、拓展用地空间，盘活存量用地

根据土地与资源的供给抑制分析，土地的供给相对固定，但土地的用途却可以进行划分。当土地供给与经济出现结构性的不匹配，即使在土地或资源供给量相对充足的情况下，也会造成土地的有效供给量不足。解除土地与资源的供给抑制，提高土地的有效供应量，如图 8-4 所示，从 Q_1 上升到 Q_*，使得产出从 Y_1 恢复到 Y_*。

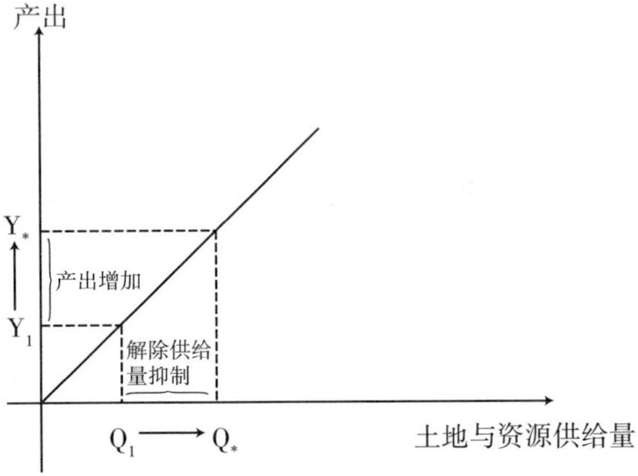

图 8-4　解除土地与资源供给量抑制对产出的影响

以中国为例，中国实行了最严格的耕地保护制度，依法加强耕地占补平衡规范管理。城市市区的土地一般属于国家所有。农村和城市郊区的土地，除由法律规定属于国家所有的以外，属于农民集体所有；宅基地和自留地、自留山，属于农民集体所有。任何单位和个人进行建设需要使用土地时，必须依法申请国有土地。中国严格限制农用地转为建设用地，控制建设用地总量，对耕地实行特殊保护。

在城镇化建设不断推进过程中，土地供给量的抑制会导致土地或资源的承载能力接近极限，进而影响产出。反之，当能够通过如废地复垦、缓坡利用、结构性布局，提高土地的供给量，通过土地开发利用制度的创新，拓展存量土地的利用空间，将有利于发挥生态效益和经济效益。据统计，发达国家的复垦率占 80%，而中国还不足 30%，具有很大的供给潜力。

随着用地的刚性需求与耕地红线矛盾的不断凸显，拓展用地空间，创新土地开发利用制度，变得越来越迫切。比如科学开发低丘用地，合理进行产业布局，开发“缓坡建房、低丘建厂”的新型用地模式，提高土地利用效率，降低用地成本。

在存量用地方面，中国 2009 年至 2013 年已供应建设用地中，闲置土地总量占当期年平均供应量的 28.6%，有的地方达 30.5%，[①] 盘活存量用地仍有较大的改革空间。比如，闲置厂房、仓库的改造再利用，对闲置的农村建设用地和废弃的矿山进行开发复垦等。

二、改革土地审批制度，提高土地的供给效率

在土地的供给效率受到抑制的情况下，也会造成产出损失。如图 8–5 所示，优化土地审批流程，解除土地的供给效率抑制，从 E_1 上升到 E_*，能够使产出从 Y_2 恢复到 Y_*。

以中国为例，中国的土地审批具有审批层级高、流程控制严格、审批层次多、市场参与度低等特点。从土地审批流程来看，审批层次过高，民建房和乡（镇）村公共设施、公益事业建设，需要使用土地的，经（乡）企业、乡村公益设施建设外，其他建设占用土地均需报国务院或省级政府批准。其中涉及基本农田、一般耕地超过 35 公顷、其他土地超过 70 公顷需

① 滕泰，范必等 . 供给侧改革［M］. 东方出版社，2016：第 144 页。

报国务院审批。审批流程多，环节复杂，也会降低土地的供给效率。以建设项目为例，从立项到开工，直接审批包括用地预审、申请计划请示、农用地转用审批、土地征收审批等，且每一个环节都需要提供多项资料，如在农用地转用和土地征收环节，需要提供征地补偿费标准合法性安置说明、建设用地“一书四方案”、用地单位征地请示、发改委立项或备案文件、环境保护批准书、水土保护方案批复，等等。这种多环节、高层级的审批模式，对于宏观调控的权限把控上具有一定的优势，但同时也会造成土地流转和供给效率的降低。

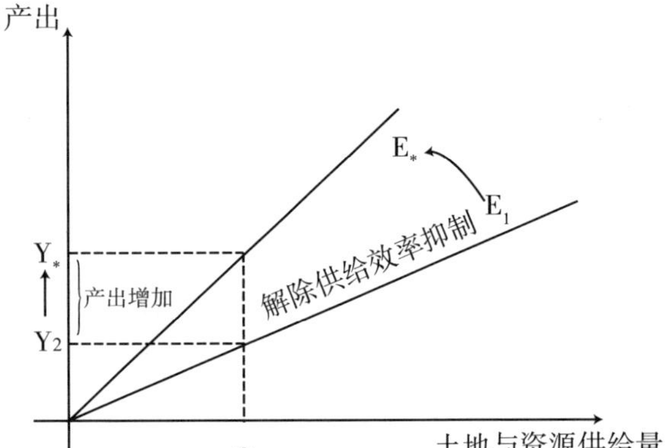

图 8–5　解除土地供给效率抑制对产出的影响

精简审批环节、优化用地报批流程、规范审批行为、提高审批效率，有利于提高土地的供给效率，创造良好的市场环境，进而提高总产出。

三、完善土地供应制度有利于降低企业用地成本

通过对土地供给成本抑制的分析，当土地的供应规模较小、土地供给方式不合理时，会导致供给曲线陡峭，其供给成本增高。因此，优化土地供给方式，建立政府、开发商、农民三方良好的利益协调机制，减少不必要的税费，加强土地供应的市场化配置，有利于降低土地成本。如图 8–6 所示，当土地的成本从 C_1 下降到 C_*，对应的产出也会从 Y_3 恢复到 Y_*。

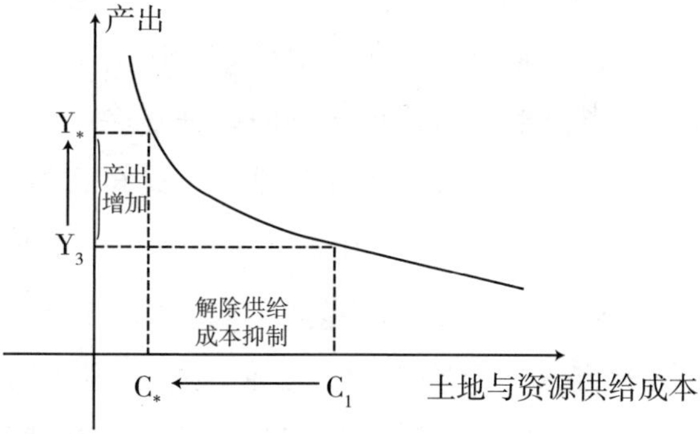

图 8–6 解除土地与资源供给成本抑制对产出的影响

以中国为例，在优化土地供给方式方面，可以实行弹性出让的制度，如先租后让、租让结合等土地供应方式；通过降低或取消不必要的征地行政性费用，直接降低土地供应成本；通过深化财税制度改革，降低地方政府财政收入对于土地出让金

的依赖，适当缩减土地出让金中政府收益部分，比如下调部分专项资金比例，合并或取消部分计提资金项目等；同时可以考虑引入社会资本，多方分担开发成本，避免由政府主导造成土地一级开发市场垄断，同时在土地二次开发市场中探索实行灵活的土地开发方式，如鼓励原土地使用者以合资入股的方式进行共同开发等，降低用地成本。

对于集科研、生产、经营于一体的新产业、新业态用地方面，是否能够通过差异化管理，采用不同的土地供应方式，进而鼓励新供给创造新需求。同时，对于现有用地，是否能够通过存量流转，用于支持知识产业、信息产业、文化产业、金融产业、其他社会服务业等新供给产业，降低供给成本。

新兴产业、新业态的企业在形成过程中，对于土地的需求量较大，但当土地供给价格过高时，往往会导致新供给产业无法形成。在土地一次性出让的基础上，可通过创新用地模式，结合产业的投资规模、生产周期，在方式上采用租赁、先租后让、租让结合的方式，降低企业的用地门槛。通过土地复合利用的方式，鼓励工业、商业、办公等功能的集合，供小微企业进行研发、设计、生产和经营。在制度上，通过细化土地用途，鼓励研发设计、技术推广、新能源、高端装备等用地，保障新兴业态的用地需求。如将新能源水资源节约和循环利用、新能源发电等纳入公共设施类，将科研用地、检验检测用地归为科教用途等，进而降低土地供给成本，提高总产出。

四、优化农业土地供给结构，通过市场化手段实现土地合理流转

土地流转效率降低也会导致土地的供给效率下降，供给成本提升，进而影响总产出。以中国为例，根据《中华人民共和国土地管理法》规定，中国土地的所有权归属分为两类：一是全民所有制，即国有土地；二是集体所有制，主要指农村集体土地。一般城镇土地为国有制，管理相对比较开放；农村土地一般为集体所有制，对于流转和所有权变更都有严格的要求。

农村集体所有的土地制度，受到政策计划指标、农民谈判能力、收益在不同所有主体间的分配方式等多方面因素的影响。这可能会导致土地被征用过程中“补偿不足”和“过度补偿”同时存在。

在新型城镇化过程中，从农田上解放出来的人口和家庭，若其农田权利不明确、不能流转，这些耕地就可能闲置，或者租给他人以同样的小农作业方式耕种。倘若将农民的土地承包权进行合理流转，不仅能够提高中国农业生产效率，还可以为进城农民提供丰富的创业资本，从而加快新型城镇化的进程，有助于城镇化。

在保证基本的交通、水利等民生用地的前提下，加强市场在土地资源配置中的作用，通过增强农用地、宅基地、农村建设用地等农村集体用地的可交易性，提高房地产用地、商业

用地、工业用地等国有土地的流动性，增强现有土地的可利用性，有利于提高土地和资源的供给效率，提高总产出水平。

与土地产权相关的矿山也是一样，各种矿产资源的产权关系是否明确，矿产交易市场发育是否完善，直接影响开采的粗放还是精细，直接影响资源利用效率。

（一）明确产权是推动土地流转的前提

科斯认为，假定产权交易费用为零，无论初始产权状态如何，谈判和产权交易总能使最终产权格局达到最优。然而，如果产权不明确，问题就永远无法解决。明确产权关系，减少交易费用是进行土地流转和交易的前提。

以中国为例，据统计，中国农村土地在集体所有制和承包经营的大模式下，目前有120多种土地承包方式：其中有极端的仍然维持原有村级集体管理的，有全部承包给农户而集体不保留的，也有部分承包给农户、部分村级组织支配的；有根据婚丧嫁娶、生育、升学等人口增减不停重新分配土地的，也有与农户签订若干年合同不根据人口变化及时调整的；有签订三四十年出租合同的，也有三年、五年，甚至一年、两年一签的；有书面承包合同的，也有完全口头划定的。

除了农村土地承包经营权过于繁杂，农村的宅基地所有权也需要强化管理。比如，有的合法宅基地没有产证，也有非法占有的土地以各种方式取得地方政府给予的产权证书，也有事实上占据以等待确权或等待拆迁补偿。在中国每一座城市和农村的城乡接合部，都是一个土地产权的迷宫，在城镇化的过程中土地价格上涨的巨大利益，在政府与集体、个人的复杂博弈中被瓜分，还留下无数“城中村”、小产权房之类无法拆除的“肿瘤”。

由于中国城乡土地制度复杂多样，在这个领域依靠顶层设计，搞出“一刀切”的政策难度较大，即便制定出来实施的社会成本也会比较高。因此，可由中央确定改革原则，把具体改革的权力放给基层，地方政府因地制宜做好产权确认和交易秩序维护工作，让市场推动土地改革。从农业生产效率看，中国农村的生产方式一直是小农经济，而小农经济产出效率自然很低。如果土地产权明确，且可以自由流转并适当集中，中国农业生产效率就会大幅提高。

从实践来看，在中央没有明确办法的情况下，由地方政府主导了多种城乡土地改革模式。例如成都，对土地确权颁证，建立农村土地产权交易市场，设立建设用地增减指标挂钩机制；重庆以综合配套改革提供体制、机制保障，推进地票制度改革、农村土地产权制度；天津以宅基地换房集中居住，承包责任制不变，可耕种土地不减，尊重农民意愿，让农民进入小城镇社区安居等。这些不同的城乡土地改革模式，都是地方政府为了促进城乡资源交流做出的可贵探索。无论是中央政府还是地方政府，都应该做好确权者和合法交易促进者，让市场推动更有效率的土地资源整合。

（二）适度推进土地的规模化发展有利于提高土地的供给效率

除了利用农村土地的流转来释放发展活力之外，土地的规模化利用对于供给效率的提高也有重要意义。一方面，随着城市的发展，城市土地的价值越来越高、供给越来越少，土地的规模化发展必将成为未来趋势。如果土地存在建设用地利用粗放、效率低等问题，要提高土地的利用率，走集约发展的道路。以中国为例，多年来，在以包产到户和家庭耕种为特点的农村土地产权模式下，中国的农业生产长期维持了小农、小规模的耕作模式。机械化、大规模的农业生产作业模式无法推广，从而使中国农业的实际生产效率远远落后于农业技术所能够达到的水平。

根据 2013 年 12 月第二次全国土地调查数据，当前中国共有 20 亿亩耕地，比之前严守的“18 亿亩耕地红线”还多出了两亿亩。这些土地可以由 7 亿人耕种，也可以由 3 亿人、1 亿人耕种，农业总产出并没有本质的区别。人口从农业部门逐步转移到城市工业和服务业部门，一部分农村土地转移为商用，正是倒逼农业技术从“每人耕种两亩地”向“每人耕种十亩地、百亩地、千亩地”的规模化耕作转变的必要手段。

只有实现了规模化耕作，真正提升了粮食亩产，才能保证农业用地、保证粮食产出，进行农村经营用地的流转才有物质基础。因此，在推进土地改革的同时，应从金融政策、科技政策等方面支持提高农业生产技术，促进规模经济，并从国家层面重视粮食价格稳定，保障粮食种植的积极性，从而同步推动现代农业、现代工业和服务业的发展。

总体而言，中国的土地和资源供给抑制还比较严重，在产权优化和资源供给效率提高方面还有很大的改革空间。解除土地与资源的供给抑制，有利于释放更多的土地红利，增加有效供给，支持中国经济长期健康发展。

第三节　解除金融与资本的抑制

破除金融抑制，应从拓宽金融供给渠道、调动多方资源等方面保证基本的资本供给量；从金融制度和产品创新、金融体系内部效率的提升等方面提高资本的供给效率，降低企业的融资成本。

一、拓宽金融供给渠道，增加资本的有效供给量

通过金融抑制对资本供给量影响的分析，当资本供给量不足时，会导致新供给形成或扩张企业的融资需求得不到满足，进而降低有效供给，影响总产出。在经济下行时，央行在稳定金融体系的前提下，可通过多种降低存款准备金率等方式，保证必要的资本供给量，从 Q_1 提高到 Q_*，会使总产出从 Y_1 恢复到 Y_*，如图 8-7 所示。

以中国为例，应打破过度依赖商业银行的资金供给模式，调动多方资源，建立多层次金融体系，拓宽资本供给渠道。中国的企业融资目前仍然过度依赖商业银行，且国有银行处于绝对垄断地位。在银行体系，资金天然会流向有硬资产抵押的大

企业，而很多中小民营企业却面临融资困难。培育适宜中小企业发展的金融环境，不仅需要改革现有银行融资渠道，更需要大力发展资本市场融资渠道。多层次的金融体制和金融市场有利于减少资本供给抑制。

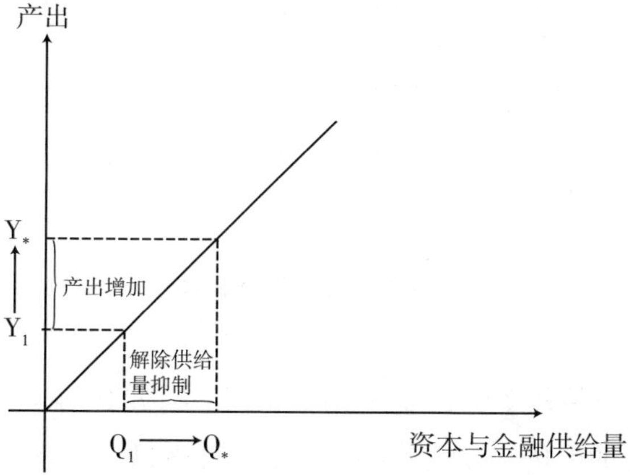

图 8–7　解除金融与资本供给量的抑制对产出的影响

二、改革金融制度，优化资本供给结构，提高资本供给效率

在金融与资本供给抑制一节中分析了当资金供给效率降低时，会造成产出损失。如果能够通过优化金融制度，优化资本供给结构，减少供给效率的抑制，有利于产出提高。如图 8–8 所示，当资金的供给效率从 E_1 上升到 E_*，将使得产出从 Y_2 恢复到 Y_*。

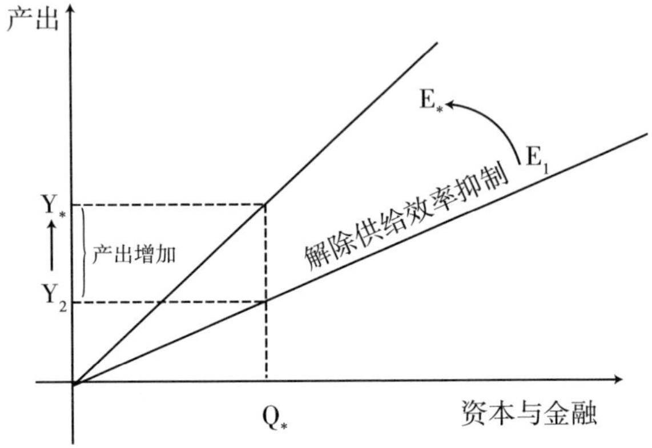

图 8–8　解除资本供给效率抑制对产出的影响

资本供给效率受到金融制度和供给结构的影响。当老金融能够服务的老供给逐渐萎缩时，如果金融供给没有随之转型，金融的服务效率就会降低。

以中国为例，在银行业存在垄断优势的情况下，由于中小企业相对于大型企业，单个企业的平均资金需求量较小，但贷款前资质审查的成本又相对较高，使得银行的金融供给效率与中小企业的资金需求矛盾日益突出。

金融和资本供给结构需要对接“新供给”。促进金融的流向与新供给扩张方向一致，需要通过制度和产品服务的创新来驱动。当新产业、新技术、新业态、新商业模式等不断涌现时，在金融机构的传统的信贷政策和信贷标准下，金融的创新速度落后于企业的发展和经济转型速度，会造成整个金融体系的资金供给效率降低，难以进而减少总产出，抑制经济增长。

三、有效降低资金供给成本

如图 8–9 所示，当实体经济的资金成本从 C_1 下降到 C_*，将使得产出从 Y_3 恢复到 Y_*。

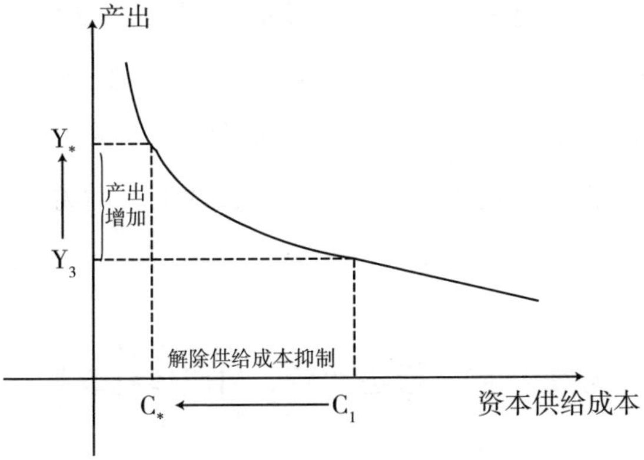

图 8–9　解除资本供给成本抑制对产出的影响

对当前的中国经济而言，每降低一个点的融资成本，实体经济企业的利润可增加 7000 多亿元——有效降低资金供给成本，不仅从宏观政策上需要降低以存款准备金为代表的货币供给抑制，而且需要从金融机制上深化改革，比如要在商业银行领域放松垄断和管制，减少由于垄断金融机构的利益刚性而制约资金成本的下降；又比如，在废除了“贷存比”这样的行政管制措施之后，还有哪些影响资金流动、信用创造，影响资金成本降低的金融管制措施，需要根据新形势及时取消。

第四节　解除技术创新的供给抑制

技术创新，有利于优化资源组合，是财富增长的源泉。解除技术创新的供给抑制，实现技术创新对经济发展的持续推动，需要从三个方面入手：教育和研发投入，科技创新成果供给量和技术的转化效率，提高经济的长期增长潜力。

一、以创新导向，推进教育、科研体制改革

教育是推动技术创新、供给升级的基础。教育体制和教育水平往往对于一个国家创新型人才的数量和质量产生决定性的影响，进而影响一个国家的可持续发展能力。

以中国为例，1977 年以来近 40 年教育飞速发展，迅速扩大的高等教育规模，为中国经济的起飞做出了重要贡献。然而近些年来，无论是基础教育，还是高等教育、职业教育都难以适应以知识产业、信息产业、文化产业、金融产业、其他服务业为代表的软产业的创新型人才需要。首先，几千年的“科举文化”和几十年的高考制度，使整个小学、初中、高中都沦为“应试教育”的阵地，孩子们花费大量时间背诵各种僵化的知

识，体育、艺术、娱乐、社会公益活动等时间绝大部分都被应试课程挤占。这样的教育让孩子不快乐、让家长不满意，长期必然会降低整个国家的创新能力。在北京、上海、深圳等国际化大城市，越来越多的中国家长选择把孩子送到国外读初中、读高中，以逃离“应试教育”。

中国的大学教育也没有形成创新型的科教体制，所培养的知识型人才，并不能让大部分用人单位满意。中国当前的教育体系虽然每年都消耗巨大的财政资源，却并未减少家庭的教育支出，并且用各种僵化的知识和无穷无尽的考试消耗着孩子们的青春，中国教育领域的供给侧改革已经迫在眉睫。

显然，推动中国教育供给侧改革首要的问题绝不仅仅是增加投入，而是改变教育理念和教育方式的问题。应以培育创新型人才为导向，要构建多元化的高等教育与职业教育体系；应扩大知识产业、信息产业、文化产业、金融产业、其他服务业等新经济领域的专业招生规模，适应新供给、新消费、新经济的需要；还应有序放开教育市场，鼓励民间资本有序进入教育市场，学习引进海外先进办学经验。

在科研体制方面，中国也需要通过深化改革来解除技术创新的抑制。为什么很多国有科研机构白白耗费了大量财政资源，却缺少真正有市场价值的创新技术？为什么像华为这样的民营企业的研发投入却更有效率？科研机构和科研体制的“去行政化”和市场化改革，也是解除技术创新抑制的重要方面。

除了把僵化的科研机构推向市场，最近几年中央和各地政府在高科技产业园区孵化方面做了很多积极的努力，给高科技创新企业不少优惠和扶持，这些都极大地提高了创新的效率，加速了新技术、新业态、新商业模式的形成。

二、营造良好环境，提高科技与创新成果供给量

完善创新环境，首先要注重知识产权的保护，提高创新的回报，进而促进经济增长。同时，也要把产权保护与产业结构转型、人力资本积累与创新性国家建设等方面结合起来共同推进。目前中国已经出台了《物权法》，然而如何进一步重视和保护各种软权利，建立细分产权市场、发展自己的创新技术，激发中国人的创新和创造能力，也是中国科学技术发展战略的重要组成部分。

在学术研究方面，也要创造良好的学术环境和保障机制，引导高水平技术成果的产出。其中，人力资本是研究成果的基础和核心。在人才引进方面，应完善海外人才和留学人员回国就业的鼓励机制，如提供合理的工作和生活保障。同时优化人才的流动机制，发挥市场在人力资源配置中的决定性作用。

在专利资助政策方面，要兼顾公平性和效率性，一方面，合理确定资助对象，在大中型科研单位和小微型企业或研究机构中合理分配资助名额；另一方面，强化专利质量和专利转化率的管理，避免片面强调数量的单一管理模式，建立统筹协调、精细化、质量化的专利资助政策，避免重复资助、低质量资助和资助“真空”。

加强创新创业等新供给形成阶段的多元化资金支持。在新供给形成阶段，企业的融资能力相对较弱，资金成本的弹性较高。因此，在加大政策基金扶持、减免初创项目税收的同时，应吸引更多的社会资本参与，并形成风险共担、收益共享的市场机制。

三、提高技术创新的转化效率

技术科研成果向实际应用的转化效率，是影响技术创新对人们福利增加的关键因素。由于高校的非经济属性使得高校的科研成果更多是基于理论逻辑，对于市场需求的敏感性相对较弱，使得科研成果与经济实际脱节，可应用性和成熟度降低。所以，提高技术创新转化率首先要打破高校研究与产业经营的壁垒，建立双向交流机制，实现创新协同发展和产学结合，提高学术成果和企业实践的转化率。比如，通过企业与高校或科研院所共同建设实验室、技术开发中心等，提高学术研究的针对性和实用性，更好地服务于产业发展，推动技术创新。

其次，健全科研机构科技与创新成果转化的激励机制。不再将科研成果的数量作为评价标准，更多地在质量和操作性方面进行评价，鼓励研究人员参与自主创业，推动成果转化。比如从成果导向性评价向成果转化度评价延伸，不仅注重科研成果的技术价值，同时考虑科研成果的商业价值和公共价值。此外，还应该建立市场导向的科研机制，增加研究项目设立的多方参与度，建立科研机构、行业协会、企业单位等多方参与的产业与科研融合的机制。

第五节　解除制度与管理的供给抑制

制度决定了一个国家宏观的社会分工效率和微观的企业生产效率，而社会分工和管理效率的提高自然带来经济的增长。在人口、土地资源、资本和生产技术没有太大变化的情况下，解除制度与管理的供给抑制，能够提高单位资源、资本、劳动的产出效率，进而提高经济潜在增长率。

一、解除制度供给抑制，保障要素的合理流动和配置

在制度层面，保障劳动、土地、资本、技术等要素的充分流动，如保障土地要素流动的产权制度与土地市场、保障资本充分流动的金融制度等。分割的要素市场会降低市场价格的敏感性，推高要素价格的波动，而要素不充分流动造成的供给不畅、不均衡，会显著推高要素成本，降低宏观资源配置效率。

如图 8-10 所示，如果通过深化制度改革，解除要素的供给抑制，提高要素的供给效率从 E_1 提高到 E_*，则对应的总产出会从 Y_1 提高到 Y_*。

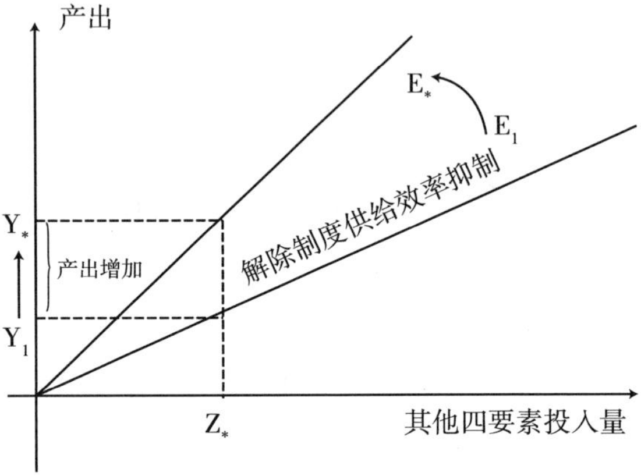

图 8-10　解除制度供给效率抑制对产出的影响

二、降低制度成本，提高制度和管理的供给效率

相对于民营企业而言，大部分国家的国有企业占用的单位资金和资源产出效率较低。为了提高单位资本、资源、劳动的使用效率，强化对国有企业的激励和约束，中国政府倡导的混合所有制改革对于提高供给效率具有十分积极的作用。

如图 8-11 所示，解除制度与管理成本抑制，会使得制度成本或受其影响的其他生产要素成本从 C_1 下降到 C_*，则对应的总产出会从 Y_2 提高到 Y_*。

如今的中国国有企业混合所有制改革，应该是最具改革潜力的领域，但是这个领域的改革既要解放思想，又需要明确坚定原则。中国宪法已经明确保护私人财产权，所以无论公有产权还是私有产权都必须强调其不可侵犯性，一定要加大对贪污受贿、侵犯国有财产的惩处力度，这样才能保护、推动尊重产权的文化。

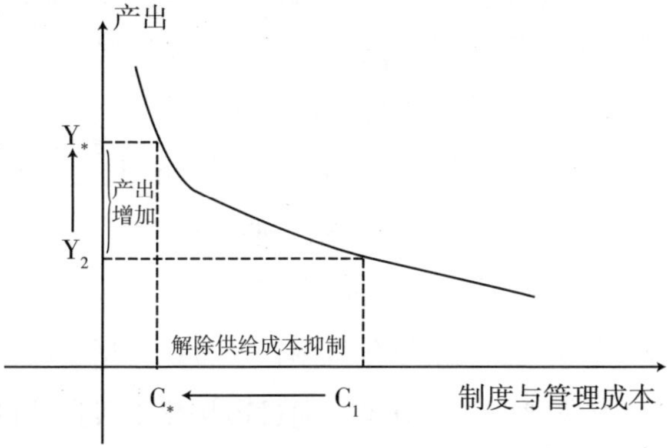

图 8-11　解除制度与管理成本抑制对产出的影响

在推进混合所有制改革过程中，一方面要有明确的国有产权评估办法和科学的评估体系，另一方面凡涉及国有股权内部转让的必须引入外部市场化竞争才能确保公平。对于那些既无科学评估，又暂时没有引入外部市场化竞争者的国企“混改”，可以把“混改”的突破点放在“增量”方面。

当然，解除制度与管理成本抑制并不限于国企“混改”，而是涉及宏观和微观的各种制度层面。不管在什么层面，对现有制度和管理组织模式进行改变，都往往会涉及各方面的利益。做好新制度出台之前的社会保障和基础安抚工作，同时注意各项制度的衔接和支撑作用，有利于提高制度改革的效率。

为了维持制度改革中的利益均衡，必要的情况下不排除市场主体对即将退出的行政权力或原有利益相关方进行赎买。比如，在 2006 年的中国资本市场“股权分置”改革过程中，原本没有流通权的大股东，通过向流通股东按一定比例送股、支付“对价”，获得了流通的权利，结果非流通股和流通股的利益都得到照顾，企业治理结构得到改善。

不管什么样的改革，都必须在保持政治稳定的前提下进行，并且应该尽量采用市场化的渐进改革方式。20 世纪 80 年代以来，中国政府在保持原有国有部门产权稳定的前提下，用承包制、租赁制来引入市场化机制；通过执行增量改革，引入私人部门、国外同行业的竞争，通过市场化手段迫使国有企业提高经济效益；通过股份制改造形成国有经济为主导的混合所有制等措施，更有利于降低改革的冲击成本。未来的中国经济体制改革，总体上仍然应该坚持渐进式改革。

第九章

影响物价波动的供给冲击模型

新供给主义经济学认为，商品的价格是由供给和需求两方面力量决定的。在短缺经济背景下，物价极易受到货币供给量变化和总需求变化的影响而大幅波动；而在过剩经济背景下，即便有货币超发，也会更多流向资产市场并冲击资产价格，而非消费品市场和消费品价格。在过剩经济背景下，阶段性的超额需求会很快被过剩产能所弥补，很难引起严重通货膨胀。过剩经济中的周期性物价波动，更多地受到供给冲击的影响——包括供给成本变化、供给周期、供给升级等。比如，石油和大宗商品的价格剧烈波动对制造业消费品的价格影响；动植物繁殖规律和生长周期对农产品价格波动的影响；以及新供给形成和扩张过程中的供给升级所带来的物价影响。

第一节　供给成本冲击——原材料成本对物价的影响

从供给成本影响分析，原材料价格上涨必然会引起相关终端消费品的物价上涨，但是在现实生活中我们却发现这种影响并不那么直接，至少在影响幅度上低于人们的直观想象。比如

2004 年到 2007 年，国际原油的价格从每桶不足 20 美元上涨到 140 美元，而石油化工业的终端消费品如鼠标、键盘、电话机等并没有那么大幅度的涨价；同一时期铁矿石涨价若干倍，而中国的汽车价格一直在下跌；铜的价格上涨了 n 倍，而用铜较多的空调等也没有大幅涨价。

显然，原材料供给成本变化一定会冲击到消费品价格，但是冲击的力度必须做理性的量化分析：根据笔者 2010 年所作的“四层过滤”模型测算，基于中国当时的经济结构，海外输入原材料价格平均上涨 15%，对中国 CPI 的最终影响只有 0.3 个百分点[①]。

原材料价格对消费物价指数的影响之所以小于直观想象，主要是受到原材料成本价格传导系数、劳动生产率提高、下游过度竞争格局以及流通环节利润弹性等多方面过滤的影响。

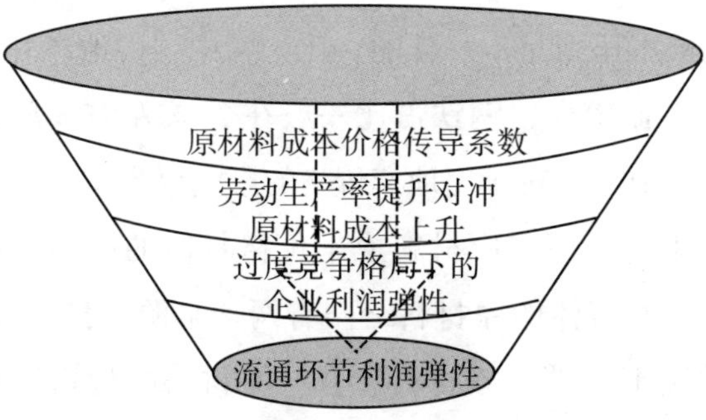

图 9-1　原材料价格上涨对终端消费品价格影响过程

① 滕泰 . 滕泰透视通胀［M］. 中国人民大学出版社，2011 年 .

一、原材料成本的价格传导系数

原材料成本向产成品价格的传导首先经历第一层过滤——原材料成本价格传导系数。这种原材料在产品中成本占比越高，传导系数越大，说明向下游的传导压力也就越大。以金属产业链中的钢铁为例，铁矿石的投入占整个钢材生产成本的50%左右，这意味了铁矿石价格的上涨传导到生铁和钢材时，铁矿石成本上升10%，钢材生产成本上升5%。钢材的下游是房地产、基建、机械、汽车制造等行业，按照钢材在机械、汽车这一环节的平均成本占比50%计算，当铁矿石成本上升10%，终端产品价格平均仅上涨2.5%左右。

同样的原材料价格，不同的原材料使用比例，传导给终端消费品的成本压力是不一样的。比如，中国房地产开发成本中土地成本占比较大，钢铁占比一般在20%左右，那么当铁矿石成本上升10%，对于房地产价格的影响仅为1%。

下面来看一下，原材料成本价格具体的传导过程：在现实中，一个经济体的原材料终归有两个来源，自产或者进口，在很多情况下，进口原材料和自产原材料的价格波动并不同步。如果某种原材料主要依赖进口，当这种原材料出现价格上涨时，将会对终端产品价格产生怎样的影响。一般用进口依存度来衡量某种原材料中进口数量所占的比重，即原材料进口量（I）与原材料总消耗量（E）的比值，就是进口依存度（D）：

$$D=\frac{I}{E}$$

如果将终端产品价格分解为原材料成本（M）与其他成本之和等于产品总成本（T），其中原材料成本占产品总成本比重，即原材料价格传导系数，用B来表示：

$$B=\frac{M}{T}$$

那么当进口原材料价格上涨时，在所有使用的原材料中，只有比例为D的部分涨价，其价格上涨的幅度，将只有比例为B的部分传导给终端产品，由此就产生了价格上涨的第一层过滤因素：输入原材料成本价格传导系数。

由原材料成本占产品总成本比重（B）与原材料进口依存度（D）乘积构成输入原材料成本价格传导系数（Q）。即：

$$Q=B\times D$$

原材料成本价格传导系数越大，说明这种原材料在成本中所占的比重越高，向下游的传导压力也就越大。据实际测算，输入钢铁原材料成本价格传导系数约17%，输入石化原材料成本价格传导系数约39%，输入造纸成本原材料成本价格传导系数约15%，等等。

其次，如果某种以自产为主的原材料价格上涨，我们可以沿用相同的分析思路，只不过用原材料自产率（D′），即原材料自产量（I′）与原材料总消耗量（E）的比值，来取代进口依存度（D），即

$$D' = \frac{I'}{E}$$

这时自产原材料成本价格传导系数（Q′）可以表示为：

$$Q' = B \times D'$$

最后，还有一种情况，就是自产原材料和进口原材料的价格波动基本同步，在这种情况下区分进口原材料和自产原材料就没有意义了。这时可以认为原材料进口依存度（D）的数值为常数1，即

原材料成本价格传导系数（Q）就等于原材料成本占产品总成本比重（B）。即：

$$Q = B \times D = B$$

之所以最上游原材料涨价对终端消费品的影响小，更重要的是因为这种涨价要在全产业链来分摊：假定从石油开采，到炼制石脑油，二甲苯，到PX，到PTA，到聚酯纤维、纤维切片、涤纶长丝，到纺织业，到服装加工，中间有九个生产环节，每个生产环节的价格传导系数相乘，最后得出的从石油到纺织服装的总价格传导系数就很小了。

当然，并不是所有的制造业产业链都像石油化工那么长，所以也不是所有的产业链都能像石油化工业一样承受原油累计涨价6000%的冲击。从铁矿石到汽车制造业，只有三四个生产环节，但是其原材料价格传导系数的乘积也很小。

二、生产率提升会对冲原材料成本上涨的影响

在生产环节，技术进步和生产效率的提升可能会改变原材料成本的比例。提升劳动生产率的方法包括几个方面：首先是技术，往往体现为机器设备的先进与否。更先进的技术将减少原材料的使用，或者用更为廉价的原料代替昂贵的原料，使得单个产品的成本也会降低。其次是工人的熟练程度，即工人能否熟练地使用机器设备进行工作。工人的熟练程度提高，将减少生产过程中的差错和拖延，从而减少成本中为此支付的部分，由此降低单个产品的成本。最后是组织，即生产过程的组织是否科学合理。组织管理水平的提高，也将节约时间、空间、环节和物料，相应地降低单个产品的成本。

下面看一下每一个环节生产率提高对于价格传导的影响，假设：

1. 某终端商品的产业链一共有 N 个环节；

2. 每个环节劳动生产率提高的数量为 P_n（n=1，2，3，…，N）；

3. 每个环节劳动生产率提高的数量，即为该环节的成本下降的数量；

4. 各环节劳动生产率提高，对原材料涨价的最终过滤效果用“劳动生产率过滤系数（L）”来描述，则

$$L=1-(1-P_1)\times(1-P_2)\times\cdots\times(1-P_n)$$

例如，在生产终端商品 A 需要经过一个有四个环节的产业链，每个环节的劳动生产率提高数量。如表 9–1 所示。

表 9–1　产业链各环节劳动生产率提高示例

环节	劳动生产率提高数量
1	2%
2	5%
3	3%
4	4%

那么商品 A 的劳动生产率过滤系数

$$L=1-(1-0.02)\times(1-0.05)\times(1-0.03)\times(1-0.04)=0.133$$

也就是说，通过各环节的劳动生产率提高，可以过滤掉 13.3% 的原材料成本上涨压力。

同理，产业链的每一个环节都存在提高自身生产效率的空间，产业链包含的生产环节越多，中间环节对原材料成本上涨的吸收能力也就越强，上游原材料涨价带来的成本压力越小。

很多产业供给扩张越快，规模效应越明显，劳动生产率提高越快。历史上每一个制造业大国的崛起，一般都会造成原材料价格上涨，而制造业大国崛起过程中的生产效率提高有时候甚至可以让下游产品的价格不断下跌——英国崛起过程中的纺织品，美国崛起后的汽车、化工品价格都是不断下降的，在他们消耗资源最多的年份里，造成的并不是通货膨胀，而是产品相对过剩和通货紧缩。

三、下游过度竞争挤压厂商利润，抑制终端消费品价格涨幅

一般而言，出厂价是在生产成本的基础上加上一定的利润空间。

在消费需求具有刚性的行业，消费品厂商能够在确保一定盈利的基础上，将一部分的原材料成本压力向消费者转移，又不能过度转移而降低市场份额。

对于那些需求价格弹性比较大的消费品而言，在完全竞争的条件下，哪个厂商先涨价，通常就会损失大量的市场份额，结果只能挤压自身的利润，尽量不涨价或少涨价。

在供给过剩条件下，消费品表现出很高的供给价格弹性，也就是说，当价格有微小的变动时，就能导致供给有很大的变动，只要出现较小的价格上涨，供给量就能大幅增加，结果造成下一个阶段更大的价格下跌。

因此，在过度竞争的环境中，对于厂商来说，市场份额比利润更加重要。只要收入能够覆盖成本，即使没有很多利润，厂商也能够生存；而一旦丧失了市场份额，意味着企业面临着灭顶之灾。因此即使上游原材料价格上涨，下游厂商也会通过压缩自己的利润来维护自身的市场份额，而尽量不会选择提高终端产品价格。

正是上述原因，那些处于供给成熟或老化阶段的制造业

消费品，很难将上游成本上涨压力传递给消费者。由于产品品质、外观、性能的差异不大，下游处于降价促销的过度竞争阶段。此时，上游成本上涨，各厂商的产品涨价却很困难。

总之，原材料价格上涨能够通过产业链的不同环节进行分摊，产业链越长，终端消费品涨价压力越小。当下游厂商过度竞争时，终端消费品调价困难，其原材料涨价的影响往往会被厂商利润消化，这也反映了厂商应避免同质化竞争，着力进行供给升级的重要性。

第二节 供给成本冲击——劳动成本对物价的影响

从供给成本影响分析，劳动价格的上涨也会引起相关终端消费品的物价上涨。但是其对物价的真实影响也不同于人们的直观想象。

一、劳动供给成本变化对不同行业的价格影响

劳动成本向下游传导过程中，劳动成本在总成本中所占的比重越大，工资上升对于物价的影响越大。

将劳动成本从其他成本中分解出，则终端产品价格分解为原材料成本、劳动成本、其他成本及利润之和。其中原材料成本（M）、劳动成本（L）与其他成本（C）之和等于产品总成本（T），则劳动成本占总成本的比重，即劳动价格传导系数，用 B_L 来表示：

$$B_L = \frac{L}{T}$$

如果其他成本均不变，劳动成本上升的幅度为ΔL，则总成本为：

$$T' = M + (1 + \Delta L) LB_L + C$$

这个公式的含义是，劳动成本在总成本中占的比重（B_L）越大，工资上升对物价的影响越大，我们可以将劳动成本在总成本中占的比重（B_L）称为"劳动成本价格传导系数"。

在不同的行业中，劳动成本价格传导系数是不同的，表9–2列出了部分行业的劳动成本价格传导系数：

表 9–2　部分行业的劳动成本价格传导系数[①]

第一产业	粮食种植	40.8%
	油料种植	49.2%
	蔬菜种植	40%
	生猪养殖	9.97%
	鸡养殖	3%
第二产业	非金属矿物制品	9.6%
	服装纺织	8.6%
	炼焦和石化	5.5%
第三产业	竞争性服务业	<15%
	金融业	17.9%
	非竞争性服务业	32.9%

由上表的数据可以看到，当工资上涨时，由于劳动成本价

① 根据滕泰《滕泰透视通胀》第五章相关数据整理，中国人民大学出版社，2011年。

格传导系数的过滤作用，只有一部分工资上涨的压力被传导至总成本，其中种植业的传导力度较大，但最高也不超过 50%。

总体而言，劳动成本上升，对于资本密集型工业品的影响较小，而对于劳动密集型食品加工、轻工制造以及人力成本占主导的服务业的冲击效应会更加明显。

二、劳动生产率提高可以过滤部分劳动成本上涨压力

经过劳动成本价格传导系数的过滤，价格上涨压力被削弱，劳动生产率的提升将进一步弱化劳动成本上升对物价的影响。

假设某商品 A，其产业链上某环节的工资水平为 S，劳动生产率为 P，则单位商品分摊的劳动成本为

$$I=\frac{S}{P}$$

如果工资上涨幅度为 ΔS，劳动生产率没有提高，则单位商品分摊的劳动成本为

$$I'=\frac{S+\Delta S}{P}$$

其中$\frac{\Delta S}{P}$就是工资上涨带来的单位商品劳动成本增加。

如果劳动生产率也同时提高，提高幅度为 ΔP，则单位商品分摊的劳动成本为

$$I'' = \frac{S + \Delta S}{P + \Delta P}$$

很明显，$I'' < I'$，即劳动生产率提高后，将减缓工资增长对单位商品劳动成本的增加，也就是说，劳动生产率减少了工资上涨对物价的影响。

三、竞争格局对劳动成本上升的过滤

在过度竞争下，产品的同质性使得生产商不断通过降价促销来争夺市场份额，对手之间没有谁敢轻言涨价，因为这样只能把自己的市场份额拱手相让，遭遇品牌与市场的双重损失。因此，生产企业缺乏价格话语权，劳动成本上涨难以向下游传导，企业必须通过压缩自身利润来消化劳动成本上涨。

当制造业整体处于供给结构老化的阶段，产能过剩与过度竞争并存，这一格局制约了工资成本向整个制造业下游传导的动力，最终只能由生产企业承担。

劳动成本在服务业领域的传导，也会受到相关行业利润弹性的影响，在过度竞争的压力下，服务提供商也只能通过压缩自身利润来消化劳动成本上涨的压力。比如，2007 年以后中国证券行业的人工成本上升很快，而该行业的服务价格——证券交易佣金，却大幅下降！行业的恶性竞争，伴随着牛市阶段市场交易量的成倍放大，造成了这种劳动成本上升、产品价格下降的特殊格局。2008 年至 2011 年，随着熊市的到来，市场交易量大幅萎缩，劳动成本却刚性上升，整个行业的总收入和利润总额持续下降——券商通过减少利润，消化了工资的上涨，从而使其产品价格——证券交易佣金，继续在过度竞争中大幅下降。

在农业领域，还有很大一部分劳动成本上涨的压力通过财政补贴的方式被吸收了。

总体来看，劳动成本对物价的影响路径与原材料类似，但影响程度却不同。只要生产环节需要人工参与，劳动成本不但不会被分摊，反而会叠加到最终消费品价格中。因此，劳动成本冲击物价的影响远远大于原材料成本。

根据我对中国 2010 年那一轮通货膨胀的研究，在当时的经济结构下，受到劳动成本占比、劳动生产效率提高、终端消费品过度竞争影响，中国劳动成本平均上涨 15%，对 CPI 的影响中值为 1.94%。对比同期输入原材料价格平均上涨 15%，对中国 CPI 的最终影响只有 0.3 个百分点，劳动成本上升对物价的影响是原材料价格影响的 6 倍多。

这样的实证研究结果，再次论证了解除劳动供给抑制、降低劳动成本的重要性。

第三节 供给周期的影响——以农产品价格变化为例

除了供给成本外，供给周期性变化也会造成物价的周期性波动，其中小农经济体制下的农产品的供给周期性波动最典型。农产品的量价波动受到供给周期、供给缺口、供给弹性、供给结构等因素的影响。

一、生长期决定价格波动周期

农产品的供给与制造业不同，受到动植物繁殖规律和生长周期的影响，根据农产品生长或生产周期的长短不同，可分为短周期产品和长周期产品。

对于短周期产品，如蛋类、奶类，其生产具有连续的特征，生产周期较短，只有几十天，供给的变化更容易完成。当生产线足够多时，能够弥补生产周期的波动，使得供给量不会出现大幅变化时，进而导致价格较为平稳。即使价格出现波动时，其产量也能够在短期恢复，使得价格恢复平稳。

对于长周期产品，如粮食、蔬菜和肉类，其供给周期较长，通常在半年到一年之间。而需求相对稳定，因此价格会随着生长周期而波动。在其成熟季节来临之前，其价格相对较高，而进入收获期之后，其供给量会大量增加，价格相对较低。因此，对于长周期产品，需求的相对刚性和生长周期带来的供给波动是导致价格呈现周期性波动的主要原因。

对于长周期产品，如需求稳定、供给大幅波动且生长周期较长的特点，本期的供给量由上期价格决定，这决定了粮食价格呈现出“蛛网模型”特征。比如：T 时期价格高，农民种植或养殖的积极性会随之升高，导致 T+1 期的产量增加；在消费需求具有刚性的情况下，产量增加会导致 T+1 时期的价格下降；价格下降后，农民种植或养殖的积极性回落，结果 T+2 期的产量下降，并导致价格上升。

比如，粮食作物都有相对固定的生长期，一旦种植面积确定，在生产期内产量一般为零。在生长周期内即使价格上涨，供给也很难增加，必须等到下一个收获期产量释放或确认新粮丰收，价格才会回落。长周期产品的价格波动，往往会经历一个、两个或三个生长期。

如图 9–2 所示，在 1993 年至 1995 年的通货膨胀中，粮食价格自 1992 年到 1994 年 10 月持续上涨三个生长周期；在 1998 年至 1999 年通货膨胀中，粮食价格连续上涨两个生长周期；在 2004 年通货膨胀中，粮食价格自 2003 年 8 月到 2004 年 4 月大幅上涨一个生长周期；在 2009 年至 2010 年的通货膨胀中，粮食价格经历了一个生长周期。

数据来源：wind 数据库，万博新经济研究院

图 9–2　粮食作物生长周期与价格波动周期

二、供求缺口决定价格波动方向

由于粮食作物在生长期内产量为零，粮食消费只能依靠库存。当期产量与当期消费的差，即供求缺口决定价格波动方向。但供求缺口受到库存的影响，当库存量较大时，供求缺口的影响较小，当库存紧张时，供求缺口的影响较大。

以小麦为例，2003 年至 2006 年，小麦的库存量一直在 5000 万吨以下，平均为 4400 万吨，期间小麦的生产价格指数最高达到 131.19，最低为 96.41，振幅高达 36%，价格波动较为剧烈，其中 2003 年和 2004 年供求缺口急剧缩小，但价格大幅上涨；在 2008 年至 2010 年间，小麦的库存量平均达到

5700 万吨，期间小麦的生产价格指数最高为 108.67，最低为 107.86，振幅仅有 0.75%，期间供求缺口变化较为剧烈，由正转负，但价格较为平稳。如表 9–3 所示。

表 9–3　中国小麦库存、供求缺口与生产价格指数统计表

指标名称 年份	小麦生产价格指数	小麦期末库存（千吨）	供求缺口（产量 – 总消费量）
2003	103.02	45 701.00	–17 902.00
2004	131.19	44 049.00	–8 932.00
2005	96.41	40 136.00	–4 987.00
2006	100.07	46 076.00	5 602.00
2007	105.50	49 538.00	3 446.00
2008	108.67	58 134.00	8 148.00
2009	107.86	59 873.00	370.00
2010	107.86	53 218.00	–7 540.00

三、价格弹性决定价格波动幅度

价格的弹性是指一定时期内一种商品的供给量或者需求量对于该种商品价格变动的反应程度。粮食作为一种大宗商品，其供给价格弹性和需求价格弹性都很低，在粮食作物的生长周期内，其供给价格弹性为零，即无论价格如何变化，产量都为零。这就导致了农产品价格就像“细皮筋”，供给的每个微小变化都会引起价格的剧烈波动，供给弹性越小，价格波动越大。

以小麦为例，小麦的供求弹性小，需求刚性而供给无法在短期大幅增加，无论价格变化多么剧烈，供求关系短期变化都不大。2010 年全球小麦产量 648.14 百万吨，总消费量 662.11 百万吨，仅仅短缺 1400 万吨，CBOT 小麦期货价格却从 6 月 9 日最低 425 美元上涨到 8 月 5 日最高 868 美元。而在此之前的 2009 年，全球小麦产量 684.18 百万吨，总消费量为 654.25 百万吨，产量仅仅超过消费量 3000 万吨，CBOT 小麦期货价格却从最高约 600 美元持续下跌到 2010 年 6 月 9 日最低 425 美元。[①] 自 2013 年以后，小麦的全球产量一直大于全球总消费，如图 9-3 所示，对应的 CBOT 小麦价格从 2013 年 1 月 2 日 884 美元，一路下跌到 2016 年 8 月 31 日的 388.5 美元。

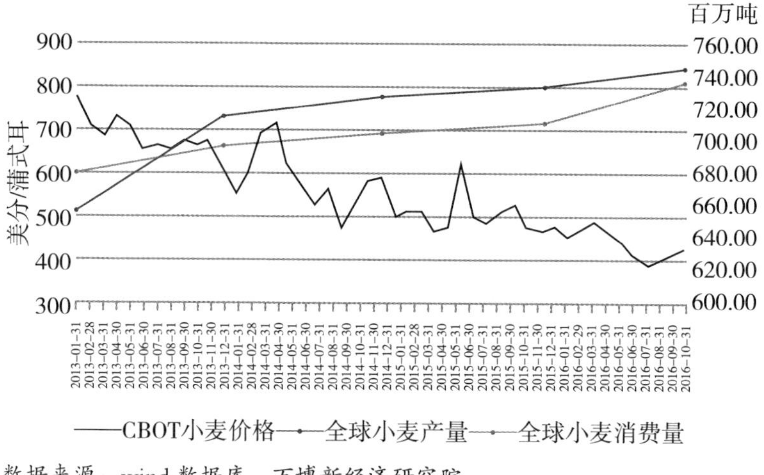

数据来源：wind 数据库，万博新经济研究院

图 9-3 小麦价格变化与供求缺口

① 滕泰，郝大明 . 食品绝对价格下半年稳定，同比涨幅回落［R］. 民生证券研究所，2011-6-13.

蛛网模型受到供给周期的影响，而蛛网的波动趋势则取决于供给和需求的弹性。当供给的弹性大于需求的弹性，价格的变动对于消费量的影响小于对于供给量的影响，波动会逐步加剧，越来越远离均衡点，蛛网的形状趋于发散。比如，棉花的生产周期是一年，当棉花价格上涨时，当年的生产已经固定，产量只能在第二年增加，第二年供给的增加量大于需求增加量，供给大于需求，价格下跌；当第二年棉花价格下降时，当年的产量已经固定，只能在第三年减少，供给减少的量大于需求减少量，进而价格上涨……随着价格的变化，供给的增加量或减少量总是大于消费量的变化，进而导致实际价格与实际产量的上下波动幅度会越来越大。如图 9–4 所示。

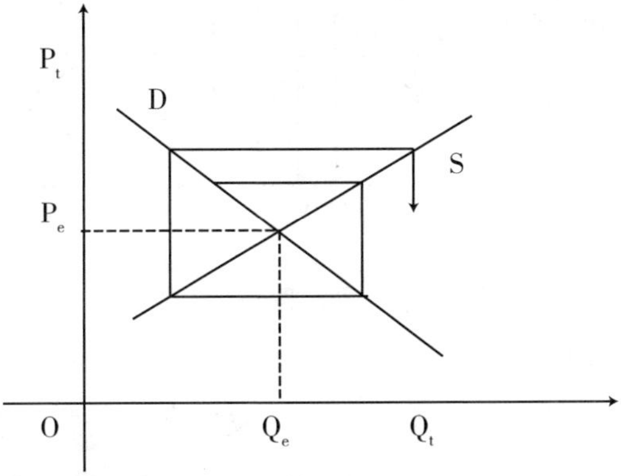

图 9–4　蛛网模型——发散型

类似的，当供给的弹性小于需求弹性时，价格和产量的波动将逐渐减弱，供给虽然会根据价格进行下一期的产量调节，但是供给的增加量或减少量，小于消费的变化，进而导致实际价格与实际产量的上下波动幅度越来越小，蛛网的形状为收敛型。仍以棉花为例，当棉花价格上涨时，第二年产量增加，但供给的增加量小于需求增加量，价格向均衡价格收敛；当第二年棉花价格下降时，第三年的产量减少，但供给的减少量小于需求的减少量，价格继续向均衡价格收敛，进而导致实际价格与实际产量的上下波动幅度会越来越小。如图 9–5 所示。

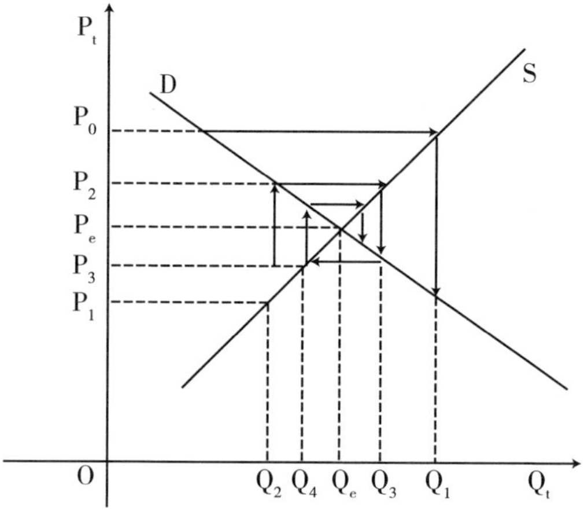

图 9–5　蛛网模型——收敛型

当供给的弹性等于需求弹性，波动会一直循环下去，既不会远离均衡点，也不会恢复到均衡位置，蛛网的形状趋于封闭。

从历史数据的表现来看，粮食的价格波动基本遵循“蛛网模型”，猪肉的价格波动遵循“弱蛛网模型”，其他食品中的如蔬菜、奶类和蛋类也具有弱蛛网模型特征，但是进口量大的大豆、植物油和食糖等，蛛网模型特征不明显，主要受制于国际市场价格。供给周期较长，本期供给量由上期价格决定，使得粮食价格的波动特点是在增产→跌价→减产→涨价的圈子里循环，而需求弹性和供给弹性都很小的特点，决定了粮食价格容易出现暴涨暴跌。如图 9-6 所示。

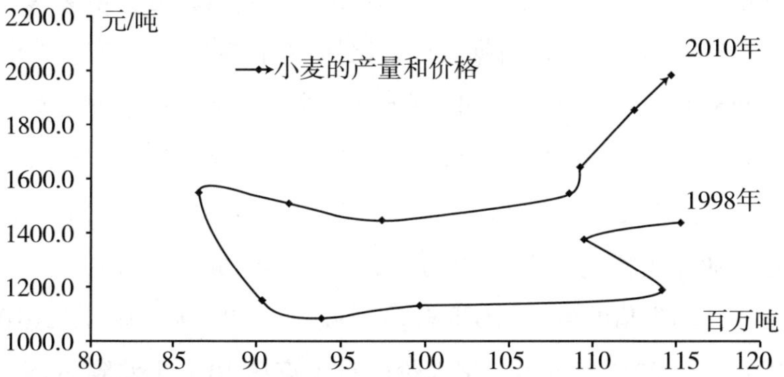

数据来源：万博新经济研究院

图 9-6　小麦价格与产量的蛛网模型

四、供给结构决定了物价稳定性

对于某一类产品，如生产周期较长、需求相对稳定、产量受到上期价格影响的农产品，其价格波动受到供给周期的影响。而对于一个经济体，供给周期对于价格的影响程度取决于一个国家的供给结构。

比如，当一个经济体的供给结构中，长周期产品占主导时，价格就更容易受到供给周期的影响，价格波动较为明显。

当一个经济体中的供给结构中，短周期产品占主导时，价格的波动更为平缓。

再比如，当一个经济体中规模化生产占主导，比如美国的规模化大生产，有利于产品统筹安排各期的产量，继而熨平价格波动，即使呈现“蛛网模型”，也有收敛趋势。相反，当一个经济体小农经济占据主导，比如中国的农产品生产，农户之间相对独立，很难统一协调下期产量，进而往往呈现出发散的蛛网形状，加剧价格的波动。仍以生猪周期为例，与美国不同，中国生猪养殖行业以中小散户为主，2015 年前十大生猪养殖企业年出栏量仅为 4000 万头，占总出栏量还不到 10%。价格一直随生猪的生长周期呈现剧烈波动。如图 9–7 所示，2010 年 6 月至 2011 年 6 月，猪肉价格每千克从 10 元上涨到 40 元，上涨了 3 倍，而从 2011 年 6 月见顶之后持续回落，到 2014 年 5 月降到 16 元，下降了 60%。

数据来源：wind 数据库，万博新经济研究院

图 9–7　中国猪肉价格的波动

一个经济体的供给结构决定了供给周期对于物价水平的影响程度，进行供给结构改革，通过规模化生产平滑不同供给周期的产量，有利于平滑供给周期对于物价波动的影响。小农经济的供给结构就决定了物价会随着供给周期而上下波动。

生长周期决定价格波动周期，供求缺口决定价格波动方向，价格弹性决定价格波动幅度，供给结构决定物价稳定性，新供给主义经济学将以上农产品的量价波动规律定义为“农产品量价波动四大定律”。

第四节　供给升级及其他因素对物价的影响

供给升级是新供给形成和扩张阶段带来的品类变化对物价的影响，以及处于供给成熟和老化阶段的消费品对自身进行功能改造所带来的物价上涨。其他对物价造成复杂影响的还有流通成本、税收成本、融资成本、预期和货币因素等。

一、供给升级的物价影响

随着新供给的不断形成和扩张、老供给不断附加新价值，在引领消费不断顺应变化、转型升级的过程中，其新的附加价值也会反映在物价当中。

比如居民消费价格指数 CPI[①] 中鞋类基本稳定在 2% 的年增长水平。仅从价格来看，假如 1990 年需要花费 50 元来买鞋，在 2000 年可能就需要花费 100 元，到 2016 年可能需要花

---

① 居民消费价格指数 CPI（consumer price index）是一个反映居民家庭一般购买的消费价格水平变动情况的宏观经济指标。它是度量一组代表性消费商品及服务项目的价格水平随时间而变动的相对数，是用来反映居民家庭购买消费商品及服务的价格水平的变动情况。

200元。而从产品本身来看，在20世纪90年代50元买到的是双星的球鞋，2000年我们买到的是双星的旅游鞋，而2016年买到的是登山鞋、跑步鞋、篮球鞋等具有各种功能的鞋。虽然在CPI中，这些都统计为鞋类，但商品的物理功能、品牌款式、制造材料等价值含量已经大不相同。

类似的，从20元一斤的普通肥牛到2000元一斤的神户肥牛，差别在于神户牛特殊的饲养方式和香而不腻、入口即化的口感；过去几年中国白酒的涨价也是一样，茅台的价值不在于酿酒的2斤粮食，而在于其承载的文化、社交、品牌等。

同一配置的汽车，在其推出之后其价格往往会进入一个降价通道，而厂商则通过不断更新换代、提高配置、增加功能，不断赋予其新的功能等方式来抵御降价。同样的，苹果手机2008年刚刚推出iPhone3时价格大概是3999元，到2016年推出iPhone7plus时，其256G内存的价格大概在7988元左右，但是iPhone7plus与iPhone3相比在功能、设计、显示屏幕等都进行了全面的升级。苹果手机价格上涨的过程，也是苹果手机功能不断完善、硬件和软件功能不断升级、新的需求不断创造、引领消费升级的过程。在2008年，智能手机的全球市场份额占比不足10%，手机的功能还停留在通信工具；而2016年，智能手机几乎人手一部，普及率极高。美国IT调研机构Gartner发布报告称，到2016年年底，全球82%的手机是智能手机的市场。手机已经成了人们生活、娱乐、社交、工作等不可或缺的重要组成部分。

可见，并不是所有的物价上涨都是货币或需求现象，甚至未必是成本增加，表面上的物价上涨背后其实是供给和消费的升级。供给升级使得供给附加了新的价值，并创造出新的需求，这样性质的物价上涨过程正是新供给的价格表现，也是供给升级推动经济增长的过程。

二、商业环节成本对物价的影响

物流环节的销售、储运活动所产生的成本，以及批发商、零售商、仓储者、运输者的利润，最终都将作为物流成本影响物价。以中国蔬菜为例，很多生鲜蔬菜的地头收购价只占零售价的 15% 左右，批发价占零售价的 25%，其余的 50% 的售价来自城市的“最后一公里”。当然，生鲜蔬菜的损耗比较大，商业物流部门承担了损耗的风险，所以在总价中占比较高。中国 2015 年总的流通费用大约 10.8 万亿元，流通费用的变化对物价影响也不可忽视。

降低仓储物流环节的成本，可以通过建立良好的交通运输系统，比如完善的铁路网、公路网、水路航道、空运和海运系统，降低运输的成本；通过降低公路等通行费用也能降低流通环节的成本；另外，通过改进物流和仓储的技术或管理经营模式，可以节约成本，降低终端商品的价格。前两种更多需要政府政策的支持，第三种更多地体现在零售行业本身的供给改革或升级。

根据物流和仓储的管理模式不同，可以将零售行业分为三类：多级批发＋零售模式、大卖场模式和电子商务模式。传统商业模式一般是多级批发＋零售模式，从生产商到消费者要经过多道环节，每个环节都会发生费用，也都要增加自己的利润，导致流通环节成本上升，增加了终端商品价格的上涨压力。

20世纪50年代是消费者年代，在美国出现的大型连锁超市大大改变了传统商业模式，进入大卖场模式。以沃尔玛为代表的大型连锁零售企业直接向生产商订货，然后通过自己的配送中心和运输部门，将货品配送到地处市郊的大型卖场，由顾客以自选形式购买，这样第一可以减少流通环节；第二可以降低人工、地租等费用；第三通过完善的商品库存和物流信息系统，可以准确地掌握商品的库存销售和运输数据，大大提高了销售的精准程度，减少了生产物流环节的浪费。

互联网普及以后，电子商务进一步减少了流通环节，提高了销售的精准程度。在电子商务模式下，生产商可以直接销售给终端消费者，取消了批发和零售环节，可以大量节省地租、人工等费用；同时，在互联网的帮助下，生产商可以直接了解消费者的精准需求，实现“以销定产”甚至“以需定产”，减少了生产、储运环节的浪费、闲置。电子商务通过创新物流和仓储的经营模式，为消费者提供了更多的选择和便利，大幅降低了商业环节成本对物价的影响。

三、税收和融资成本对物价的影响

税收和融资成本会通过上游向下游、生产者向消费者的价格转嫁而影响物价水平，其对于物价的影响程度，取决于上游厂商或者终端产品生产厂商的议价能力。

在第四章中“间接供给约束”一节里，分析了不同弹性下税收和融资成本反映了厂商的议价能力高低。当供给弹性小于需求弹性时，税收或融资成本更多由卖方承担。对于老化供给，其供给价格弹性较小，厂商的议价能力较弱，此时税收和融资成本提高时，会导致企业盈利能力大幅下降。成本会通过挤压厂商的利润，降低资产回报净利润的方式消化，进而对于物价的影响有限。

当供给弹性大于需求弹性时，税收或融资成本更多由买方承担。对于新供给，厂商的议价能力较强，税收或融资成本的提高，会带来迅速提价，进而对物价产生明显影响。例如，2009 年 7 月中国国家税务总局公布了《白酒消费税最低计税价格核定管理办法》，在从价税率不变（仍为 20%）的前提下，将税基（即计税价格）大幅提高，其中茅台、五粮液等知名高端品牌的计税价格被核定为各自销售公司对外销售价格的 60% ~ 70%。消息一出，白酒市场价格出现了普涨。8 月 1 日该办法开始执行当日，沱牌曲酒率先提价，将旗下“陶醉”“舍得”系列产品售价上调 6.5% ~ 10%。五粮液、茅台等高档白酒虽然没有明涨，但部分超市零售价却悄然上涨，并且由于代理商故意囤积，消费者担忧涨价大量购买，出现了零售环节供货紧张甚至断货的现象[①]。税收对企业生产成本和定价行为的影响可见一斑。

四、预期对物价的影响

预期对于物价的影响体现在需求和供给两个方面：从需求侧看，预期会改变购买者的行为；从供给侧看，预期会改变厂商的产量安排。比如棉花价格上涨，农场主根据过去的经验判断未来棉价还会继续上升，从而扩大生产，结果引起供过于求，价格不涨反跌。如果沿着同样的预期继续下去，那么在下一年农场主很可能会因为害怕价格继续下跌而缩减生产，结果引起供小于求，价格不跌反涨。如果需求方也对价格下跌形成预期，那么往往会延迟消费，进而导致供求关系的进一步恶化，价格出现继续下跌。

尤其在蛛网模型发散的过程中，预期会使得投机者或者囤积者加大供给波动。当供给增长速度远远小于价格上涨速度时，就有可能导致投资者或者厂商，在价格上涨时囤积现货，进而加剧供给紧张，使得供求缺口被迅速放大，需求方买涨不

① 消费税大调整白酒率先提价［EB/OL］. 新财经，2009-9-10，转引自搜狐财经网：http://business.sohu.com/20090910/n266632387.shtml.

买跌的心理又扩大了需求；在价格下跌时囤积现货的投机商会在很短时间内集中释放库存，如同上涨过程中的供求缺口被放大一样，下跌过程中的供给过剩也会被一步步放大，进而使得价格进一步下跌。

如图 9-8 所示，当价格受到供给成本、供给周期、供给升级等影响的波动时，价格呈现周期性波动即 P 曲线；而供求预期加大了价格的波动区间，使得 P 曲线的波动更为剧烈，最终实际价格波动曲线为 P_E，呈现出超涨超跌的特点。

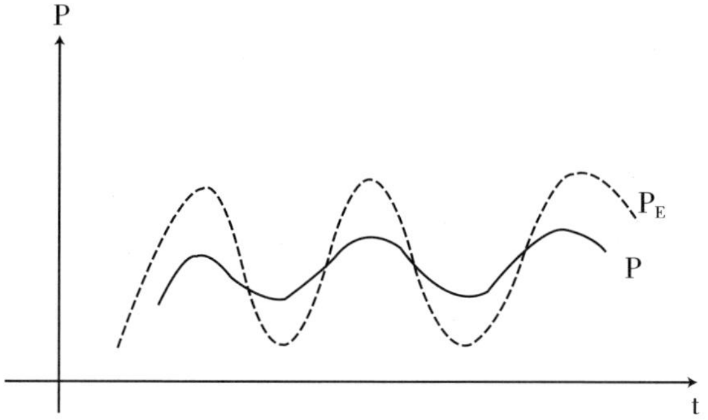

图 9-8　预期对物价的超涨超跌影响

预期的方向无论对错，只要大多数人形成一致预期时，就有可能对物价产生实质影响。比如，2011 年日本地震引发的核泄漏恐慌迅速蔓延到亚洲，中国人对这一灾难也出现了条件反射式的惶恐，一夜之间关于碘盐抗辐射、碘盐生产被辐射的传言满天飞，各大超市、商店、农贸市场的食盐全被抢购一空，影响了食盐的价格。

可见，预期是物价超涨超跌的重要推动因素，一旦形成一致性预期，往往会出现偏离均衡价格的大幅上下波动。合理引导预期，有利于平滑供给产量与消费量，继而降低物价的波动幅度。

五、货币对物价的影响——从单位 GDP 货币供应量到单位产能货币供应量

货币主义学派代表人弗里德曼认为“通货膨胀是一种货币现象”。讨论货币对物价上涨的推动作用，需要分析两个问题：其一，货币供应增加了，实体经济的货币就等量增加吗？其二，流入实体经济的货币增加了，物价就会同比例增加吗？

价格上涨或下跌确实与货币有着紧密的联系，但新增货币并非必然会导致物价上涨。货币如高山流水，从山顶奔流而下，途径江河、汇聚溪流、灌溉农田，最终注入大海。同样的道理，新增货币需要经过资本市场、资产市场、银行体系等多重市场的分流，最终才会注入实体经济，影响物价。尤其当供给过剩的情况下，货币在进入实体经济前，会先流向股市、期货市场和金融衍生市场等资本市场，房地产市场、艺术品市场、收藏品市场等资产市场，只有最终流向实体经济的货币，才会直接带来物价水平的上涨。

即使流入实体经济的货币增加了，物价也不一定会同比例增加。正如水量的变化并不能简单等同于水位的变化，还要进

一步考虑水库的横截面积。单位面积的水量决定了水位上升的幅度。举个例子，同样的水量流入横截面小的水库，水位就会大幅抬升，流入横截面大的水库，则水位变化就相对较小。

同理，流入实体经济的货币量除以GDP总量，即单位GDP货币量，才是决定实体经济中物价变化的关键因素。假设某年流入实体经济的货币量为100，对应的GDP总量为50，单位GDP货币量则为2。当流入实体经济的货币量提高至150，对应的GDP总量为80，单位GDP货币量却下降为1.875。为什么货币量增加了，但反映物价水平的单位GDP货币量没有随之增加呢？因为GDP增长对冲了货币量增加导致的物价上涨压力，且由于GDP增速（60%）高于货币量增速（50%），物价水平不升反降了。

事实上，物价是否受货币影响还要看产能利用率的情况。产能利用率指的是实体经济实际提供的产量占最大生产能力的比例。举个例子，假设一个地区有5个人，每人每天支出10元钱，唯一的商品就是包子。一共有10家包子铺，每家最多只能生产10个包子，每个1元钱。但由于总需求只有50个包子，所以产能利用率只有50%。突然有一天，天上掉下来50元，每人手里多了10元，可以多买包子，但此时包子铺虽然发现需求增加了，但可能都不敢涨价，因为担心客户去其他包子铺，但包子铺开始扩大生产，产能利用率提高到100%，即100元钱的总需求对应100个包子的总供给，一个包子还是一元钱。若天上此时又掉下来50元，形成真正的供求缺口，150元去追逐100个包子，结果每个包子才有可能涨价到1.5元。

总之，对于新增的货币，只有流向实体经济的货币才会带来物价的上涨；对于实体经济的货币，只有超过单位 GDP 货币供应量和单位产能货币供应量的货币才会影响物价。

第五节　新供给经济学的物价管理思想

一、新供给经济周期不同阶段的物价波动本质

新供给经济周期不同阶段的物价波动的本质在于供给创造需求的能力的不同，以及其带来的供给与需求关系的变化。

在新供给形成阶段，总供给依然大于总需求，经济整体仍是供给过剩，物价水平有下行压力，此时无论是原材料、人工成本、融资或税收等供给成本升高，还是产业供给升级，总体物价水平都不会出现大幅上涨。但由于在新供给形成阶段，新供给与老供给并存，虽然物价总体水平不会大幅上升，但可能出现结构性变化。对于老化供给，其议价能力较弱，原材料、人工成本、融资或税收等供给成本的升高，往往通过厂商压缩利润来消化，对于总体价格影响较小；而对于新供给，尤其是盈利支持型新供给，议价能力增强，其价格一方面反映了供给升级，另一方面如果原材料、人工成本、融资或税收等供给成本出现大幅提升，往往会直接反映在终端消费品上，进而带来物价上涨。

在供给扩张阶段，一个单位有效供给创造几倍有效需求，需求增速大于供给增速，所以物价水平有上涨压力，表现为比

较明显的供给升级推动的物价上涨。在这个阶段，厂商的议价能力通常较强，原材料、人工成本、税收或融资成本中任一成本的上升，都可能带来物价水平的上涨。在这个阶段如果认识不到物价上涨的供给侧特征，而通过紧缩的货币政策来调控，其结果往往是导致企业的融资成本提高，进而成本转移到消费者，不仅不能平抑物价，反而会带来物价水平更大幅度的上涨。

在供给成熟阶段，总供给与总需求的关系出现反转，物价水平总体稳定，但随着供需结构的变化而上下波动。在供给成熟初期，供给创造需求的能力下降，但需求增速仍大于供给增速，总需求仍然大于总供给，此时厂商仍有一定的议价能力，原材料、人工成本、税收或融资成本的冲击，仍然会反映在物价上，带来物价上涨；在供给成熟后期，由于存在供给的惯性扩张，随着供给的需求创造系数小于1，并不断降低，供给过剩，厂商议价能力较弱，供给成本冲击往往被厂商的利润而消化，物价难以出现明显上涨。

与供给成熟阶段后期类似，在供给老化阶段，由于总供给大于总需求，当供给成本远超过企业资产回报率时，企业可能会出现破产退出，整个经济体现出通货紧缩的特征。

二、降低供给成本是稳定物价的根本出路

物价受到原材料成本、人工成本、物流成本、融资成本和

税收等供给成本的直接影响，任何一个环节供给成本的增加都有可能导致物价的大幅波动。从影响程度来看，由于人工成本无法在产业链之间摊销，反而会叠加到消费品价格中，因此人工成本对于物价的影响远远大于原材料；对于间接融资占比较高的企业或经济体来讲，融资成本的变化对于经济或企业的影响往往会大于税收；物流成本的变化也影响物价，但从成本占比上来看，一般低于原材料。通过上面的分析可以对供给成本对物价的影响做一个大致排序，如图 9–9 所示，越往上，对于物价的影响越大。

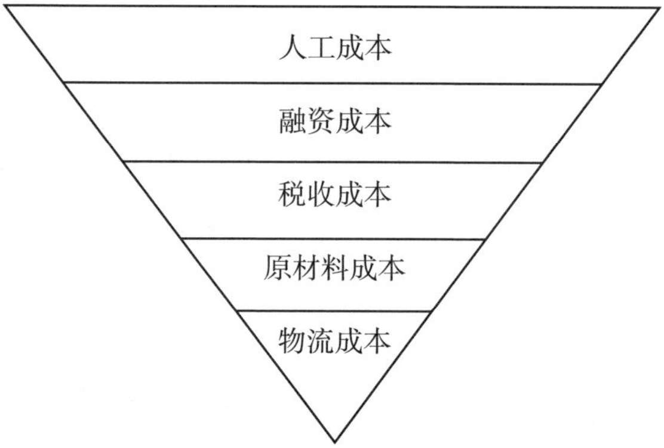

图 9–9　供给成本影响物价的“倒金字塔”结构

通过供给成本影响物价的“倒金字塔”结构，可以看出在降低供给成本方面，人工成本下降或劳动生产率的提升，对于稳定物价具有重要作用。其次，融资成本、税收成本、原材料成本、物流成本的下降，都会降低供给成本。反之，如果在生产要素的供给领域抑制了要素供给，抬高了生产要素的供给成本，则会导致物价水平出现波动。例如，由于存在对人口流动的限制，使得劳动供给不足，进而提高了劳动的供给成本，将有可能导致终端消费价格上涨；由于存在对资源开发的限制，使得资源供给不足，提高了资源的供给成本，进而有可能导致原材料价格的暴涨。通过解除供给抑制，放松供给约束，降低供给成本是稳定物价的根本出路。

三、调整供给结构，降低供给周期对物价的影响

对于需求相对稳定、生产周期较长的产品，当厂商以小规模生产和独立决策为主，其价格与产量的波动往往呈现蛛网模型的特征，产生周期性波动。比如农产品如果以“小农经济”生产为主，那么农产品产量的波动更多受到上期价格的影响，其供给周期对于物价的影响也较为明显。生产周期较长的工业品也有类似的特征，以“小作坊生产”的工业品，其价格受到供给周期的影响较大。

一个经济体，当以“小农经济”或“小作坊生产”占主导的农产品或工业品在 CPI 中占比较大时，其物价水平必然会受到供给周期影响而呈现周期性波动。以中国为例，2015 年中国居民物价消费指数 CPI 中食品占比三分之一左右，这说明食品价格平均每上涨 3%，将推动 CPI 上升一个百分点。

平滑供给周期对于物价影响的有效方法是通过供给结构调

整，适当规模化生产，平滑各期产量，以降低供给周期对物价的影响。比如美国早在 2004 年就基本完成了生猪养殖的现代化规模生产，规模化后美国的生猪存量维持在 6000 万头左右，整体波动幅度不超过 10%，多数低于 3% 左右。2010 年美国前十二大养猪企业拥有的产能占全美国母猪产能近 42%[①]，高度规模化和集中化的生产，降低了产能的周期性波动，也使得猪肉价格整体维持在稳定水平。

四、正确认识货币对物价的影响，管理好预期

通过前面对货币流向的分析，可以发现，货币的流向需要经过股票、债券等资本市场，经过房地产、收藏品等资产市场，才能最终进入实体经济。即使进入实体经济的货币，也不一定会带来物价同等比例的上涨。不能简单地用货币供应量 M2 除以 GDP 来衡量货币对于物价的影响，得出货币超发的结论。只有超过单位 GDP 货币供应量和单位产能货币供应量，才会影响一般物价水平。

比如 20 世纪 80 年代，中国出现过抢购风导致价格普遍上涨，计划经济时代的票证制度掩盖了长期的物质短缺，在票证制度取消之后，人们对日用品和家电的需求被释放出来，短时

① 来源：美国人如何战胜猪周期 [EB/OL]. 猪场动力网，2016-02-25 http://www.powerpigs.net/e/action/ShowInfo.php?classid=7&id=2909.

期的生产能力又不能满足需求，因而出现了价格的普遍上涨。在 20 世纪 90 年代，中国的日用品和家电供给能力大幅提高，到 2000 年已经满足国内市场而且有余，类似的抢购风再也没有出现过。

物价也会受到预期的影响，即使在货币不存在超发的情况下，一致性预期的形成也会导致物价出现大幅波动，呈现出“超涨超跌特征”。因此，正确认识货币的流向及对物价的具体影响过程，管理好预期避免出现厂商的非理性的产能投放和产品生产，引导消费者合理安排各期消费，对于稳定物价具有重要意义。

五、摆脱凯恩斯主义关于控物价和稳增长的矛盾——增加有效供给

按照凯恩斯主义的总需求管理，当通货膨胀就“踩刹车”紧缩货币；一旦经济出现下滑，就用“踩油门”的方法刺激经济。而当失业率和通货膨胀同时飙升时，总需求管理陷入两难。即使没有出现滞胀，控物价与稳增长也存在“两难困境”。

新供给主义经济学认为，当总供给小于总需求，物价有上涨压力，因此控制物价上涨最有效的办法不是控制需求，而是增加有效供给。增加有效供给，同时也是“稳增长”的最有力措施，根本不存在所谓“稳增长与控通胀的矛盾”。

对于产业链较长的工业品或资产，增加有效供给需要从产

业链的源头着手。第二次世界大战以后，由于战争大幅削弱了其工业品供给能力，日本也面临着物资匮乏的窘境，出现了需求拉动型的通货膨胀。要当时的日本直接扩大工业品的供给能力是不现实的，日本当局采取了一种名为“倾斜生产方式”的政策，从源头上扩大工业供给能力。倾斜生产方式就是将有限的进口资源有限配置给煤炭和钢铁行业，煤矿出产的煤炭优先用于炼钢，钢厂出产的钢铁优先用于生产煤矿机械，在这样的互相促进下，作为工业基础的煤、钢两大产业的供给能力率先得到提高，下游的其他行业也渐次活跃起来。

美国的“页岩气革命”也是一个很好的例子。2006年之后，国际油气价格猛涨，即使国际金融危机也只是暂时打压了天然气价格上升的步伐，在2009年之后重拾升势。在油气领域价格高涨的刺激下，在美国的非传统油气领域爆发了“页岩气革命”，页岩油、页岩气的产能大幅增长，成为国际油气价格在2010年之后见顶，并于2014年大幅下降的重要原因。

“页岩气革命”能够在美国爆发，除了自然资源禀赋和科学技术能力方面的原因，还有一个更重要的因素就是在美国的油气开发领域不存在严重的供给抑制和供给约束，生产要素能够在价格信号的引导下自由进入这一领域开展研究和开发。试想，如果在美国的油气领域存在供给抑制，例如资源完全由少数油气公司垄断把持，那么高企的油价只能成为其牟利的良机，而不会成为促使其开发非传统油气资源的信号。

可见，只有从供给侧着手，优化供给结构，增加有效供给，才能从根本上解决凯恩斯主义关于控物价和稳增长的矛盾。

六、兼论中国的房价管理：限制需求 vs 增加有效供给

房价涨跌受到五大因素的影响：人口与移民因素、可支配收入、金融、资产配置及土地供给。城市人口增加、收入增加、金融杠杆加大、家庭资产配置四个因素能够通过需求侧影响房地产的价格，但是从根本上平抑房价的长期上涨还需要从供给侧着手，增加有效供给。

需求侧管理短期能够影响房价，随着城镇化进程的不断推进，从长期来看需求管理往往是无效的。比如，人口因素推升的房价上涨，如果通过购房成本的增加只能让一部分资金不充裕的人暂时不能买房，只能阶段性限制需求，不能从根本上改变供需关系。再比如，调节可支配收入或者通过户籍、房产税等提高购房门槛，都只能短期抑制需求的释放，但从长期来看，不能从根本上抑制房价上涨。

新供给主义经济学认为，解决房价上涨的办法在于供给侧。从供求均衡分析，供给的增加不仅能降低均衡价格，还会增加均衡产量，其中土地的供给是最直接影响房产供需平衡的因素。与多年前美国控制石油开采一样，中国实施了最为严格的耕地政策，严格控制用地指标。但是截止到 2016 年 8 月，北京、上海、广州分别供地 325 万、355 万、133 万平方米，与 2016 年供给指标 1600 万、1125 万、868 万平方米相比，分

别只完成了20%、32%和15%[①]。地方政府作为土地的一级市场供给方，在增加土地有效供给方面还有很大的改革空间。

房地产调控政策应从供给侧出发，多渠道增加土地供应总量，所谓18亿亩耕地红线的合理性实际上是值得商榷的；应明确不同层次的土地产权，促进包括转让权、出租权、抵押权，促进不同层次的土地产权交易；改进招拍挂、协议出让等制度，降低土地交易价格；改进土地征收和审批制度，增加土地供给效率；增加保障性住房和小户型住房供给改善房地产供给结构，才能从根本上解决城市居民住房问题。

① 孟万河《增加土地供给，改变价格预期》，引自滕泰主编《供给侧改革，下一步怎么办》，第55页。

第十章

以“供给要素贡献”为核心的收入分配机制

第一节　按供给要素贡献分配的原理

在要素贡献、要素成本、稀缺性话语权、兼顾公平等影响分配的诸多要素中，首先应该考虑的是按要素分配的原则，谁创造的价值多，谁获得的报酬就多。

一、按五大要素分配的原则

人口与劳动、土地与资源、金融与资本、技术创新、制度与管理作为财富的五大源泉都参与财富创造，都有获取报酬的合理性。正如本书第三章“经济增长动力与模式”中谈到的，从图 3–1 上看，人口与劳动、土地与资源、金融与资本都是生产的基本要素，而从考虑时间坐标的三维空间来看，技术创新、制度与管理并不是固定不变的，就经济增长的长期动力而言，其对于经济的影响甚至更大。

既然这五个要素都是财富的源泉，片面强调某一要素而忽略了其他要素贡献的收入分配思想，都具有局限性。比如，重农主义学说认为，只有土地创造价值，其他活动只是转移土地创造的价值；认为工业也不创造价值，而是在农产品基础上改变花样，赚取利润——只有农业中的土地产品才创造价值；而劳动价值论认为只有劳动创造价值，其他生产要素只能转移价值。计划经济学同样认为只有劳动产品才有价值，并简单把技术和制度的贡献归因于复杂劳动和简单劳动的区别，进而认为商业活动不创造价值，所有商人都是利用信息不对称赚取差价的“投机倒把”分子，忽略了非物质领域的价值创造。

与五大财富源泉不同，从未创造任何财富的行政权力如果直接或间接参与财富的分配，不仅是腐败的源泉，也会影响到其他要素创造财富的积极性。

土地、资本等要素虽然参与了价值创造，但如果由于垄断、要素抑制等原因，获取远远超过其他要素贡献的报酬收入，也会造成收入分配的不合理。

既然人口与劳动、土地与资源、金融与资本、技术创新、制度与管理等创造价值的方式不同，贡献也不同，那么如何衡量要素在价值创造中的贡献呢？

二、劳动、土地、资本的边际生产率

一种生产要素的边际生产率是衡量这种要素在产品生产过程中所做贡献的重要方式之一。假设某种商品的生产只需要劳动和资本两种要素，如果我们保持资本的投入量不变，每增加一单位劳动投入时，产出对应发生变化。当边际生产率递减时，每增加一个单位的劳动投入，产出增量都会有一定的减少。投入一个单位的劳动时，产出的增量为 AB，投入第二个单位的劳动时，产出的增量为 $A^{I}B^{I}$，投入第三个单位的劳动时，产出的增量为 $A^{II}B^{II}$，……以此类推，$A^{I}B^{I}$，$A^{II}B^{II}$，$A^{III}B^{III}$，$A^{IV}B^{IV}$就是劳动的边际生产率。该厂商最终的劳动边际生产率为 CD=AE，劳动的边际生产率 CD 决定了工人的工资。这时矩形 ADCE 所代表的面积，一方面代表了劳动的边际生产率与劳动投入量的乘积，即劳动所做出的贡献；同时也代表了工资与劳动投入量的乘积，即劳动所获得的报酬总额。如图 10-1 所示。

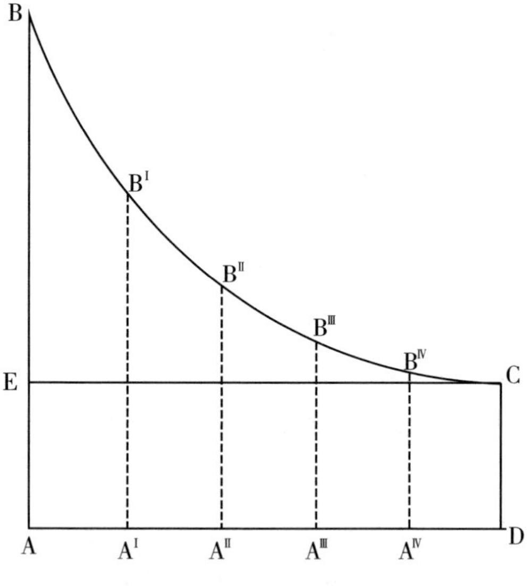

图 10-1　边际生产率变化

与此劳动类似，资本所做出的贡献，也可以用资本的边际生产率与资本投入量的乘积来表示。当边际生产率递减时，资本、土地、劳动的边际生产率决定了资本的利息、土地的地租和工人的工资。那么如何衡量技术创新、制度与管理带来的边际生产率递增在产品生产过程中所做的贡献呢？

三、新供给剩余——技术与管理的附加价值

“新供给剩余”在经济增长中表示技术创新、制度与管理的优化，通过提升全要素生产率，而对经济增长的推动作用。因此，技术创新、制度与管理的要素贡献是以“新供给剩余”的形式体现出来。

产出增长 =（劳动份额 × 劳动增长）+（资本份额 × 资本增长）+（土地份额 × 土地增长）+ 新供给剩余

技术对于总产出的贡献往往通过两种形式：一种是供给对于需求的创造能力，一种是要素投入水平不变情况下有效供给量的变化。

技术对于要素产出效率的影响，可以通过模型对比的方式更为直观的解释。假定有 A、B、C 三个厂商生产同一种产品或服务，三个厂商的技术水平不同，分别为先进、中等、落后，在同样的劳动、资本、资源的投入水平下，高技术的厂商生产的总产出更大，即要素的利用率更高。为了简化模型，仅考虑单一要素的生产效率变化情况。如表 10–1 所示。

表 10-1　技术要素的贡献

厂商	技术水平	劳动的投入量（小时）	产量	单位产品或服务的劳动消耗
A	先进	30	3	10
B	中等	30	2	15
C	落后	30	1	30

可见，技术通过提升劳动、资本、资源的产出效率来提高总产出，通过对比可以看出技术对于总产出的边际贡献，体现在增量的产出或要素产出率上。

技术的贡献不仅仅可以表现为要素生产效率的提高，还可以表现为新动能或附加值。比如以苹果为代表的智能手机，使得手机不仅成为一种通信工具，而且整合了社交、娱乐、工作等需求。苹果公司同时建立了 App Store 销售推广平台，建立了完善的付款方式，采用与内容开发商分成的方式，销售各种音乐、影视、游戏、软件，迅速建立起了丰富的内容资源，形成了稳定的持续盈利源泉。苹果公司利用 App Store 平台，整合了手机、内容服务提供商、电信运营商、广告商、电子支付商、用户等产业链上所有的环节，形成了完整的内容提供、终端应用、互联通道和收费支付的应用体系，创造出了成倍的有效供给和衍生需求。

技术通过科技的力量来提高要素的生产率和供给质量，而管理是通过制度和流程的力量来优化要素的配置，提高要素的生产效率。这种管理的投入，同样可以通过新的制度构建、流程优化等，使投入要素不变的情况下，提高产出水平。

四、要素成本的影响

除了受到边际生产率和新供给剩余的影响，要素成本的高低也是影响要素报酬的重要因素。同样的要素，在不同地区的供给成本不同，也会带来要素报酬的差异。比如同样一名导游，在新加坡的工资要远远高于中国大陆。其中很重要的一个原因就是新加坡的教育和生活成本要高于中国。由于供给成本具有刚性，当要素报酬低于供给成本时，人们的工资不能支付日常基本消费时，就会导致要素退出市场。

资本也是一样，当利息小于资金的供给成本时，会造成储蓄的下降；当资源的供给成本过低，会导致开采规模的下降；当技术产权得不到保护或其要素报酬小于供给成本时，会降低技术研发人员的供给量；当管理者报酬不能覆盖其教育成本或其承担的风险时，往往导致工作效率降低。因此所有的要素报酬都必须高于要素供给成本。

第二节　市场按照要素稀缺性分配的原理

一、要素稀缺性对收入分配的影响

当一种要素的绝对数量短缺，或相对于需求量短缺，这种要素往往就具有了稀缺性。供给成本过高、生产周期过长、要素市场不健全等因素，都可能带来稀缺性。

比如，劳动的供给取决于人口生育水平、劳动者在闲暇与工作之间的时间分配等多种因素，当这些因素决定的劳动供给量小于劳动的需求量时，则劳动的稀缺性提高。

通常，要素的稀缺性通过要素报酬的变化反映出来。比如，土地的供给，取决于土地所有者将在保留自用与出让他用之间取舍。当土地所有者出让的土地较少，自留土地较多时，会出现土地供给短缺的情况，并直接反映在土地的价格上。

对于农业的要素贡献，威廉·配第说过："土地为财富之母，而劳动则为财富之父和能动要素。"但当其稀缺性发生变化时，其要素报酬就相应变化。在牧业生态财富早期，不管是狩猎、采集、养殖、种植，还是简单的手工业，都依靠劳动来完成。相对于土地、森林、矿产等其他生产要素，劳动具有稀缺性，如果劳动的要素报酬提高，就有人通过占有他人的劳动来获取更多财富。在公元1500年前后，土地与劳动的稀缺性发生了变化，新的可耕地资源越来越少，不足以承载越来越多的人口，土地变得相对稀缺，土地的报酬就相应提高，占有土地的地主或封建主在收入分配中占据了主导地位。

二、稀缺性要素报酬

市场会自动按照要素的稀缺性进行收入分配，但也可能会偏离按照要素贡献分配的原则。比如当土地的稀缺性提高，如果企业要维持原有的土地使用量，就需要支付更高的要素报酬，地价有上升趋势。

假设土地的供给量为 L_*，按照要素边际贡献报酬的分配原则，对应的要素报酬是 R_*，但由于土地供给量减少，L_* 下降到 L_1，会提高土地要素的相对稀缺性，从而导致要素报酬从 R_* 提高到 R_1，其中 R_1-R_* 即为稀缺性的改变带来的要素报酬，新供给经济学将其称为“稀缺性要素报酬”。

$$\Delta R_1=R_1-R_*$$

其中 ΔR_1 表示稀缺性要素报酬，这种要素报酬的增加往往是以其他要素报酬的减少为代价的。

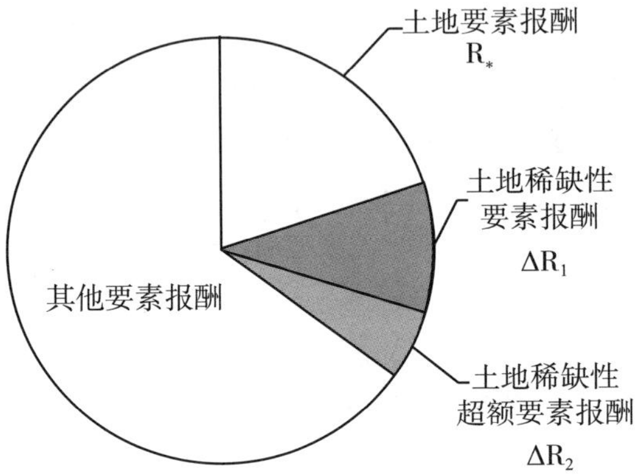

图 10-2　稀缺性要素报酬偏离和稀缺性超额要素报酬

三、稀缺性超额报酬

除了市场供求关系正常的情况，要素供给方获得的相对稀缺性要素报酬，一旦要素供给方处于绝对优势地位，稀缺要素的拥有者通常还会利用稀缺性进一步得到超额报酬。

以土地为例，稀缺性使得土地供给量为 L_1，对应的由供求关系决定的要素报酬为 R_1，但土地得到的实际报酬为 R_2，由于稀缺要素所有者利用垄断等有利的谈判地位，再额外索取一块报酬，新供给经济学将其称为“稀缺性超额要素报酬”。

$$\Delta R_2 = R_2 - R_1$$

其中 ΔR_2 表示稀缺要素所有者索取的超额报酬。

这种超额要素报酬可能是要素供给抑制、垄断、专营权、供求关系扭曲等多种因素造成的：

当存在要素供给抑制，会导致要素供给量的降低，进而造成稀缺要素所有者获取超额要素报酬。比如土地供给抑制带来的地价上涨，给土地供应链上的地方政府、土地开发商都带来了丰厚的超额要素报酬。

当垄断改变稀缺性时，会带来超额要素报酬。当存在金融垄断时，银行对于企业融资成本的话语权较强，有可能导致中小企业资金成本提高。比如中国拥有 100 多万亿元人民币的居民储蓄和 3 万多亿美元的外汇储备，但在中国资金成本却相对较高，使得银行等垄断金融机构获得超额要素报酬。

专营权也会造成稀缺性的超额要素报酬。比如当出租车牌照供给量有限，使得出租车专营权具有稀缺性时，出租车公司往往通过涨价获取超额要素报酬。

供求关系的扭曲等其他因素也会造成稀缺性超额要素报酬。在自由竞争的市场中，供需关系能够进行自动调节，当出现超额利润时，要素迅速加入，价格降低。但供求关系无法很快恢复正常，处于有利地位的要素所有者就会获得高于市场平均水平的超额要素报酬。

第三节　兼顾效率与平等的收入分配模式

收入分配的论述离不开效率与平等，然而效率、平等与经济增长的指向常常是不同的，有时甚至是完全反向的。以产权为例，有的产权结构指向“平等”，有的产权结构指向“增长”，那么，怎样解决两者的矛盾，实现兼顾效率与平等的收入分配呢?

一、效率与平等对经济持续增长的影响

蒲鲁东的理论认为：财产权利指向增长，但是不指向平等，甚至与平等是相反的。在蒲鲁东看来，增长的权利是从对财产的拥有中获得收入的权利，而获得收入的途径，或者通过资源的生产性开发，或者通过资源的交换[①]。而沿着这种途径进行下去，结果必然是占有资源和财富的人可以获得更多的资源和财富，不占有资源和财富的人则变得相对贫困，社会财富结构自然发展的结果就是贫富差距的一步步扩大，社会不平等现象加剧。

① 克里斯特曼著，张绍宗译．财产的神话［M］．广西师范大学出版社，2004：p3.

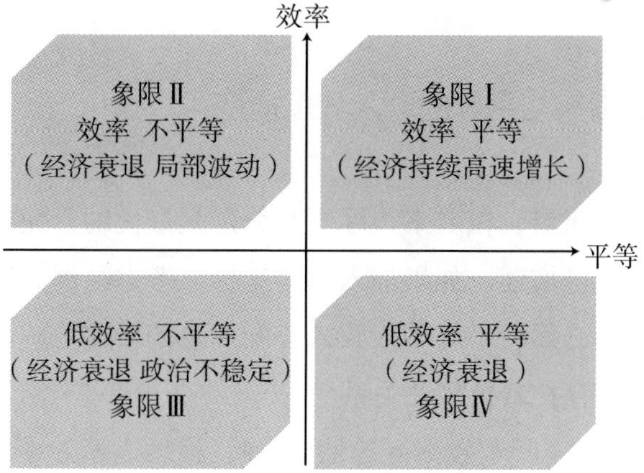

图 10–3 效率 vs 平等象限图

为了更直观和全面分析效率与平等对经济持续增长的影响，新供给主义经济学根据效率与平等可能组合，建立了效率 vs 平等象限图。如图 10–3 所示，横轴表示平等，纵轴表示效率。当收入分配能够兼顾效率与平等时，经济能够持续稳定增长，即象限Ⅰ；当收入分配只顾效率，造成贫富差距过大时，虽然有利于经济的增长，但会导致贫富之间的矛盾尖锐，可能引发局部矛盾激化或冲突，即象限Ⅱ；当收入分配只强调平等，忽视效率时，由于不能按照要素贡献进行分配，会降低要素的生产效率，进而降低经济增长潜力，即象限Ⅲ；如果收入分配既不能兼顾效率，又不能兼顾平等，不仅经济出现衰退，还可能带来政治不稳定，即象限Ⅳ。

二、效率与平等的收入分配模型

从短期来看，按要素边际贡献分配是最优的分配机制，有利于提高经济增速。如果加入时间坐标，考虑经济的稳定可持续增长，则必须将平等纳入收入分配理论的研究范畴，但效率与平等之间存在着负相关关系。

如图 10–4 所示效率平等曲线 EF，横轴表示效率 E，纵轴表示平等 F。

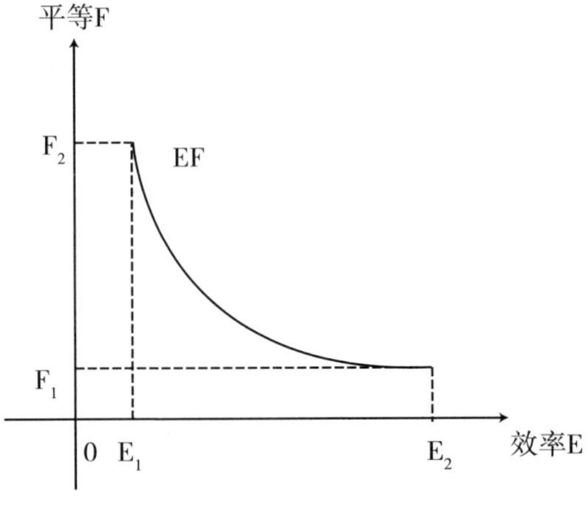

图 10–4　效率平等曲线

当 $E > E_2$ 时，收入分配处于一个极度不平等的状态，大部分财富都集中在少数人手中，贫富差距扩大，社会矛盾十分尖锐。

当 $0 < E < E_1$ 时，收入分配接近平等，但要素没有任何继

续优化的动力，经济处于一个停滞不前，甚至衰退的状况。

当 E_1＜E＜E_2 时，随着效率的提高，要素贡献大的财富拥有越多，贫富差距不断扩大。随着平等程度的提高，要素的生产效率降低，进而导致经济增速降低。

根据图 10–3 效率 vs 平等象限图，最理想的收入分配模式是兼顾效率与平等，即象限Ⅰ。如何兼顾效率与平等呢？

（一）寻找效率平等曲线的最优点

在效率平等曲线既定的情况下，通过效率与平等关系的理论模型可以发现，大于 E_2 和小于 E_1 的收入分配会严重偏离图 10–3 中的象限Ⅰ，或降低经济增速，或造成贫富差距过大。如图 10–5 所示，效率与平等的最优点 E_* 应该是介于 E_1 和 E_2（如图 10–4）之间的一点，这一点的特征为效率损失与平等损失之和最小。即从这一点出发，每提高 1 单位效率带来的贫富差距边际扩大量，都大于 1 单位；每降低 1 单位效率带来的贫富差距减少量，都小于 1 单位。

通过转移支付等方式，能够让 E_* 沿 EF 曲线左右移动：当 E 位于 E_* 左侧时，可以通过减少转移支付，使得 E 向右移动，进而在牺牲较少平等的情况下，提高效率；当 E 位于 E_* 右侧时，可以通过增加转移支付，使得 E 向左移动，进而在牺牲较少效率的前提下，缩小贫富差距，最终达到效率与平等的最优点 E_*。

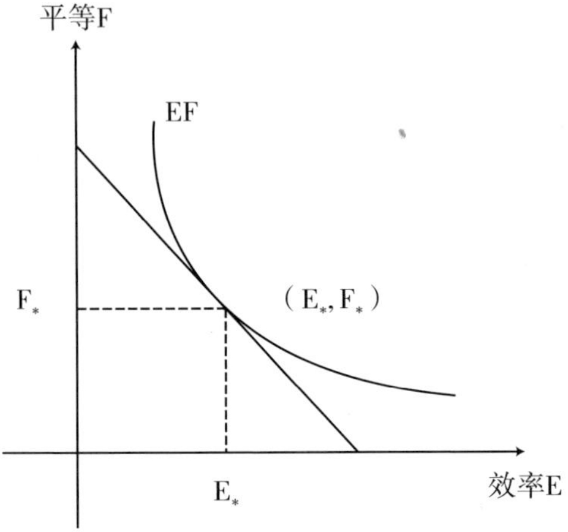

图 10–5　效率平等曲线的最优点

（二）降低效率平等曲线

除了沿着效率平等曲线移动，改变效率平等曲线，也能够优化效率与平等组合。如图 10–6 所示，通过制定相应的收入分配政策，降低效率平等曲线的曲率，从 EF_1 降低到 EF_2，则对于同样的效率提升，如从 E_1 提升到 E_2，对于曲线 EF_1，平等程度从 F_1 下降到 F_2；而对于曲线 EF_2，平等程度仅从 F_1 下降到 F_3，其中 $F_3–F_2$ 即为曲率下降带来的平等与效率组合的优化，表现为贫富差距的缩小。

政府通过改革五大要素的相关制度等方式能够改变 EF 的曲率，比如劳动法能够提高劳动报酬或降低劳动收入；通过金融制度或银行法，可以提高或降低金融部门的收入；推行土地产权或盘活土地的改革，能够提高或降低土地的收入；进行知识产权方面的改革，能够提高或降低技术的收入；国有企业的薪酬制度或股权等激励制度能够提高或降低管理者的报酬。

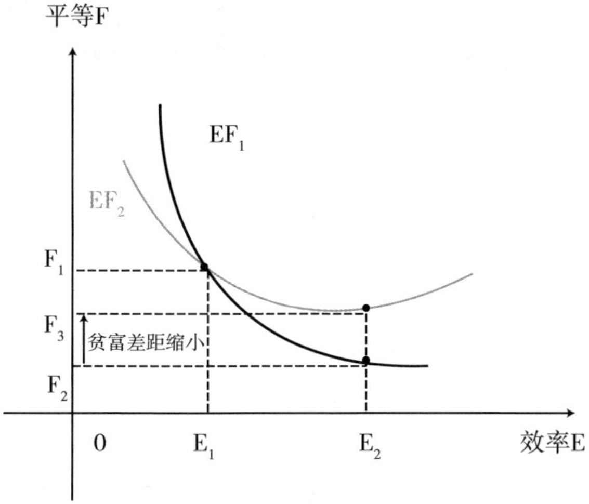

图 10-6　降低效率平等曲线对平等效率组合的优化

（三）使效率平等曲线向右移动

除了上面两种方式外，效率平等曲线向右移动，也能够优化效率与平等组合。如图 10-7 所示，当效率平等曲线向右移动，从 EF_1 移动到 EF_2，则对于任何的效率和平等组合，EF_2 上的组合均优于 EF_1。比如 EF_2 上的点 A，与 EF_1 上的点 B，对应着更高的效率和更高的平等程度，即

$$E_1 > E_2$$

$$F_1 > F_2$$

能够使得效率平等曲线发生位移的一般都是外部因素，比如通过外部援助、技术进步、制度变革或政府将历史收入当期投放等阶段性提高总产出或总收入，进而带来效率和平等同时提高。这种外部影响带来的总产出或总收入的提升，往往是阶段性的。

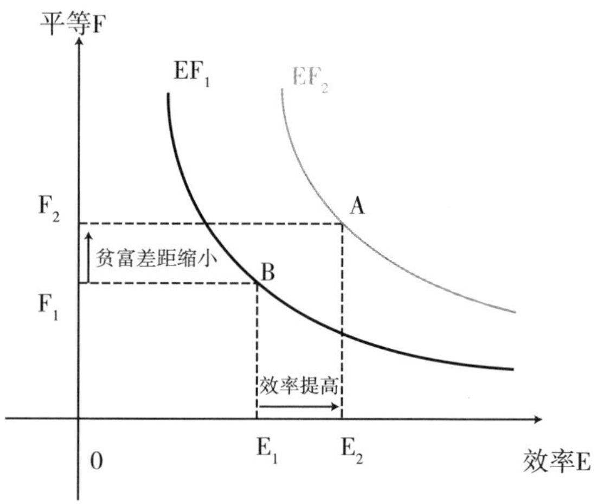

图 10–7　向右移动效率平等曲线对平等效率组合的优化

三、兼顾效率与平等的收入分配模式

按要素贡献分配，从经济上有利于增长，但同时也会造成贫富差距的扩大。任何国家财富在社会各阶层之间分配上差距扩大到一定程度的时候，这个国家的经济增长速度就会显著放缓，尤其是少数人的奢侈品消耗挤占财富创造者的基本需求时，必然会导致经济增长放缓。

合理的收入分配应按供给要素贡献原则，避免由于要素稀缺性而造成的超额要素报酬，同时制定相应收入分配政策，保证兼顾效率与平等的收入分配模式。财富的“增长指向”和“平等指向”的矛盾，可以通过福利机制来进行纠正，也可以通过生产资料的适当平等占有来解决。

第一，坚持按要素贡献分配，效率优先的原则，让市场在资源配置中发挥决定性作用。把边际生产率、新供给剩余、要素成本作为衡量要素贡献大小和确定要素报酬的重要参考指标。保障人口与劳动、土地与资源、金融与资本、技术创新、制度与管理等要素获取合理的要素报酬，同时避免未参加价值创造的公共权力直接或间接参与收入分配。

第二，政府应该适当运用税收、转移支付、社会保障制度等方式调节收入分配，在效率优先的同时，兼顾平等，缩小贫富差距，把握转移支付的度，实现效率与平等的最优组合，推动经济持续稳定发展。对于严重偏离要素贡献和边际报酬的领域，政府可以适当征税，比如遗产继承等；对于新供给、新动能在形成初期，如科技创业企业等，可以适当降低或减免税收，进而降低企业的成本，激发市场的活力，鼓励新供给形成和扩张，并创造新需求；对于利用公共资源过度获取个体收入的领域，比如通过各种方法占有的土地和矿产资源、公共设施资源、海洋空间资源等，可通过以资源税为代表的税收政策予以调节。

第三，调节要素初始占有的平等性、要素制度改革、依赖技术进步等，降低效率平等曲线的曲率或使得效率平等曲线向右移动，进而实现在缩小收入差距的同时，保障经济增速。比如通过劳动法、健全金融制度、明晰土地产权、保护知识产权、合理薪酬制度等方式，使得劳动、资本、土地、技术、管理等要素获取合理的要素报酬。比如要防止土地产权不明晰或土地供给抑制造成土地供给稀缺，从而让土地挤占其他要素所有者的报酬；防止金融垄断或金融制度不完善造成资本供给成本过高，挤占其他要素报酬。同时，通过合理的薪酬体制和激励机制，提高管理者和员工的积极性；通过知识产权保护，提高技术的创新能力和成果转化效率等。

四、如何扩大中等收入群体——以中国为例

2016年以来，中国政府多次提到扩大中等收入群体的问题。为了避免因为社会贫富差距过大造成的社会整体财富增长放缓和随之潜在的社会不稳定因素，必须时刻警惕发展过程中的财富差距过大问题。

新供给主义经济学认为，只有按照要素贡献和边际报酬进行分配，提高要素占有的公平性，建立完善的要素市场，扩大中等收入群体，才能保证中国经济可持续增长。土地供给抑制带来的房价上涨过快、财政收入在国民收入中占比过高、行政权力参与财富分配等，都是抑制中等收入群体的成长和快速壮大的主要原因。

比如房价上涨过快成为抑制新生中等收入群体扩大的重要原因。从发达国家的经验来看，大学以上学历的年轻人是新生中产阶级的主要后备力量。他们在毕业后凭借自己的学识和能力，很快在大城市获得稳定工作，进入白领阶层，或者成为专业人士、企业管理者，中产阶级群体由此得以不断扩大。但是远远高于收入涨幅的房价增速，使得居住成本占据了年轻人收入的相当大部分，挤占了本应用于改善生活和提供发展的其他支出。

又比如，财政收入占比过大、增长过快也是抑制中等收入群体增长的原因之一。与发达国家的高税收高福利不同，中国在低福利水平征收高税负，对居民收入的影响更大。中国近十几年的情况看，财政收入增速一直高于国民收入增速，而直接影响企业和居民所得的所得税增速一直高于整体财政收入增速。

行政权力直接或间接参与收入分配，也是收入分配机制扭曲的重要原因。掌握审批权或其他各种权力的官员，如果利用其行政权力索取贿赂，对于其他要素的正常财富创造和分配都起到了抑制作用。

长期以来，一些行业和企业凭借其在要素占有上的有利地位，在长期收入分配中占比过高，挤占了其他方面的收入。例如，在中国2000多家上市公司中，商业银行的利润一直占据了一半以上的份额。商业银行的利润分为三部分：一是正常的资本要素报酬；二是由于金融制度给商业银行带来的稀缺性要素报酬；三是金融垄断带来的商业银行额外获得的稀缺性超额要素报酬。商业银行的稀缺性要素报酬和稀缺性超额要素报酬太多，导致其他行业的要素报酬被商业银行挤占。又比如，扣除各种税费后的“裸价”，中国的汽油价格要比美国高出30%左右，这其中很重要的一个原因也是稀缺性要素报酬和稀缺性超额要素报酬。在电力、电信等领域，也广泛存在资源垄断或行政垄断，导致部分企业不仅能够获得资源的要素报酬；还由于相对稀缺获得了稀缺性要素报酬；并且由于少数几家企业长期处于垄断地位，进而还获取了稀缺性超额要素报酬，挤占了其他行业和企业的收入分配份额。

总之，劳动、技术、管理是中等收入群体的主要力量。完善收入分配体制，扩大中等收入群体的根本，关键就在于落实“按要素贡献分配”的原则，通过税收、转移支付、调节初始占有权等方式，保障劳动、技术、管理等要素投入获得回报，避免公共权力、土地供给抑制、金融垄断等，利用收取贿赂或获取稀缺性超额要素报酬的方式，挤占劳动者、技术者和管理者的合理收入。

后记

新供给主义经济学与其他学派的区别

之所以不同经济学派有不同的政策主张，原因在于其所处的社会经济背景不同，以及在经济哲学的基本认知方面存在差异。但是任何经济学说建立的宗旨，都在于揭示经济规律，促进经济均衡和增长，增进国民福利。因此，在经济学说上的不同主张不应该同政治，尤其不能同意识形态联系起来。只有这样，中国的经济学研究才可以百花齐放，决策者也因此能够听到不同的声音从而制定出更加科学的决策措施。在这样的认知基础上，让我们看着新供给主义经济学同其他流派的区别。

中国新供给主义经济学与美国传统供给学的区别

美国供给学派经济学的代表人物芒德尔、拉弗、万尼斯基、肯普、罗伯茨等人认为，在供给和需求的关系中，供给处于首要的决定地位，决定长期经济增长潜力的是供给而非需求，产出的增长最终取决于劳动和资本等要素的供给和有效利用，经济研究的首要任务是如何促进生产、增加供给。

美国传统供给学派并不认为经济完全不需要干预，而是认为干预的重点在于供给方面，而非需求方面。具体地说，就是通过财政政策强化对生产活动的刺激和支持。当然，由于传统供给学派认为企业家精神和自由市场是创造财富的关键因素，所以其提出的干预措施同自由主义比较接近，比如反垄断、解除各种管制、主张经济的民营化和自由化，并建议在国内限制甚至取缔工会组织以便降低企业的人工成本，在国际上通过政治力量干预石油价格以便降低企业的原材料成本，等等。

作为传统供给学派基础理论的“拉弗曲线”希望证明，减税会在短期减少财政收入，但长期来看，如果较低的税率刺激了产出，最终一定会增加企业和居民收入，并使政府税收总额在较低税率下回升到减税前的水平。为了推动减税，当然必须压缩那些效率低下、浪费资源的政府支出和转移支付。

虽然美国传统供给学派在经济哲学上强调供给的主导地位，但并未在理论上进行科学的论证；作为对长期的总需求干预之后的一种反弹或者反思，所提出的零散主张大部分都是新自由主义式的政策建议；除了拉弗曲线，美国传统供给学派的确像某些批评者所说的那样，并没有提出完整的经济理论体系。

新供给主义经济学同样是在连续多年的过度需求干预背景下提出，但是其提出的背景并不是类似美国70年代的“滞涨”，而是中国式的供给结构老化、行政性供给约束、体制性要素供给抑制等原因造成的中国经济增长动能减退。

新供给主义经济学虽然也主张减税、减少行政管制和垄断，但是这只是新供给主义经济学体系中一个很小的点，反映在"放松行政供给约束"部分。新供给主义经济学学术和政策主张既包括供给创造需求、供给创造需求的能力变化的经济哲学，也包括"新供给创造新需求"的微观理论、"新供给经济周期"以及以此为基础的宏观经济管理理论和供给结构改革、供给结构升级的政策主张，还包括从供给侧划分的三十一种增长模式组合、三大代表性增长模式等经济增长理论、创新增长方式的思想原理，更包括在三维空间的"五大财富源泉"的经济动力理论、解除体制性要素供给抑制以提高经济潜在增长率的改革思想，以及物价管理的供给冲击模型、新供给主义公平分配的理论主张……总之，新供给主义经济学已经发展成包括微观经济哲学、宏观经济均衡、经济增长、结构升级、物价管理、公平分配的系统经济理论体系。

与古典供给学派和新自由主义的区别

古典供给学派的代表人物是19世纪初期英国经济学家詹姆斯·穆勒和法国经济学家让·巴蒂斯特·萨伊。他们提出的"供给创造自己的需求"的思想认为，"当一个产品一经产出之际，即在它自己的全部价值的限度以内为另一个产品提供了市场”，特定产品的局部的供需不均衡可能存在，但全社会整体的生产过剩或生产不足不会发生。萨伊曾宣称“除非政府当局愚昧无知或贪得无厌，否则一种产品供给不足而另一种产品充斥过剩的现象，绝不会永久继续存在”。建立在“供给自动创造自身等量的需求”这一认知基础上，古典供给主义同新自由主义一样，认为经济不需要政府干预，要求政府完全退出市场经济，回归“守夜人”角色。

新供给主义经济学认为如果供给真的能够自动创造等量的需求固然好，但其实这只是个理想的状态，在现实中有太多因素造成供给不能创造等量的需求：首先，供给过剩造成供给不能创造等量的需求，在供给过剩的情况下，经济的供给量大于需求总量，体现为产能过剩、库存积压、价格下跌等现象，过剩的供给显然不能够创造出自身的需求；其次，即使在经济总体不过剩的情况下，当出现产品的供给老化时，也会出现滞销的现象，造成局部供给过剩，降低供给创造需求的能力。在供给老化阶段，一个单位的有效需求，只能创造1/n个有效需求。

除了上述影响供给自动创造需求的情况，还有的国家在经济发展过程中受到计划经济和凯恩斯主义无限政府思想的影响而产生了各种“行政性供给约束”和“体制性的要素供给抑制”，当遇到行政供给约束或要素供给抑制的情况，会直接抑制有效供给的产出。

正是因为以上经济哲学方面的不同认知，新供给主义经济学对政策是否干预经济方面的主张与古典供给学、新自由主义经济学是截然相反的。新供给主义经济学认为，政府不但要干预经济，而且必须在经济管理方面扮演重要角色，而政府干预经济的方式，既不是凯恩斯主义的需求刺激，也不是计划经济的行政规划，更不是从建立在短期需求预测基础上的的产业政策，而是通过供给侧改革创造让“供给自动创造自身需求”理想条件，比如：用结构性改革推动供给升级；通过放松垄断、解除管制、降低融资成本和减税来放松行政供给约束，通过五大财富源泉的体制性改革来解除要素供给抑制，确保让市场在资源配置中发挥决定性作用，使企业恢复活力，使经济增强发展动能，等等。

与计划经济学或凯恩斯主义的区别

对于萨伊定律，马克思的评价是“供给自动创造需求”是理想中的经济运行状态，复杂的流通环节有可能会中断这个过程，这一判断与新供给主义经济学的认知相同。此外，计划经济学也是从生产端出发，认为生产是经济的基础，这与新供给主义经济学认为供给在与需求的关系中处于主导地位的认知完全相同。计划经济学从哲学上认为生产相对过剩和周期性经济危机的原因是私有制和社会分配不公造成的贫富差距过大、生产相对过剩，解决办法是公有制和计划经济。二战以后，中国等国采用了计划经济体制迅速建立了强大的工业体系。然而，当中等收入群体成为社会主体、政府通过财政税收和社会保障政策适当调节了私有制造成的矛盾之后，经济周期性波动的原因就非传统计划经济学所能解释的了。不仅如此，现实中20世纪70年代以后全球各计划经济体都遇到严重的挑战。

凯恩斯主义认为周期性经济危机的内在原因是边际消费倾向递减等三大定律造成的周期性总需求不足，解决办法是政府用财政政策或货币政策来调节总需求。二战以后，欧洲、美国等大部分国家都采用了凯恩斯主义的政府干预市场的办法，也经历了近三十年的繁荣。然而，由于凯恩斯主义太专注于需求干预刺激而忽视了供给创造需求的能力，美国欧洲经济也在70年代陷入了“滞涨”的危机。

与计划经济学强调分配机制或凯恩斯主义强调边际效用递减等心理定律造成有效需求不足不同，新供给主义经济学认为，经济周期性波动的原因是供给结构变化造成的供给创造需求的能力发生周期性变化；在新供给形成和扩张阶段，供给创造需求的能力提升，经济处于上升周期；在供给成熟和供给老化阶段，供给创造自身需求的能力下降，经济处于下行周期。周期性的产能过剩或需求不足是经济结构进入供给老化阶段的必然结果，因而解决产能过剩或需求不足不能靠计划手段或刺激需求，而是要通过结构性改革推动供给升级，通过放松行政供给约束和要素供给抑制，引导新供给创造新需求，让经济恢复均衡。

如前文所述，我们在这里区分新供给主义经济学和古典供给学派，传统供给学、新自由主义经济学的不同，也不应该带有任何意识形态的色彩。恰恰相反，上述学说在其提出的特定社会经济背景下，都曾发挥过非常积极的作用，即便我们不认同其结论，也应该学习其中的各种原理和分析方法。同样，我们区分新供给主义经济学和计划经济学、凯思斯主义的不同，也不意味着对这些学说有任何偏见，相反，无论是计划经济学还是凯思斯主义经济学，在“二战”以后对全球经济的稳定和繁荣都做出了巨大贡献。希望新供给主义经济学的理论探索也能为中国经济的发展做出积极的贡献。

滕泰

2016年12月

参考文献

［1］Hermann Sautter. Socio-cultural aspects of supply-side economics for developing countries［J］. Intereconomics，1983，186.

［2］Ronald Johnson. Supply-side economics：The rise to prominence［J］. The Review of Black Political Economy，1983，122.

［3］Arthur B.Laffer. Introduction［J］. Foundations of Supply-Side Economics：Theory and Evidence，1983.

［4］Michael J. Schultheis. The World Bank and Accelerated Development：The Internationalization of Supply-Side Economics［J］. African Studies Review，1984，274.

［5］Bowles C F. Physician "supply-side" economics.［J］. Medical group management，1984，313.

［6］Robert B. Ekelund,Thornton Mark. Schumpeterian Analysis，Supply-Side Economics And Macroeconomic Policy In The 1920S［J］. Review of Social Economy，1986，443.

［7］Dennis J. Snower.New Methods of Updating Input-Output Matrices［J］. Economic Systems Research，1990，

Vol.2（1）

［8］James P. Henderson. Traditional supply-side economics：J. R. McCulloch on the stimulating effect of a tax increase［J］. Forum for Social Economics，1992，211.

［9］Robert M. Solow. Policies for economic growth［J］. De Economist，1992，1401.

［10］James P. Henderson. Traditional supply-side economics：J. R. McCulloch on the stimulating effect of a tax increase［J］. Forum for Social Economics，1992，Vol.21（1），pp.18-21.

［11］Philippe Aghion. Research and Development in the Growth Process［J］.Journal of Economic Growth，1996，Vol.1（1），pp.49-73.

［12］Robert M. Solow. Rereading The Structure of the American Economy［J］. Economic Systems Research，1998，104.

［13］Ludwig Van Den Hauwe. The Case for Supply-Side Economics Revisited：The Effect of Time Preference［J］. European Journal of Law and Economics，2000，102.

［14］Scheffler Richard M.. Managed behavioral health care and supply-side economics. 1998 Carl Taube Lecture.［J］. The journal of mental health policy and economics，2002，21.

［15］Edward B. Barbier.The Role of Natural Resources in Economic Development［J］.Australian Economic Papers，2003，Vol.42（2）.

［16］Arthur B. Laffer.The End of Prosperity：How Higher Taxes Will Doom the Economy［M］.Threshold Editions，2008.

［17］Kehoe Bob. Supply-side economics. Cost-cutting focus shifts to utilization, clinical integration.［J］. Health Facilities Management，2012，2412.

［18］Doyle，Michael W，Stiglitz，Joseph E. Eliminating Extreme Inequality：A Sustainable Development Goal，2015-2030［J］. Ethics &International Affairs，2014，281.

［19］Peter Murphy. Design Capitalism: Design，Economics and Innovation in the Auto-Industrial Age［J］. She Ji：The Journal of Design，Economics，and Innovation，2015.

［20］Joseph E. Stiglitz. Inequality and Economic Growth［J］. The Political Quarterly，2015，86.

［21］Karla Hoff，Joseph E. Stiglitz. Striving for balance in economics：Towards a theory of the social determination of behavior［J］. Journal of Economic Behavior and Organization，2016.

［22］威廉・汤普逊著，何慕李译 . 最能促进人类幸福的财富分配原理的研究［M］. 商务印书馆，1986.

［23］凯恩斯著，何瑞英译 . 货币论：货币的纯理论［M］. 商务印书馆，1986.

［24］凯恩斯著，蔡谦、范定九、王祖廉译 . 货币论：货币的应用理论［M］. 商务印书馆，1986.

［25］M・马歇尔、P・阿里斯蒂斯著，周军译 . 供给学派

与里根经济学［J］. 世界经济文汇，1991（02）.

［26］R·科斯，A·阿尔钦，D·诺斯著，刘守英等译. 财产权利与制度变迁［M］. 上海三联出版社、上海人民出版社，1994.

［27］道格拉斯·诺斯著，陈郁、罗华平等译. 经济史中的结构与变迁［M］. 上海三联出版社、上海人民出版社，1994.

［28］大卫·哈维. 地理学中的解释［M］. 商务印书馆，1997.

［29］萨伊著，陈福生、陈振骅译. 政治经济学概论［M］. 商务印书馆，1998.

［30］罗伯特·伯特希勒著，廖理、施红敏译. 非理性繁荣［M］. 中国人民大学出版社，2000.

［31］达尔文著，舒德干等译. 物种起源［M］. 陕西人民出版社，2001.

［32］杨祖陶. 康德黑格尔哲学研究［M］. 武汉大学出版社，2001.

［33］约翰·齐曼主编，孙喜杰、曾国屏译. 技术创新进化论［M］. 上海科技教育出版社，2002.

［34］侯建新. 经济—社会史：历史研究的新方向［M］. 商务印书馆，2002.

［35］乔治·治·米德著，陈虎平、刘芳念译. 十九世纪的思想运动［M］. 中国城市出版社，2003.

［36］莱斯特·斯特布朗著，林自新、暴永宁译. B 模式［M］. 东方出版社，2003.

［37］胡代光，厉以宁，袁东明．凯恩斯主义的发展和演变［M］．清华大学出版社，2003.

［38］查尔斯·尔斯金德尔伯格著，高祖贵译．世界经济霸权（1500—1990）［M］．商务印书馆，2003.

［39］安格斯·麦迪森著，伍晓鹰等译．世界经济千年史［M］．北京大学出版社，2003.

［40］R·科斯、A·阿尔钦，D·诺斯著，刘守英等译．财产权利与制度变迁：产权学派与新制度学派译文集［M］．上海人民出版社，2004.

［41］史蒂芬·霍金著，许明贤、吴忠超译．时间简史［M］．湖南科学技术出版社，2005.

［42］约翰·巴罗著，李新洲、徐建军等译．不论——科学的极限与极限的科学［M］．上海世纪出版集团，2005.

［43］史蒂芬·霍金著，吴忠超译．时空本性［M］．湖南科学技术出版社，2005.

［44］D. J 奥康诺主编，洪汉鼎等译．批评的西方哲学史［M］．东方出版社，2005.

［45］卡尔·门格尔著，刘挈敖译．国民经济学原理［M］．上海世纪出版集团、上海人民出版社，2005.

［46］彼得·杰伊著，杨建民译．财富的历程［M］．国际文化出版社，2005.

［47］殷剑峰．金融结构与经济增长［M］．人民出版社，2006.

［48］保罗·肯尼迪著，陈景彪等译．大国的兴衰［M］．

国际文化出版社，2006.

［49］杰里·贾西诺斯基、罗伯特·哈姆林著，刘勃译．美国制造——林著家美国企业的成功内幕［M］．华夏出版社，2006.

［50］滕泰．流金岁月——大国崛起与资本市场的繁荣［M］．上海财经大学出版社，2007.

［51］马尔萨斯著，郭大力译．人口论［M］．北京大学出版社，2008.

［52］卡尔·马克思著，郭大力，王亚男译．资本论［M］．上海三联书店，2009.

［53］布朗芬·伯伦纳著，方敏译．收入分配理论［M］．华夏出版社，2009.

［54］张力群．印度经济增长研究［M］．东南大学出版社，2009.

［55］李亚青，贾杲著．技术进化论［M］．中国书店出版社，2010.

［56］滕泰．投资银行［M］．上海财经大学出版社，2010.

［57］滕泰．滕泰透视通胀［M］．中国人民大学出版社，2011.

［58］亚当·斯密著，郭大力，王亚南译．国富论［M］．译林出版社，2011.

［59］罗利元，高亮华，刘晓星著．技术创新与经济增长［M］．山西教育出版社，2012.

［60］拉斯·特维德著，董裕平译．逃不开的经济周期

[M]. 中信出版社，2012.

[61] 卢卡斯著，朱善利等译. 经济周期理论研究 [M]. 商务印书馆，2012.

[62] 滕泰. 新供给主义宣言 [J]. 中国经济报告，2012 (11).

[63] 滕泰. 民富论——新供给主义百年强国路 [M]. 东方出版社，2013.

[64] 滕泰. 大周期 [M]. 安徽人民出版社，2013.

[65] 滕泰. 以“新供给主义”推进深层次改革 [N]. 经济参考报，2013-3-7.

[66] 滕泰. 解除供给抑制，释放财富源泉 [N]. 第一财经日报，2013-4-15.

[67] 滕泰. 中国宏观调控应把焦点从需求转向供给管理 [N]. 英国金融时报，2013-5-7.

[68] 滕泰. 从供给着手，重启经济改革 [N]. 经济观察报，2013-5-24.

[69] 滕泰. 以新供给创造新需求，以放松供给提高经济增长率 [N]. 中国证券报，2013-5-26.

[70] 滕泰. 放松供给约束，解除供给抑制 [N]. 中国证券报，2013-5-27.

[71] 陆宇. 供给学派的中国“药方” [N].21 世纪经济报道专访，2013-6-29.

[72] 滕泰. 更新供给结构、放松供给约束、解除供给抑制——新供给主义经济学的理论创新 [J]. 世界经济研究，

2013（12）.

［73］王小鲁 . 国民收入分配战略［M］. 学习出版社，2013.

［74］王忠民，刘明 . 经济改革对于中国劳动力流动和分割的影响［J］. 经济师，2014（11）.

［75］滕泰 . 软财富［M］. 北京时代华文书局，2014.

［76］郜若素，蔡昉，宋立刚 . 中国经济增长与发展新模式［M］. 社会科学文献出版社，2014.

［77］曾伟 . 土地资源对城市经济增长的影响效应研究［M］. 经济科学出版社，2014.

［78］林毅夫 . 新结构经济学［M］. 北京大学出版社，2014.

［79］哈里·兰德雷斯（Harry Landreth）、大卫·卫·柯南德尔（David C.Colander）著，周文著 . 经济思想史［M］. 人民邮电出版社，2014.

［80］王世元 . 新型城镇化之土地制度改革路径［M］. 中国大地出版社，2014.

［81］约瑟夫·熊比特著，何畏等译 . 经济发展理论［M］. 商务印书馆，2014.

［82］滕泰 . 新供给主义经济理论和改革思想［J］. 经济研究参考，2014（01）.

［83］滕泰 . 新供给主义稳增长三大主张［N］. 英国金融时报，2014-5-8.

［84］华生 . 新土改：土地制度改革焦点难点辨析［M］. 东方出版社，2015.

［85］董祚继：土地供给侧结构性改革的破题之举［J］. 财经，2016（12）.

［86］约瑟夫·熊比特. 经济分析史［M］. 商务印书馆，2015.

［87］西蒙·库兹涅茨. 各国的经济增长：总产值和生产结构［M］. 商务印书馆出版社，2015.

［88］滕泰. 加强供给侧改革，开启增长新周期［N］. 经济参考报，2015-11-18.

［89］滕泰. 供给侧改革开启经济新周期［N］. 上海证券报，2015-11-20.

［90］滕泰. 重启经济增长，必须供给侧改革［N］. 经济观察报，2015-11-23.

［91］滕泰. 从供给侧发力推动经济结构调整［N］. 经济参考报，2015-11-26.

［92］滕泰. 供给侧改革须避免三大误区［N］. 英国金融时报，2015-12-9.

［93］肖林. 新供给经济学：供给侧结构性改革与持续增长［M］. 格致出版社、上海三联书店、上海人民出版社，2016.

［94］苏剑. 新供给经济学：理论与实践［M］. 中国人民大学出版社，2016.

［95］滕泰. 供给侧改革［M］. 东方出版社，2016.

［96］滕泰. 全国供给侧结构性改革已进入实质推进阶段［J］. 中国产经，2016（09）.

［97］滕泰. 供给侧的觉醒——从财富原点再出发［M］.

化学工业出版社，2016.

［98］滕泰 . 新财富论——新供给主义富民强国论［M］. 化学工业出版社，2016.

［99］滕泰 . 供给侧改革下一步怎么办［M］. 东方出版社，2016.

图书在版编目（CIP）数据

新供给主义经济学 / 滕泰著．—北京：东方出版社，2016.12
ISBN 978-7-5060-9421-4

Ⅰ.①新…　Ⅱ.①滕…　Ⅲ.①供应学派—研究　Ⅳ.① F091.352.4

中国版本图书馆 CIP 数据核字（2016）第 304790 号

新供给主义经济学
（XIN GONGJI ZHUYI JINGJIXUE）

作　　者：滕　泰
责任编辑：姬　利　龚　雪
出　　版：东方出版社
发　　行：人民东方出版传媒有限公司
地　　址：北京市东城区东四十条 113 号
邮政编码：100007
印　　刷：北京汇瑞嘉合文化发展有限公司
版　　次：2017 年 3 月第 1 版
印　　次：2017 年 4 月第 2 次印刷
开　　本：880 毫米 ×1230 毫米　1/32
印　　张：11.5
字　　数：140 千字
书　　号：ISBN 978-7-5060-9421-4
定　　价：55.00 元
发行电话：（010）85924663　85924644　85924641